科学理念的构建

能源、水和国家科技

朱　斌/著

科学出版社
北京

内 容 简 介

本书讲述了科技政策领域的问题和部分研究成果，重点在于科学理念的追求、认知和构建。本书从国际能源的视角分析中国能源的发展，指出了全球变暖对中国能源发展的深刻影响；在全面分析中国水资源的态势下，阐明了水资源管理的重要性和存在的问题；论述了国家资源环境的可持续发展；介绍了国外科技资助政策，重点讨论了科技评估。

本书对各级决策部门、行政部门以及有关科研院所、大专院校及社会公众，具有参考价值。

图书在版编目(CIP)数据

科学理念的构建：能源、水和国家科技／朱斌著. —北京：科学出版社，2015. 5

ISBN 978-7-03-044157-7

Ⅰ. ①科… Ⅱ. ①朱… Ⅲ. ①能源政策-研究-中国②水资源管理-环境政策-研究-中国 Ⅳ. ①F426. 2G322. 0②TV213. 4

中国版本图书馆 CIP 数据核字（2015）第 081193 号

责任编辑：李 敏 周 杰／责任校对：张凤琴

责任印制：徐晓晨／封面设计：黄华斌 陈 静

科学出版社出版

北京东黄城根北街 16 号

邮政编码：100717

http://www.sciencep.com

北京九州迅驰传媒文化有限公司印刷

科学出版社发行 各地新华书店经销

*

2015 年 5 月第 一 版 开本：720×1000 1/16

2016 年 2 月第二次印刷 印张：17 彩插：2

字数：350 000

定价：108. 00 元

（如有印装质量问题，我社负责调换）

2003年春作者在淮河上

2003年春，重游苏北平原上的淮河，感慨万千，作者自述：我幼小多年随父母奔波在苏北平原。许或1949年，回到母亲的故里姜堰，3年后入学江苏省扬州中学，见到多处张贴毛主席手书：一定要把淮河治好。印象深刻，至今不忘。多年以后，又知道朱元璋的明朝、皇太极的清朝，以及民国政府，都曾治理过淮河。岁月如长河，淮河没有得到治理，利与害一样施于平原上的生民。试想，未来中国水资源态势日趋严峻，除了常发的水灾，水资源污染和水资源短缺将频繁的胁迫社会。人们不仅要有大禹治水“三过家门而不入”的意志，更需要治理江河湖泊和管理水资源的科学理念和现代技术。

朱　斌

2010年5月作者全家访问美国著名的斯坦福大学(Stanford University)

自　　序

一、对能源消费增长的忧虑

我进入能源界时，是20世纪70年代末。时值国家科学技术委员会在杭州汪庄召开全国能源座谈会。当时世界第二次能源危机席卷全球，中国有没有能源危机？杭州能源座谈会多数代表取得一致意见，认为中国和世界许多国家一样，存在着能源危机。这在能源界是一次认识突破，它确认了中国能源与世界能源不可分割的理念。随后不久，我和能源界的几位朋友在人民日报首次公开了这一革新观念。

20世纪90年代初，我前往美国进修，进入著名的卡内基·梅隆大学（Carnegie Mellon University）工程与公共政策系。系主任Granger向我推荐了有关世界能源新进展的几本著作，正是这些著作和联合国关于气候变化的报告，成就了我在能源领域最为重要的论文——全球气候变化与中国能源发展。论文在国内发表已经是1994年初，比发达国家对这一科学主题的研究晚了10年，在中国还是一个新课题。2000年初，见到中国科学院几位院士联名向中央政府递交的报告①，建议大幅度减少煤炭消费，从当时能源消费总量的75%降至2020年的55%～60%。这一估量和作者论文《全球气候变化与中国能源发展》内容不谋而合。

今后，中国能源的一个命题是：能源的增长在保证经济增长的同时，确保不损害世界环境。换言之，即中国能源消费，一是要保证国内经济的增长，同时要限制温室气体的排放量。这一科学理念的实现，谈何容易！中国现已成为世界能源消费第一大国，也是世界CO_2等温室气体排放量的第一大国。

关键是煤炭。煤炭是中国能源资源中的大佬。新中国成立以来，煤炭消费一直处在能源消费中的首位，高居70%～80%。如何降到40%，必须要有足够庞大的替代能源，不能是矿物能源，如石油、天然气、页岩油等，应该是不排或少

① 中国科学院，中国未来能源发展战略咨询报告，2000年2月21日。

排 CO_2 的清洁能源。

核电是一种非碳能源，它在替代能源位置中提高了选择度。但是，世界不断发生的核电事故，却使核电发展步履维艰。在人口众多、人口密度局部极高的中国，能增设多少个核电站呢？核电包括核电废弃物的管理，谁也不能保证万无一失，更何况诸如地震、战争等突发事件的发生。

节能减排是出路，也许是唯一的出路。世界各国都需要执行节能的政策，爱惜能源资源，减少能源生产量和消费量。切实降低生产和生活所必需的能源消费，改变能源利用的方法，如发展太阳能、地热、海洋能、风能等非碳能源，从而有效地降低温室气体排放，是 21 世纪各国共同努力的目标。对于发达国家，如美国、英国、日本等，它们消耗掉的能源和已经排放的 CO_2 等温室气体已经够多；对于发展中国家，如中国、印度、巴西等，它们的能源消费和 CO_2 等温室气体排放量正在攀高；全世界消费的能源和排放的温室气体，正在节节升高，谁也不能忽视全球气候变暖这一科学结论，唯有高瞻远瞩，拿出切实可行的办法来应对未来变化。

本书第一部分，有对中国能源发展的系统论述，有对能源消费迅速增长对环境影响的深重忧虑。

二、从北京缺水说起

20 世纪 50 年代末，我来到北京。那时的北京很美，蓝天白云，风调雨顺，夏季雨量丰沛，冬季大雪纷飞。年降水量常达 700mm 以上。北京可称水资源丰富的水乡。可能全球气候变化为主因，华北平原常年少雨干旱，土壤退化、盐碱化日趋严重，北京正处其中。北京地区降水量一直处于下降趋势，近年降水量常见只有三四百毫米，为当年的一半。

目前，北京人均水资源量只有全国平均水平的五分之一。而中国人均水资源量又处于世界的低水平，属于贫水国家。北京缺水，严重缺水，是不争的事实。但是，少有人认真对待此事，因为北京还没有到“没有水喝的时候”。一旦“无水可用”到来，北京不再是北京，而是另一个楼兰。

如何解决北京水资源短缺？

也许最直接、最有效的应对办法是，北京缺多少水就补多少水。北京年供水量约 30 多亿立方米，缺口 10 多亿立方米。南水北调工程完工后，向北京供水逐步可达 10 亿立方米。那时，北京可以无忧了！由于中央财政的富集，国家完全可以支付 2000 多亿的投资，按目标完成南水北调中线工程，长江水从丹江口横穿国土 1400 余千米输送到北京。北京居民喝上长江水的日子不远了，这是好事！然而，我以为，这一思想构建最重要的问题在于长距离调水的长期管理。要保证南水北调工程长期（半世纪甚至上百年）正常供水，不确定因素太多，且深不可测。

解决北京水资源短缺，要像维护国家财产那样保护水资源。国内有限的水资源——河流湖泊以及地下水，累遭人为破坏。20 世纪，随着乡镇企业的兴起和发展，水体污染迅速从点污染扩大到面污染；随着国家、地方重化工业的高歌猛进，污染进入大江大河，污染程度纵深加剧。最近几年，城镇生活垃圾对水体污染也日益加重。国家环保部近年来发表的公报表明，全国 60% 的水体遭受了不同程度污染。京内外屡见水污染的现象发生，某些企业向河道直接排污，连续几年不被发现，或发现了不被处治，或被罚几万元几十万元了事。我国水体管理现行办法，没有能够遏制我国水体的污染。治理水体污染，历史上曾经推行过“谁污染谁治理”的方针，可能由于治理本身是个复杂过程，这一方针未能贯彻。将水体视为国家财富，“谁污染水体（包括地下水），谁就照价赔偿”。如此，令肇事者付出倾家荡产的昂贵代价。事故严重者，必须追究刑事责任。国家不仅要宣布水流、森林、山岭等自然资源为国家所有，如我国《宪法》第 9 条规定，而且要用明确、严格、细致的法律条文，有效地保护国家水资源。

写这段文字时，我正在美国加利福尼亚州佛利蒙市（Fremont）。加利福尼亚州连续三年大旱。2014 年年初，联邦和加利福尼亚州供水部门宣布：为了保证居民生活用水，中谷农业区全年灌溉用水的配额为 0，后来增至正常年景的 5%。7 月中旬，加利福尼亚州水资源管理委员会决定对浪费用水的行为实行处罚。与我国华北地区不同的是，加利福尼亚州极端干旱可能会导致极端洪水，华北极端干旱后面还是极端干旱。北京处在极端干旱的围城中。

20 世纪晚期，我在研究国家资源环境政策时，曾关注过水，在本书第二部分、第三部分有所叙述。但我非水资源、水工程专家，仅从科学管理角度对水资源问题进行探讨。

三、路漫漫其修远兮

要实现国家能源结构升级，从煤炭为主转化为新能源为主，不是一朝一夕的事。从能源市场的更替周期来看，以煤炭代替薪柴，或以石油代替煤炭，都用了50年或更长的时间。如今，要以新能源（太阳能、风能、海洋能、地热以及核能等）替代矿物能源（石油、煤炭、天然气等），同样不能少于50年。

从能源技术革新的视角观察，在能源开发与利用的过程中，也许会出现巨大的变革，从而改变时局。21世纪初，能源界、经济界也许还看不到页岩能源的利用价值，美国近年的努力，却改变了美国能源的局面。主要归结于藏量丰富的页岩油开发。2014年7月，英国BP石油公司发表年度报告：美国页岩油已探明储量高达442亿桶，比美国能源信息署（EIA）预测量高出100亿桶。技术创新不但需要胆识、技术储备，也同样需要时间。美国能源界对页岩油资源的关注，或许要追溯到20世纪70年代。能否因此得出结论：美国页岩油的大量开发和利用，可以动摇美国发展非碳能源的路线？大概不能。但是，可以预见到，由于页岩油气的开发，美国在相当长的时间内，明显降低了碳的排放量，从而达到减排温室气体的目标。

中国能源正处于大发展中。能源总消费量在近年已超过美国，跃居世界第一。尤其是碳的排放，备受世界的关注。能源大量生产、大量消费、大量排放的多年积累，其负作用不但使国家经济的持续增长受到阻碍，而且使生态环境遭受破坏。要恢复生态环境，发育生态环境，绝非一两年的事，用50年、100年计算并不为过。

20世纪50年代，英国伦敦发生了空前的大气污染，追其原因是燃煤造成的。英国为此花了近半个世纪，方使雾都改变形象，成就了世界最优美的都市之一。今日之北京，雾霾和沙尘改变了北京的天空，将对居民健康产生不利影响。要改变这一状况，不但要有科学治理的头脑，对PM2.5有正确的认识和治理的办法，而且要坚持长久的治理方针。国内已有专家表态：治理北京雾霾10年太少了，50年太长了，30年差不多。三十年河东，三十年河西。这是人间事态变迁的时标。要论生态环境，类如北京雾霾、淮河水患的治理，还是50年为妥。

20世纪80年代后期，我协助刘东生先生召开研讨会，讨论当时中国沿海东南部地区发展工业的大气承载力时，一位著名的中国科学院大气物理所科学家坦言：在城市中已经没有了承载力！举座皆惊，但是他的主张没有被采纳。时过境迁，近年大规模雾霾在中国东部地区的出现，再次证实这位科学家预言的正确。

四、20 年的评估实践

本书第四部分叙述国外科技政策，集中国家资助政策，因为科技事业的资助犹如资本对企业投资一样重要。第五部分关于科技评估，是我近 20 年工作实践的概括，包括中国科学院研究所评价，北京市公益型研究所评价，国家科技计划（项目）评估，植物园评估，国家高技术开发区知识产权评估，等等。回顾 20 年的科技评估活动，我无时无刻不在追求评估的科学性和评估的公正性。要达到"评估科学性"和"评估公正性"，依我看来需做好三件事：①对评估对象有深入的了解，为此才能避免瞎子摸象，方能选择合理的、中肯的评价指标和构建科学的评价体系。②使用科学的评估方法和评估程序，这里所说的评估方法是对定量评估、定性评估和综合评估的取用。评估活动中的程序规定不能任意变动，更不可随长官意志转移。评估程序公正和评估实质公正，在评估中具有同样的重要性。③现今的科技评估，90% 以上要以统计数据为依据，没有正确的、到位的统计数据，就没有公正的评估结果。

五、感言

年幼时，我是个顽童，小学时代还与小朋友打架。进中学后，和书本交上朋友，常常读书至深夜。希望长大后，成为一名对社会有用的人。大学毕业进入社会后，经历了"文革"，方才领悟做人做事的艰难，攀登科学高峰的志向更为坚定。这一奋力过程，造就了我数百万文字的著作。

这本书集中了我从事科技政策研究方面的主要论文和随笔。时间跨度从 20 世纪 80 年代到 21 世纪前 10 年。本书选择素材的标准有 3 个：①在报纸期刊已发表的文章，主要是论文；②为文章第一作者或单独作者；③少量当时未能公开署名发表的重要研究报告。因此，这本书实际上是我的一本科学论文集。以前，我曾编辑印制过两本个人文集，取名"南窗文稿"。第一卷为诗歌和少儿文学，2010 年版；第二卷为科学专著，2012 年版；现今这本就是"南窗文稿"文集的第三卷了。完成心愿，以呈读者。

记得初中二年级时，我开始学习写诗，开头几句："生活如流水，有浩浩大江，也有潺潺小溪，有阔广无边的海洋，也有乡间路旁的池塘……”老师见到后，问我：“你喜欢哪一种?”当时我无言。数十年逝去，如果师尊以同样问题再问我，我还是无言。原来，这本是一种生活的真实。

20 世纪 60 年代后期，国家处在“文革”中，我卷入人间生死争斗的漩涡，在逆境中执笔写下了《荷花开了》一文：“荷花开了，开在野外的池塘，碧绿的荷叶，青翠的枝干，花朵含苞待放，你看她是多么美丽！荷花开了，开在野外的池塘，她出污泥而不染，东临浩荡之大海，西耸峻峭之高山……在这严峻的现实和往事中，唯独那关外池塘里盛开的荷花，放出夺目的光彩，吸引着游子的心意，表征出今日世界的美好！”这是对生命的讴歌，也是生命的呐喊！

本书出版日，适逢我的工作单位——中国科学院科技政策与管理科学研究所成立 30 周年纪念日，我从 1985 年单位成立到 2010 年辞去返聘职务，有 25 年以上在研究所工作的经历。如此漫长历程，倒也是清风朗月，记下了我对科学真理的追求。

《**科学理念的构建**　能源、水和国家科技》得以面世，感谢本单位同事的帮助，感谢科学出版社同仁的支持。更使我念念不忘的是，如今分散在外地的亲戚和朋友，尤其是大、中、小学的同窗学友，生活和事业中共同奋斗相互帮助的好友，对我的期盼。

莫道桑榆晚，为霞尚满天。

朱　斌

2014 年 7 月初

目　录

第一部分　能　源

能源是实现现代化的物质基础[①]

能源的开发和利用，是实现国民经济现代化的物质基础。在我国实现四个现代化的过程中，必须充分重视能源问题。

在历史上，人类社会已经经历了三个能源时期，即柴草时期、煤炭时期、石油时期。以柴草为主要能源的时期，生产力水平很低。18 世纪开始的产业革命，使煤炭代替柴草，逐步成为能源的主要来源，社会生产力有了惊人的增长。到了 20 世纪 50 年代，石油又逐渐取代煤炭成为发达国家的主要能源，科学技术和生产力有了突飞猛进的发展，实现了现代化。

在现代化过程中，国民经济的增长要求能源有相应的增长。能源消费增长速度与国民生产总值增长速度之间的数量关系，称为能源消费增长系数。这个系数的发展变化，是一个非常复杂的重要问题。它与国民经济结构、技术装备、生产工艺、管理水平乃至人民生活等因素互相关联。分析几个主要工业国家的资料，可以得出这样的认识：在工业化初期，由于兴办了消耗能源多的工业，也由于当时科学技术水平的限制，能源消费增长速度总是比国民生产总值的增长速度快，所以两者之间的比例大于 1。可是，1950 ~ 1975 年这一段时间内，由于科学技术的进步，能源构成和国民经济结构的变化，耗能少的工业发展很快，能源消费增长系数普遍下降，一般在 0. 8 左右。

我国 1953 ~ 1978 年这 26 年中，能源消费系数约为 1. 22。26 年中，我们主要发展了耗能多的重工业、化学工业等。同时，我国技术设备和工艺流程比较落后，大部分相当于国外 20 世纪 50 年代的水平，单位产品的能耗高，能源利用效率比较低。在 20 世纪实现四个现代化，我国能源消费增长系数的发展趋势又如何呢？这要从多方面来分析。我国的工业已经有了一定的基础，今后将有计划地对原有企业进行技术改造和设备更新，降低单位产品的能耗量，这方面节约能耗的潜力很大；新建企业将采用先进的技术和合理的工艺流程，产品的能耗要比老

---

① 本文发表在 1980 年 2 月 26 日的人民日报上（图 1-1），首次在报刊上提出了我国能源面临严重短缺，“能源的形势是很紧迫的”，这是能源危机的另一种表达，从而引起社会强烈反响。文章作者是朱斌、杨志荣、胥俊章、张正敏，后三位当时都是国家经济委员会、中国科学院能源研究所青年研究人员。时隔两天，人民日报又用半版刊出四位作者的另一篇能源文章《能源建设中的几个技术经济问题》。处理这两篇文章的是《人民日报》理论部编辑李定中先生。

企业省得多；在国民经济调整过程中，我国的工业结构将逐步合理化。这些都是有利因素。但也要看到，随着农业现代化的实现，农业生产对能源的消费将会增加；某些耗能较多的重工业还要逐步发展；人民生活水平的提高对能源的需要也将不断增加。综合上述两方面的因素，参考世界主要工业国家现代化的经验，我们认为，只要我们做好工作，我国现代化建设的能源消费增长系数是完全有可能逐步降低的，第一步可能降低到 1 左右，进一步可以小于 1，逐步达到世界先进水平。

国民经济的现代化是以巨大的能源消费为基础的。20 世纪 30 ~ 80 年代，前 25 年，世界能源消费量只增长了 70%。后 25 年，正是世界上许多国家实现现代化的时期，能源消费迅猛上升，增长了 3 倍多。石油、天然气、煤炭等矿物能源在现代生产中不仅是燃料动力，而且是重要的工业原料。塑料工业、合成纤维工业、合成橡胶工业等，都是以石油等能源为原料的。因此，争取能源消费增长系数逐步做到小于 1 的估计，有重要的意义。它使我们注意合理地开发能源，使未来的能源生产比较接近实际需要，同时要求我们高度重视节约使用能源，避免过大的能源消费。

那么，实现我国现代化，要达到怎样一个能源指标呢？我们认为，在能源消费系数努力做到小于 1 的前提下，根据我国实际情况，如果平均每人每年的能源消费量达到 2tce，就可以说初步达到现代化的水平。1978 年我国能源消费量是 5.7 亿 tce（不包括农村生物能源），平均每人不足 0.6t。到 20 世纪末，估计我国人口会增加到 12 亿左右，以每人 2t 计算，总数约为 24 亿 t。那时，如果能源消费的 70% 用于生产，30% 用于生活，国民生产总值是现在的 4 ~ 5 倍，城市住房问题可以基本解决，平均每人可以达到 $10m^2$ 的标准，每户每年用电量可达到 1000kW · h，每个家庭都能具备一些必需的电器设备，如电视机、电冰箱、电风扇、电动洗衣机等，煤气、暖气也都可以实现。农村可以基本上做到城镇化，而且比现在的城镇生活水平还要高。

那么，有关我国能源的各种情况又如何呢？

我国能源资源的绝对量是相当大的。我国的水力资源，理论蕴藏量是 5.8 亿 kW，居世界第一位。煤的探明储量有 6000 亿 t，远景储量还要大得多，仅次于苏联、美国，为世界第三位。石油储量在世界上占第七位。此外，还有丰富的天然气等。但是，我国人口众多，按人口平均数来看，我们的能源资源就相对少了，不仅比苏联、美国少，也低于世界按现有人口的平均水平。但与日本、法国、意大利、印度等相比，则要优越得多。我们仍然称得上是一个能源资源比较丰富的国家。

新中国成立以来，我国能源生产增长了 25 倍，成绩是很大的，它使我国能源消费量跃居世界第三位。但是，与世界上许多国家类似，能源的生产仍然满足不了生产和生活的需要。特别是我国人口多而增长快，能源利用效率低，存在着严重的浪费，使供求关系更为紧张。目前我国能源短缺集中表现在工业动力不足，城市生活用电没有保证，农村缺少柴烧，已显著地影响了国民经济的发展。

还要看到，我国 20 世纪 80 年代仍将面临能源的严重短缺。这是由于：一方面，煤炭采掘比和石油储采比失调，新建项目周期长；另一方面，目前我国还没有核电站，其他新能源的研究和开发刚刚提上日程。估计 1985 年以前，能源的增长速度将比较低，80 年代后 5 年增长幅度也高不了很多。在这一段时期内，生产、生活的需求和能源的增长，存在着明显的矛盾。所以，能源的形势是很紧迫的。要使能源跟上现代化的步伐，首先需要总结经验教训，使领导和群众都提高对能源重要性及其面临问题的认识，把能源建设放到十分重要的地位上来。

当前是国民经济调整时期，我们要十分抓紧能源的节约使用，力争在少增加能源消费的同时，使国民经济以一定的速度继续增长。1979 年，我国在这方面就取得了显著的成绩。但是，应该指出，进一步挖掘节能的潜力，难度将会加大，除了采取各种切实可行的技术改造措施并加强管理，以继续大力节约能源的消费以外，在近期内，合理地调整我国国民经济增长的速度，避免盲目规定高指标，也是完全必要的。与此同时，还要下大工夫对我国现行的经济结构进行调整。要适当放慢一些耗能大的重工业的发展，多发展一些耗能少、资金积累快的轻工业和手工业，提高产品质量，减少物资积压和浪费，采用高参数、大容量、高效率的设备，对耗能高、质量差、改造困难的企业坚决实行“关、停、并、转”，不能再让那些“煤老虎”、“油老虎”、“电老虎”继续吞噬我国宝贵的能源资源了。小化肥工业是在近十几年内发展起来的，在我国化肥生产中起了重要作用，但是它的产品质量赶不上大化肥厂，而且耗能很高，从长远的观点看也不宜再发展了，对现有的小化肥企业则要逐步实行技术改造，并且有计划、有步骤地淘汰一批。

我国不仅技术设备落后，而且在“四人帮”破坏下，企业管理和整个国民经济的计划管理都存在严重缺陷，能源浪费极其严重。因而，总的看来，我国节能的潜力还是很大的。目前，我国能源平均利用效率只有 30% 左右，世界上工业先进的国家则达 50%。在今后 10 年中，即 20 世纪 80 年代有计划地抓紧改造我国现有落后的工艺流程，更新陈旧设备，合理分配使用能源，充分利用余热，加强科学管理，完全有可能使我国能源利用效率逐步达到 40% 的水平。这将等于节约能源消费的 1/3，按目前的消费水平计算，等于增产了 2 亿 tce。举两个例子看一看我国的节能潜力：①全国 18 万台锅炉，每年烧煤近 2 亿 t，如果用大锅炉代替小锅炉，利用效率就可以提高 20% 上下；②民用烧煤每年大约 1 亿 t，其中 6000 万 t 供群众做饭，利用效率只有 50%，如果改用煤气设备，利用效率可以提高到 50% 以上。仅这两项，节约的煤即可达 1 亿 t。当然，所有这些都需要时间和相当数量的投资。不用多少投资，不花多大力气，就可以大量节约能源，从而保证国民经济不断高速度增长的想法是不切实际的。但是，虚心学习和借鉴国外先进经验，努力精打细算，用比较少的投资、比较短的时间达到上述目标，则是完全可以实现的。

能源的开发建设更要有长远的眼光。这是因为能源建设的周期一般是 10 年左右，无论是火电站（包括煤矿）、水电站或核电站都是如此。因此，10 年以后需要的能源，从现在起就要着手安排。能源的缺口，估计在 20 世纪 90 年代将会更大，需要寻求新的门路。从资源的角度来看，矿物能源总是有限的，太阳能和核聚变将从根本上解决人类社会未来的能源需要。因此，积极地开发核能、太阳能、风能、海洋能、生物质能、地热能等，才能有备无患，使我国四个现代化的实现具有可靠的能源基础（图 1-1）。

人民日报

能源是实现现代化的物质基础

图 1-1　20 世纪 80 年代初，本书作者在人民日报发表的第一篇能源文章

国外能源政策与前景[①]

20 世纪 50 年代以来，随着社会的发展，许多国家在推进现代化的进程，能源的消费量迅猛上升。1950 年，世界能源的总消费量是 27 亿 tce；在以后的不到 30 年的时间，增加到了 100 亿 t。60 年代后期，能源短缺的现象在一些国家内已显现出来。1973 年，中东战争中爆发的能源危机震撼了世界。美、英、法、西德、日等许多国家的经济发展，遭受到严重的挫折。能源紧张的局势，引起许多国家对能源问题的极大重视，它们研究并制订出新的能源政策，以解决目前和未来的能源需要。

一、石油地位在 20 世纪内不会变更

石油在目前的能源中独占鳌头，将近达到世界能源总消费量的一半。20 世纪 50 年代，由于中东、美国、北非等地区或国家的大油田的相继发现，资本主义国家对廉价石油的争夺以及社会生产和生活的需要，石油大量代替煤炭，成为能源中的主要部分。世界上先进工业国家的石油消费量，1978 年与 1950 年相比，有了惊人的增长（表 1-1）。

表 1-1　石油与煤炭占能源消费的百分比

能源	年份	美国	苏联	日本	西德	英国	法国	意大利
石油	1950	39	17	4	3	9	17	33
	1978	47	38*	72	58	45	63	68
煤炭	1950	40	79	85	95	90	80	49
	1978	19	32*	15	20	33	15	7

*是 1977 年的统计数。

石油取代煤炭成为主要能源这一过程，以美国最早。1951 年，美国的石油在能源消费中超过了煤炭。苏联实现这一过程较晚，直到 1975 年，石油在能源消费中才居于首位。日本在 20 世纪 50 年代以后，国民经济高速发展，原因之一是，在能源构成中，实现了从煤到油的转化。五六十年代，国际市场上的石油价

① 本文是作者应光明日报编辑李础约稿，刊出日期为 1980 年 6 月 24 日，文章刊出后引起了广泛关注，香港《大公报》经作者同意，略改文章题名，全文转载（图 1-2）。

格很低，一桶仅1~2美元。当时，日本大量输入廉价的石油，到60年代中期，石油已占全国能源消费量的一半以上，1973年高达77.6%。石油作为优质能源，对日本推进现代化起了重要作用。20世纪60~70年代以来，世界上不少国家，主要依靠石油，还有天然气，实现了自己国家的现代化。目前，世界石油产量为30亿t以上，美国近5亿t，苏联6亿t左右，英国1亿多吨。现在已经探明的世界石油可采储量，大约1000亿t，按目前生产水平计算，可以继续开采30余年。由于石油储量有限，新发现的资源跟不上增长的需要；石油消费国对输出国的过分依赖所造成的困难，迫使石油消费国采取一系列限制石油用量的措施，为此，石油消费比重不久将会下降。然而，要实现能源结构的根本变化，还需要经历一段很长的时间。在20世纪，石油仍然是主要的能源。

21世纪，人类将面临石油资源的枯竭。因此，可能有油的国家都在努力寻求新的石油资源。其中，值得注意的有两点：一是对海底的勘探。世界已探明的石油储量将近1/4在海底。目前，世界上已有28个国家进行近海石油开采，14个国家探明有近海石油，60个国家正在积极寻找海底石油。1976年，世界近海石油产量占石油总产量的24%以上。英国由于北海油田的开发，目前年产1亿t，除自给外，还向西欧出口，为英国经济的再度发展提供了条件。二是提高石油的采收率。目前，采收率平均是30%，最高是40%。如果能把采收率提高一倍的话，就可以使石油延长使用30年。不少国家正在为此努力。

二、煤炭东山再起

在矿物能源资源中，以煤炭最为丰富。已探明的可采储量为6400亿t，分布在70多个国家，按目前生产水平计算，可供人类开采250年。1978年，西方世界煤炭的消费量近12亿t，占能源总消费量的18%，仅次于石油、天然气，是第三大能源。石油危机的发生，使不少国家把希望寄托到煤炭上，认为未来能源的缺口，可以由煤炭和核能来填补。大力开发煤炭资源，已成为一些国家能源政策的重要组成部分。

为此，许多有煤的国家都在考虑增加煤的生产。据联合国欧洲经济委员会估计，1985年，全世界的煤炭产量将达到38亿t左右。那时，美国、苏联两国煤的产量，都将从目前的7亿多吨，增加到9亿~10亿t。2000年，西方世界即使努力开发煤炭资源，估计也只占能源总消费量的20%~23%，比目前略有增加，还不能和石油并驾齐驱。今后，全世界煤炭消费量将比过去有较大的增长，但在能源消费中的份额仍然是有限的。其原因主要是：①投资大，每增加1亿t煤，需要建设投资约80亿美元；②直接燃烧煤所造成的环境污染问题不好解决；③即便是优质煤，从能源利用角度上看，也远不如石油优越；④要改变已经形成的能源供给和利用系统则更加困难。

为了提高煤炭替代石油的能力，国外正集中精力提高煤的利用技术。把煤进行气化和液化，加工成与石油、天然气一样的流体能源，日益受到一些先进国家的重视。日、美和西德等国正密切合作，联合攻关，使它尽早达到实用化阶段。这三个国家共同建造的世界上最大的煤炭液化装置，准备在 1983 年投产，每天用 6000t 煤炭，生产 1800t 轻质燃料油和 1500 万 m^3 合成气。目前，美国在煤的液化方面走在前头，它在 5 年内准备投资 400 亿美元，建设 20 座合成燃料厂，采用煤的气化、液化以及油页岩制造合成油。但是，由于技术上不够成熟和成本高，估计 20 世纪 80 ~ 90 年代内，难以大规模使用。

把现有电厂从烧油改为烧煤，可以节省大量石油。今后，煤炭的利用重点是在电厂。在日本等国，正在研究采用煤油混烧（COM）技术，使固体的煤炭变为煤油混合的流体，这样可以节省燃料用油，同时也可以使烧油的电厂不必进行大的改造。此外，美国、西德、日本等国还大力提倡停建燃油电厂，增加煤电比重，把更多的石油顶替下来。

三、未来能源——核能、太阳能

1954 年，苏联第一座核电站开始投入运行以来，核能进入了能源消费领域，但由于石油的广泛使用，它的发展受到了影响。目前，世界上 20 几个国家有原子能反应堆，共 200 多座，发电功率约为 1.1 亿万 kW。美、英、法、西德、瑞士等国，核电量占全国发电量的 10% 以上，瑞典和比利时已超过 20%。它在目前世界能源消费量中所占的比例很小，美国是 4%，英国是 3.7%，西德、法国、日本是 3.4%。

石油危机的发生，使不少国家重新意识到核能的重要性。有的国家已经把发展核能定为国策。1979 年 3 月发生的美国三里岛核电事故，曾引起一片哗然。尽管它造成了十多亿美元的经济损失，但并未给环境带来实质性的影响。因此，发展核能仍是世界上主要工业国家致力的一大目标，争取到 2000 年使它在能源消费中占较高的份额。估计 20 世纪末核能将占世界能源消费量的 13% 左右。由于增殖堆的实现，使核能的利用效率增加了几十倍。法国十分重视核能的发展，在增殖堆的研制方面走在美国前面。同时，为了进一步消除发展核能的社会阻力，许多国家还积极加强核能安全技术的研究。

太阳能是一种分布面广，最干净的再生能源，它的研究与开发已经引起了不少国家的重视。当前，太阳能的利用数量极小，处于起步阶段。从技术经济条件上看，20 世纪内，太阳能更多的是利用在热水、采暖和空调方面。发展中国家认为，它在解决农村能源上可能会发挥很大的作用。到 2000 年，日本打算使太阳能在家庭方面利用的普及率达到 1/10。在美国总统卡特提出的能源计划中，再生能源（主要是太阳能）在 20 世纪末要达到能源消费量的 20% 以上，到 1985 年，美国准备给予 250 万幢住宅楼装上太阳能采暖和空调系统。

利用太阳能进行发电，现在还处于研究试验阶段。美国已建成世界上最大功率为 5000kW 的太阳能试验装置，已经动工建造的 1 万 kW 试验性太阳能发电站，预计 1981 年开始发电。值得注意的是，为了更有效地利用太阳的能量，美国计划到 2000 年时建造 60 颗单位功率为 500 万 kW 的太阳能发电卫星。

从世界范围来看，太阳能在 20 世纪能源供应中，不会作出多大贡献。但是，最终能解决人类未来能源问题的，无疑将是太阳能与核聚变能。

四、节能：一项战略性措施

解决能源的途径有两条：一是开源，二是节流。目前，先进国家的能源利用效率为 40% ~50%，还有很大的节能潜力。各国都把节能作为解决能源问题的一项战略性措施。如果把能源利用效率从现在的基础上提高 10%，就可节约能源消费量的 20% 以上，以目前能源消费水平计算，全世界一年可节约 20 多亿吨标准煤。

日本是一个能源缺乏的国家，90% 的能源依赖于进口；因此，日本非常重视能源的合理与有效利用，大力提高能源的利用效率。20 世纪 70 年代后期，日本靠节能降低了能源消费量的 5.5%，它还通过制定省能计划、能源法，采用先进技术与工艺，回收余能和加强科学管理等措施，计划到 1985 年，将能源消费量

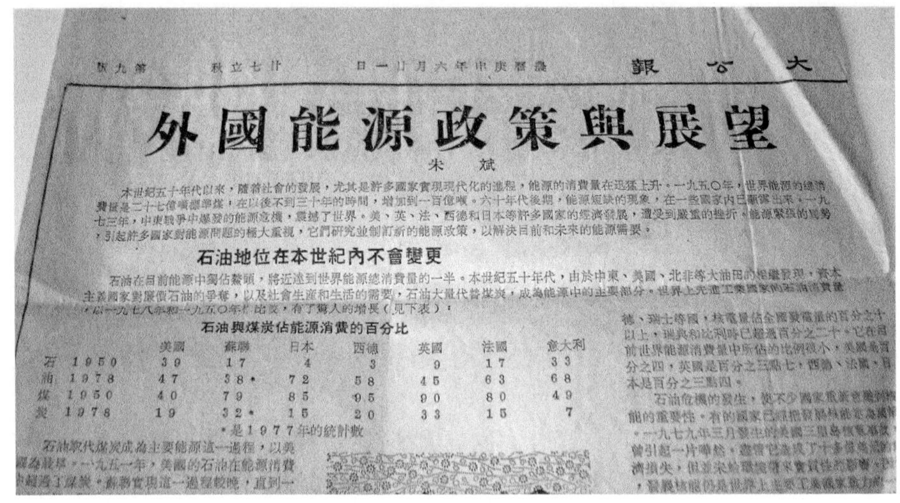

大公報　農曆庚申年六月廿一日　廿七立秋　第九版

外國能源政策與展望

朱斌

本世紀五十年代以來，隨着社會的發展，尤其是許多國家實現現代化的進程，能源的消費量在迅猛上升。一九五〇年，世界能源的總消費量是二十七億噸標準煤，在以後不到三十年的時間，增加到一百億噸。六十年代後期，能源短缺的現象，在一些國家內已顯露出來。一九七三年，中東戰爭中爆發的能源危機，震撼了世界。美、英、法、西德和日本等許多國家的經濟發展，遭受到嚴重的挫折。能源緊張的局勢，引起許多國家對能源問題的極大重視，它們研究並制訂新的能源政策，以解決目前和未來的能源需要。

石油地位在本世紀內不會變更

石油在目前能源中獨佔鰲頭，將近達到世界能源總消費量的一半。本世紀五十年代，由於中東、美國、北非等大油田的相繼發現，資本主義國家對廉價石油的爭奪，以及社會生產和生活的需要，石油大量代替煤炭，成為能源中的主要部分。世界上先進工業國家的石油消費量，從一九七八年和一九五〇年相比較，有了驚人的增長（見下表）：

石油與煤炭佔能源消費的百分比

		美國	蘇聯	日本	西德	英國	法國	意大利
石油	1950	39	17	4	3	9	17	33
	1978	47	38•	72	58	45	63	68
煤炭	1950	40	79	85	95	90	80	49
	1978	19	32•	15	20	33	15	7

•是1977年的統計數

石油取代煤炭成為主要能源這一過程，以美國為最早。一九五一年，美國的石油在能源消費中超過了煤炭。蘇聯實現這一過程較晚，直到一[illegible]

德、瑞士等國，核電量佔全國發電量的百分之十以上，瑞典和比利時已超過百分之二十。它在目前世界能源消費量中所佔的比例很小，美國是百分之四，英國是百分之三點七，西德、法國、日本是百分之三點四。

石油危機的發生，使不少國家重新意識到[illegible]能的重要性。有的國家已經把[illegible]。一九七九年三月發生的美國三里島核電事故，曾引起一片嘩然，[illegible]濟損失，但並未給環境帶來實質性的影響。[illegible]，發展核能仍是世界上主要工業國家[illegible]

图 1-2　香港大公报转载的作者能源文章

降低到 10.8% 的水平。为此，日本制订了一个全国性的节能规划——“月光计划”，主要是发展更有效地使用现有能源的方法，以及回收利用余能的技术。日本前首相大平正芳强调：日本今后在政治、经济、社会、文化等领域内，都要有与节省能源时代到来的相应思想和行动。1980 年，日本实行了加油站星期日停止营业的制度，还缩短了深夜电视广播时间和提高夏季室内空调温度，以节省能源。日本在能源政策中一再说明，节能不是降低生产和生活水平，而是通过提高能源利用效率，增加生产，提高国民的生活水平。

节能，并不是只被能源资源比较贫乏的国家（如日本）所重视，在能源比较丰富的国家也同样如此。美、英、法和西德等国推行了石油配给制，限制汽车行驶速度，并采取加强对建筑物的保温等措施，以节省更多的能源。大力开展节能，是世界范围内一项共同的能源政策，是解决能源问题的长远方针。

未来的世界能源战略[①]

当今世界能源问题，已经变得十分尖锐。世界已经不能像过去那样安然无恙地继续依赖于矿物能源的开发，向新的能源构成的过渡迟早要到来。但是，能源过渡却需要较长的时间。在此期间，即从 1982 年起到 20 世纪末，特别是 80 年代，世界能源的面貌将如何？世界将采取什么样的战略和对策？是本文探讨的内容（图 1-4）。

一、未来的估计

能源的发展与经济的增长、人口的增加、技术的进步等一系列重大因素密切相关。预测这些因素，对未来世界的能源，具有十分重要的意义。

1. 经济增长率

20 世纪 80 年代的世界经济将以缓慢的速度向前发展，发展速度要比 60 年代、70 年代慢。一些经济学家估计，80 年代的世界经济将交替地出现停滞与恢复，总的情况是前期停滞，后期恢复。世界代用能源战略研究组对 1977 ~ 1985 年的世界经济发展速度给出了两种假定：高的和低的。在高的情况下，西方世界每年的平均增长率为 6%，这是一种上限。在低的情况下，平均增长率为 3.5%。再综合其他地区的研究，全球高的和低的增长率分别为 5.2% 和 3.4%。1985 ~ 2000 年期间，这两个指标还要低一些。

2. 人口的增长

在 20 世纪 50 年代到 80 年代初期的 30 年中，世界人口增加了 75%，由 1950 年的 25 亿增加到 1980 年的 44 亿。今后 20 年内，世界各地区人口的增长速度，除了非洲以外，有放慢的趋势。但是增加的人口数字仍然很大。发达国家的人口增长率一直偏低，今后将继续下去；发展中国家的增长率一直偏高，虽然有些国家将采取强有力的节育措施，但是高的增长率仍然存在，许多国家的人口仍然要

① 本文最初为中国科学院能源所内刊所用，首次发表在《未来与发展》1982 年第 2 期。《未来与发表》由中国未来研究会主办，已停刊（图 1-3）。

成倍地增加。

按联合国人口预测的中等水平估计，到20世纪末，全球人口将增加40%，约62亿。1980~1990年，世界人口将从44.15亿增至52.75亿，净增8.6亿。

3. 其他

在未来世界上，与能源相关的还有一些其他重要因素，如技术的进步，居民对能源品种的选择以及战争等。这些因素，都可以严重地影响未来能源的局势。譬如能源技术上的重大突破会极大地改变能源利用的情况；局部战争也可以打乱世界能源贸易的格调；发展核能的一个严重障碍正是民众的反对，等等。但是，这些因素都带有不确定的成分。今天制订的能源战略和规划，也可能因为这些因素中的某一个突然出现，完全改变面貌。

虽然世界经济的发展速度在20世纪的最后20年内会缓慢下来，从而减弱对能源增长需求的压力。但是总的看来，经济的增长，人口的增加，势必需要更多的能源供给。能源增加的绝对数值是相当可观的。世界能源短缺会越来越严重，缺口会越来越大。必须采取强有力的措施，来填补缺口，预防能源问题对世界经济的冲击，并尽可能减弱它的危害。

二、战略的选择

为了填补能源缺口，有多种战略可供选择。概括起来，有两大方案：一是发展替代能源，来补充石油的不足；二是实行节约能源，来弥合缺口。但是，首先要考虑的是，力争石油缺口推迟出现，缺口尽量要小。发展替代能源和节约能源，两者的目标是一致的，但是对于资金短缺的国家却有着明显互相排斥的一面。

20世纪80年代的世界能源战略，可以概述如下。全力谋求石油供应的稳定，大力开发以煤炭、核能为主的替代能源，同时积极推行旨在减少能源需求量的节能政策，以确保这个时期经济增长的能源需要和为实现向未来能源的过渡做好准备。

1. 谋求石油的稳定

20世纪80年代，对石油的基本估计是，石油仍然作为世界能源的主要部分，即石油在世界能源中的地位保持不变。这个估计是基于石油的产量在未来的10年内不会有大的变动，世界对石油的需求不会有大的增加。70年代，世界石油产量虽有起伏，但总的趋势是不断上升。1970年日产4500万桶，1974年上升为5590万桶，1976年下降至5140万桶，到1979年又增至6260万桶，从1970~

1979 年间，年平均增长率是 3. 7% 。

20 世纪 80 年代石油的增长率，总的来说要比 70 年代低，埃克森公司估计为 1. 1% ，国际能源组织估计为 1. 2% ，Chase Econometric 公司估计为 1. 9% ~3% ，增长的趋势是存在的。

世界石油形势的稳定，主要取决于石油输出国和石油进口国双方的政策。其中，石油输出国组织起着极为重要的作用。估计石油输出国组织在 20 世纪 80 年代的生产不会有大的变化。国际能源机构估计，石油输出国组织的日产量，1985 年是 3080 万桶，1990 年是 3160 万桶，产量比目前有所增加。

石油输出国组织推行的政策是让石油资源尽可能保存长一点时间，尽量提高油价。但是能否如愿，还是个问题。油价的暴涨促进了世界其他地区油田的开发，以及替代能源的发展，从而降低了石油输出国组织的作用。此外，占世界石油产量 1/9 的沙特阿拉伯与美国保持着密切的关系，一直保持着高产量，并谋求石油价格的稳定。

同时，世界上石油非输出国家也将执行稳定石油的战略：限制石油的进口量并稳定本国石油的产量。根据国际能源机构制订的进口目标，该组织的 20 个成员国 1980 年进口量是 12. 05 亿 t，1985 年为 12. 7796 亿 t，平均每年只增长 1% 。1980 年在威尼斯召开的美国、英国、日本、法国、西德、意大利、加拿大七国首脑会议，重申了限制石油进口的战略意见。具有生产潜力的国家，如美国、墨西哥、英国、苏联等，20 世纪 80 年代的石油产量估计会稳定在目前的水平，略有增减，但数量不会很大。

国际能源机构在 1980 年推算了 1985 年和 1990 年可能出现的世界石油供求平衡状况，见表 1-2。

表 1-2　全球石油平衡　（单位：百万桶/天）

项目	1978 年	1985 年	1990 年
世界石油消费量（不包括中央计划经济国家）	51. 4	58. 9	64. 3
石油输出国组织产量	30. 5	30. 8	31. 6
非石油输出国组织产量	20. 1	26. 0	27. 0
要求增产或节约的数量		2. 1	5. 7

资料来源：国际能源机构专题报告。

石油的稳定，是世界经济形势稳定的重要因素；可以争取到足够的时间，做好由石油向其他能源的过渡。

20 世纪 80 年代，石油的另一个基本事实是，石油供应日趋窘迫。石油缺口在 80 年代可能出现。国际能源机构估计，到 1985 年，每天会缺少石油 210 万桶，1990 年每天会缺少 570 万桶。埃克森公司估计的要好一些，1990 年每天不足的数字是 200 万桶。

稳定世界石油产量，稳定世界石油市场，并减少石油的消费，是 20 世纪 80 年代世界能源战略的核心内容。

2. 煤炭——通向未来的桥梁

由美国、英国、西德、中国、印度、波兰等 16 个国家组成的世界煤炭研究会，1980 年 5 月以“煤炭——通向未来的桥梁”为主题发表了研究报告。它认为：“今后 20 年内，石油在国际贸易中很可能要减少。强有力的节能措施，制订和迅速实施原子能、天然气、非常规油源和气源、太阳能、其他可再生能源和新技术的发展计划，都不足以满足日益增长的世界能源需求。为实现从目前到2000年这段时期的世界经济增长，即使是中等程度的增长，大力扩充煤炭生产、运输和利用设施，实为当务之急。煤炭不增长，前途将是黯淡的。”世界煤炭研究会制定的战略意图十分清楚，就是狠抓煤炭，以填补因石油短缺而出现的能源缺口。

这一战略的根据何在呢？

煤炭能够供给未来能源需求的很大一部分。煤炭目前供给世界能源需求的 25%以上。经济可采的煤炭储量极为丰富，为石油、天然气的许多倍，能够在未来相当长的时间内满足不断增长的需要。

煤炭的开采、运输和利用技术是成熟的，并在不断改造。燃烧、气化、液化技术的进步，将在 20 世纪 90 年代以及更远的年代里大大地扩大煤炭的使用范围。

世界上许多地区，煤炭已在发电和其他许多方面具有竞争能力。随着石油涨价，煤炭将进一步扩大自己的市场。

发展煤炭的战略要求：在今后 20 年内，煤炭必须供给世界能源增长需求的 1/2 ~ 2/3。要达到这个目的，世界煤炭产量必须比 1977 年的水平增加 1. 5 ~ 2. 0 倍。

在 20 世纪和 21 世纪，煤炭是唯一还能以较低的成本大量供应的化石燃料。它是由丰富的油气向未来能源过渡的中间桥梁。它和核能一起成为主要的替代能源。如果不愿意使用核能，那么必须发展煤炭；相反，不使用煤炭，就要发展核能。

但是，煤炭潜力的发挥，受到三个因素的约束：①时间因素。建设一个大型煤矿，一般需要多年。发展煤炭的规划，如果从现在起立刻执行，也要到 20 世纪 80 年代的中期或后期才能发挥作用。②地理因素。已知的世界煤炭资源非常集中，主要分布在美国、苏联、中国三国。这三个国家的煤炭生产占世界总产量的60%，如果再加上波兰、西德和英国，就超过了75%。没有煤的国家，当然无法去发展煤炭生产。③环境保护因素。如果燃烧煤炭造成的环境问题得不到满意的解决，发展煤炭将困难重重。

在20世纪80年代，煤炭对于发展中国家的经济增长将起显著作用，它将成为一些国家的主要能源。

3. 重大的决策：发展核能

对能源的选择，没有一个像核能这样困难。目前世界上一些国家对发展核能的态度仍然摇摆不定。经济合作和发展组织1985年核电站装机容量计划削减了60%。一些发展中国家，如巴西、菲律宾、伊朗的核电计划也削减了。但是，这并不说明发展核能不重要；恰恰相反，它说明了在决定发展核能的政策上的极端重要性。事实上，填补能源缺口只能有两种大的选择：核能和煤炭。一些专家认为，从长计议，核能要比煤炭更有希望。

尽管有些国家在动摇，纵观全局，核能发展的步伐仍然是可观的。1970年，西方世界核电只占全部电力的0.5%，到1979年，就跃进到3%。目前世界核电能力约为1.1亿kW。估计到20世纪80年代末，将增加到3.5亿kW。20世纪末，核电势必对世界能源作出显著的贡献。国际原子能组织（IAEA）估计，那时核电能力可能达到10.3亿～16.5亿kW。这一能力相当于每日生产石油2700万桶～4300万桶。1978年世界能源会议预测的数字，比它的上限稍低，为15.4亿kW。如果发展核能的计划得以贯彻，那么20世纪末，核能将占世界能源总量的20%以上。

世界代用能源战略研究组对一些国家未来核电站的装机容量，作了最大可能和最小可能的两种估计，见表1-3。

表1-3 对未来核电站装机容量的估计（单位：GW（e）$=1\times10^8$W）

装机容量国家	1974年	1985年		2000年	
		最小可能	最大可能	最小可能	最大可能
丹麦	0	1	1	5	5
芬兰	0	2.2	3.2	8.2	16.2
法国	2.9	35	45	100	140
西德	4.0	21	33	80	120
意大利	0.6	5.4	9.4	60	60
荷兰	0.5	1.5	2.5	10	16

续表

装机容量国家	1974 年	1985 年		2000 年	
		最小可能	最大可能	最小可能	最大可能
挪威	0	0	0	3	4
瑞典	2.6	3.8	7.4	20	20
英国	5.8	14	15	50	58
加拿大	2.5	8	12	74	74
美国	40.4	127	166	620	620
日本	3.9	25	40	100	120

西欧各国，如英国、法国、西德在核电方面都有进展。英国、法国两国缺少煤炭资源，大力发展核能似乎是一种必然的抉择。英国政政府决定在今后 10 年内投资 200 亿英镑，建设一批核电站，发电能力将达 1500 万 kW，从而使核电能力从目前占电力的 13% 上升到 50%。法国政府的核电计划更为迅速，兴建 50 座核反应堆，预计 20 世纪 80 年代中期（1985 年）核电能力就要占电力的 50%。

图 1-3　20 世纪 80 年代期刊《未来与发展》封面，
该期有朱斌的“未来的世界能源战略”一文

美国核能事业预计会有很大的发展。卡特政府宣告的核能计划和表 1-3 中的预测是一致的，20 世纪 80 年代和 90 年代，美国将作为核工业最发达的国家出现在世界舞台上。美国核能及代用能源委员会的研究报告认为，只有煤炭和核能才是解决中期增加电力的可供选择的办法。

核能的发展从目前看来，仍然有一些不利因素。这些不利因素，使得发展核能的战略决策变得困难。这些不利因素主要来自对核能安全的考虑。核能具有放射性，这是与其他能源的本质区别，尽管世界上反应堆的运行记录是良好的，但是关于核能是否安全的争论一直在进行着。最严重的问题是放射性的隔离。高放射性废物的处理，需要保存几百、几千年后才能无害。核电站本身也可能引起放射性外溢事故。此外，由于快中子增殖堆的出现，它使用的燃料钚或高浓缩的 U^{235}，可用于核武器。民众对这些问题所持的强烈反对态度已经影响到各国政府的核能政策。

4. 发展中国家的一种方案：兴办水电

大力开发水力资源，是发展中国家在战略上区别于发达国家的一个特殊方案。全世界可利用的水力资源估计为 1.5×10^{12}W。其中，56%分布在发达国家，44%分布于发展中国家。发达国家的水力资源已经得到充分的开发，水电容量的增长潜力已经很小。发展中国家则不同，到目前为止，水力资源只开发了 4%，潜力很大。由于建设水电站的周期较长，一个大型水电站差不多要 10 年时光，因此，水电的大量发展在时间上受到了限制。

水电在能源构成中虽然只占百分之几，在以后的 20 年内，大体也是如此。但是，如果实施大力发展水电的方针，水电容量的大幅度增加，对于填补能源缺口，尤其是降低对电力需求的压力，将发挥重要作用。1960～1973 年期间，发展中国家的发电能力提高了近 3 倍，这种发展速度在以后的年代里会继续下去。按照高的经济增长率的要求，发展中国家的一次发电量按每天百万桶油当量计算，有希望从 1972 年的 2.2 增长到 1985 年的 5.8、2000 年的 15 上下。世界代用能源战略研究组按保守的估计，发展中国家的水电，将从 1972 年的每日 100 万桶油当量增加到 2000 年的 440 万桶油当量，即增加 4.4 倍。

5. 综合发展各种替代能源的模式

目前，世界的常规能源是石油、煤炭、天然气、水电和核能。非常规能源有地热能、生物质能、太阳能和油页岩等。综合发展替代能源的模式，就是对可能利用的能源，不管是常规的，还是非常规的，都加以重视和发展。这一模式的特点，是突出太阳能的发展。自从 1973 年能源危机以来，不少人相信太阳能将成为主要能源之一。近几年来，世界各国对太阳能的发展，给予足够的重视，投入了不少力量。这不仅因为太阳能辐射到地面上的能量十分巨大，一年大约有500万亿桶油当量，相当于已知石油资源的1000倍；而且，太阳能是可以再生的能源，并且对环境没有污染。但是，太阳能是极为分散的能源，而且只能间歇地利用。利用太阳能技术尚在初期阶段，很不成熟，它的发展要受到种种限制。估计在20世纪80年代，太阳能对世界能源不会有什么明显的贡献。它的作用是在未来，到2000年以后才越见显著。从长远的战略眼光看来，从80年代起就要注重太阳能的发展。

生物质能的发展，如发展速生植物和巨藻农场、兴办沼气，对于解决农村能源的短缺有立竿见影的作用。解决农村能源的另一个重要途径，是广泛利用风能。

地热能是地区性的能源，可以就地利用。

油砂、重质油和油页岩的地下储量比已经探明的石油储量多得多，这表明在油气资源枯竭以后，还有一个长期提供石油的潜在途径。这些能源在加拿大、美国等地已有生产，只是存在一系列经济和技术难题，使它们束之高阁。

天然气是占世界总能源消费17%的常规能源，它在地下还有丰富的储量。在20世纪80年代，它的产量会有增加，它的主要难题是运输。天然气的探明储量，1975年末是5200亿桶油当量，这几年消耗了约1230亿桶，还剩下4000亿桶。2/3分布在西方世界，1/3分布在苏联、中国等地。天然气和石油类似，面临资源的枯竭，它的发展要受到限制。

6. 重要的战略：节能

能源供应日益紧张，这是世界的现实。因此，不能再保持过去的那种使用办法，不能再继续采用过去的工艺和设计。这就是节约能源的出发点。它的中心思想，是采用技术上可行、经济上合理以及环境和社会可接受的措施，以便更有效地利用能源资源。也就是千方百计地提高能源利用效率。

节能的思想很早就存在了。早在1924年，世界能源大会第一次会议就已致力于能源资源的“最佳利用”。但是引起如此广泛的注意，则是能源危机以后的事。1973年以来，世界上许多国家采取了多种多样的节能措施，均已收到了一定的效果。

对于节能的潜力作出定性的估计，存在一系列的困难。与节能有关的因素太多了，有经济的，有技术的，也有社会的。世界能源大会节能委员会的一些专家，对未来的节能潜力作了仔细的研究。他们的结论是：“到2020年，以总能源需要量与世界总产值的比值来度量的节能潜力是46%，其中17%是由能源消费与世界总产值的结构变化所产生的，其余部分则是通过技术的发展和效率的提高达到的。预期可能实现的潜力将从 1985 年的 9% 增加到 2000 年的 33%，2020 年则增加到 46%。”这意味着，节能政策的实施将显著地降低未来世界能源的需要量。

能否收到预期的效果？这种怀疑一方面是由于对节能的含义缺乏了解；另一方面也由于节能的效果尚不显著。因此影响到节能作为解决 20 世纪能源缺口的战略决策。的确，节能这个用语太模糊了，不同的用户可能有不同理解。节能含糊地包括节省、经济合用、提高效率，等等。但是，研究表明，大部分节能是可以通过工艺技术的改进来实现的。

节能需要投资，但是和发展替代能源比较起来显然要低；节能，一般来说也需要超前时间，如更换能源利用设备，但是至少部分是可以立即见效的，一部分资金就可以得到周转，这是和发展替代能源不同的地方。

图 1-4　中国科学院能源所 20 世纪 80 年代在厦门举办能源座谈会，前排左 1 为作者，左 4 为能源所副所长黄志杰研究员，右 3 为能源所胥俊章研究员，后排左 5 为清华大学孟昭利教授，左 7 为能源所杨志荣研究员

能源安全与战略储备①

20 世纪 70 年代两次西方世界能源危机，不是能源资源的空匮，而是能源供应的急剧削减。1973 年石油输出国家实施的石油禁运和 1979 年伊朗事件而发生的伊朗石油大幅度减产，对西方许多国家造成的经济损失和社会动荡，无疑是严重的。这是能源供应遭受巨大干扰，从而破坏了能源安全的突出事例。据此，西方学者预言，假如沙特阿拉伯的石油每天削减 900 万桶持续一年，美国的国民生产总值将减少 5%，欧洲减少 7%，日本减少 8%。如果突然失去波斯湾一年的石油供应，美国的国民生产总值将损失 13%，欧洲将损失 22%，日本为 25%，足以动摇世界经济，使西方社会遭受自 20 世纪 30 年代大萧条以来从未有过的混乱和破坏。鉴于差不多整整 10 年的教训，西方国家着手制订一项有关能源安全的国家政策。但是，诚如事实所表明的，制订这样一种政策并不容易。对安全问题作出判断是件复杂的事。安全有个程度问题，从反面来讲，就是破坏程度。破坏

能源安全与战略储备

朱斌

七十年代两次西方世界能源危机，不是能源资源的空匮，而是能源供应的急剧削减。一九七三年石油输出国家实施的石油禁运和一九七九年伊朗事件而发生的伊朗石油大幅度减产，对西方许多国家造成的经济损失和社会动荡，无疑是严重的。这是能源供应遭受巨大干扰，从而破坏了能源安全的突出事例。据此，西方学者预言，假如沙特阿拉伯的石油每天削减九百万桶持续一年，美国的国民生产总值将减少百分之五，

中国存在不存在能源安全

对于西方国家来说，能源安全主要是指石油进口。我国目前没有能源进口，每年生产大约一亿吨石油，有百分之二十左右的石油出口。但是，有两大因素值得考虑：在本世纪未来的时间内，我国推进现代化对能源的需求量是庞大的，未来的能源供应缺口可能也是庞大的。2000年我国工农业总产值比1981年增长四倍，如果国民经济增长速度要求能源以相同的速度增加，即能源消费弹性系数为1——这被认为是一种正常的要求，那么，2000年我国至少要生产二十四亿吨标准煤的能源；如果增加一倍的国民生产总值，要求增加0.7倍的能源消费，即能源消费弹性系数为0.7——这意味着要通过调整经济结构、采取节能措施

图 1-5 作者在《现代化》1985 年第 4 期发表的文章

① 本文发表在《现代化》期刊 1985 年第 4 期（图 1-5），为中国科学技术协会主办，时任主编为汤寿根先生。

可以单从生存角度作狭义的解释，也可以作广义的理解，即包括福利、独立、地位等一系列因素。无怪美国公民指责政府过去实施的能源安全政策“实际上使我们更加不安全”。

对于能源靠石油进口的国家，能源安全政策的中心思想就是谋求减少进口石油的依赖程度。例如，西欧各国，虽然在衡量能源安全指标上存在差异，但是最简单的衡量标准是一个国家对进口能源的依赖程度，尤其是对石油进口的依赖程度。其次的标准是，能源进口的分散程度，即进口的能源分散在哪些地区，显然，愈集中，危险性就愈大。另外，进口能源在国家能源消费结构中所占的地位也要加以考虑，比如英国因北海油田的开发，已使其对外国石油的依赖程度有所改善，相反，如意大利和西欧许多小国仍然在50%以上。和上一标准密切相关的是一个国家能源终端利用的状况，工业耗能在英国、法国占国家能源总消费的比例较低，在意大利则较高，一旦发生重大的能源供应干扰，工业部门受损程度，意大利要比英国、法国严重得多。

一、中国是否存在能源安全问题

对于西方国家来说，能源安全主要是指石油进口。我国目前没有能源进口，每年生产大约1亿t石油，有20%左右的石油出口。但是，有两大因素值得考虑：在20世纪，我国推进现代化对能源的需求量是庞大的，未来的能源供应缺口可能也是庞大的。2000年我国工农业总产值比1981年增长4倍，如果国民经济增长速度要求能源以相同的速度增加，即能源消费弹性系数为1——被认为是一种正常的要求，那么，2000年，我国至少要生产24亿tce的能源；如果增加一倍的国民生产总值，要求增加0.7倍的能源消费，即能源消费弹性系数为0.7——意味着要通过调整经济结构、采取节能措施等能源供应缺口等多方面努力，那么，2000年我们至少也要生产16.8亿tce能源。根据目前的估计，我们在20世纪末的能源生产能力仅能达到12亿tce。这就是说，在今后十几年中，我们每增加一份能源生产，就需要创造两份国民经济效益，能源消费弹性系数为0.5。这个目标是不易达到的，需要花大气力。在这一过程中，我们可能将始终存在着能源供应的大缺口，如果处理不当，就有可能转化为能源安全问题。

我国有没有可能在今后十几年或稍远的时间内，由能源出口变为能源进口？目前虽然不具备这种转变的充分理由，但是可能性不能完全排除。这是因为未来存在巨大能源供应缺口；加上我国平均每人的能源消费水平很低，1983年一次能源消费平均每人是660kgce，处于世界的低水平，为美国的1/20，日本的1/7，苏联的1/10；有着远大前景的近海石油开发，需要10年或更长的建设周期等。如果一旦出现国际市场能源价格对我们有利的话，何尝不可以考虑由国外进口部分能源呢？其中，最有价值的是进口原油和石油产品。还有一个值得重视的因素，是未来十几年内，不包括世界性战争在内的其他非常事件的出现，如重大的自然灾害、市场严重失控、国际合作突然中断等。总之，因能源供应严重干扰而造成的能源安全问题，在未来的岁月里，可能会在我国出现。

应该有什么准备？

归纳各国采取的能源安全政策措施，主要有两大类：第一类是应急措施。当能源供应干扰出现时，政府可能采用的市场管理办法、能源定量配给方案以及紧急节能措施等。第二类是战略措施，包括发展代用能源和战略石油储备。其中，战略石油储备对于应付能源供应干扰，尤具特别重要意义，世界许多国家都采取这一措施。

二、西方国家的能源储备

西方工业国家的能源储备（表 1-4），差不多都是自 1973 年第一次能源危机以后进行的。其中，以美国最为宏观，它不但是世界上最大的能源消费国，而且能源储备也列居首位。1973 年石油禁运以后，美国政府认识到，在一场足够大的能源供应干扰中，私人库存不足以提供平定动乱的保障。1975 年，国会批准建立 5 亿桶的战略石油储备。稍后，卡特总统把目标定为 1985 年 10 亿桶。实际上由于技术、管理和政治等方面的限制，1980 年美国所能达到的战略储备能力为 2.5 亿桶，1985 年可以增加到 4 亿桶，1986 年为 5.4 亿桶。如果能迅速拨款解决储油用地问题，那么储备能力可望 1989 年提高到 7.5 亿桶，1991 年 10 亿桶。值得一提的是，1979 年伊朗事件之后，美国战略石油储备的进口一度中断，后来由于国会的推动再度恢复，但补进率仅为每天 10 万桶，为伊朗事件前补进率的 1/3。依此补进速度，20 世纪末以后才能达到 7.5 亿桶的水平。

表 1-4 西方主要工业国家石油储备（1983 年 12 月）

国家	库存量/万桶	可用天数/天
美国	145310	87
法国	14969	77
西德	24515	120
英国	11296	86
意大利	14911	79
加拿大	11826	80
荷兰	8789	275
日本	45800	88

和战略储备有互补作用的是私人石油库存。美国法律鼓励这种储备，1980 年的私人库存已经大于国家的石油战略储备。但是，要维持这类储备是不易的。

首先需要花费巨额资金来建立和保持库存，购买石油的成本为每桶 30 美元左右，库存的费用为每桶 0.8 ~ 1.0 美元。其次，一旦石油市场出现可观利润时，私人库存就有被动用的可能。

1980 年，美国能源部宣布国内第一级库存（指炼油厂、油管以及大的散装储油站保存的原油产品）达历史最高水平，为 13.6 亿桶。超过正常营运水平的库存有 1.3 亿桶。在不危及石油生产和销售系统的情况下还可以再动用 1.3 亿桶。同年，战略石油储备实际上是 0.9 亿桶。因此，在 1980 年，美国为应付能源紧急状况，可以动用的石油储备共 3.5 亿桶。

再看一看西德和日本的能源储备。西德的石油储备在 1980 年已达相当于消费量 100 天以上的水平。欧洲共同体要求成员国保持相当于 90 天消费量的储备。国际能源机构要求参与国持有 90 天进口量的石油储备。西德已达到这些要求，1981 年 5 月 1 日统计的储备相当于 104 天消费量，其中炼油厂储存 25 天，政府和联合财团 65 天，商业库存 14 天，紧急战略储备 90 天。日本比所有西方国家更加感到能源安全的迫切性，1973 年以后，它开始制定对策，企图把对石油的依赖程度由 1980 年的 70% 降到 1990 年的 50% 。1980 年中，私人石油库存已略超过 100 天的消费量。执行能源部功能的通商省每年确定以后 4 年的储备指标。政府通过长期低息贷款来鼓励私人库存，政府的贷款可以解决采购石油费用的 90% 和设施成本的 70% 。

三、我国也要建立能源储备

建立能源储备，不但对于目前依靠能源进口的国家是重要的，对于类似我国这种能源基本自给但未来缺口很大的国家同样也是重要的。对西方国家来说，一旦能源安全受到威胁，政府将立即公布由战略石油储备库中提取的计划和投放市场的价格政策。单是这一行动，就会制止石油公司、外国政府和国内公众发生恐慌和囤积，还会减少石油现货价格上涨的压力。美国学者认为，“如果伊朗削减石油生产之后，我们拥有巨额战略储备并加以动用，那么几乎全部的价格上涨都可以避免。”即使在建立和补充储备期间，如果有供应干扰发生，只要把储备采购转为当前的消费，就能够平定干扰而无需动用一滴库存。此外，能源储备还有许多意想不到的功用，正如有人认为，能源的储备和核武器库一样，它的最大作用正在于它本身的存在。我国目前没有能源战略储备，由于种种原因，在 1985 ~ 1995 年的 10 年中，我们尚没有条件建立自己的战略储备，但是我们应该开始认识到能源安全和储备的重要性，一旦条件许可，在 20 世纪 90 年代后期或稍后的时间内，必须迅速着手建立国家的战略能源储备，完善国家的能源安全体系。

有关我国能源发展的思考①

一、重新考虑发展的含义

在20世纪90年代初，人类社会还有10年就要迈进一个新的世纪。检讨以往人类社会的发展，我们发现：社会的发展过分地注重了数量方面，而忽视了质量方面。90年代人口已经突破了50亿大关，1985年世界总产值已达到1.27×10^5亿美元，1989年世界钢产量为7.83亿t。能源的生产和消费更是触目惊心：1989年世界生产原油29.69亿t，天然气21006亿m^3，煤炭50.15亿t，同年全世界共消费商品能源114.47亿tce，还不包括广大农村消费的非商品能源。1985年世界粮食生产16.67亿t，消耗19亿桶油当量的能源，约为世界石油总产量的1/10。90年代初世界有4亿辆汽车，每年消耗约6亿t汽油。美国平均一个家庭一年（1984年）的能源消费高达31×10^6kcal，相当于3t石油；1985年家庭中人均用电为3306kW·h，在世界上还不算最高的，挪威高达7386kW·h。

20世纪八九十年代世界的发展是不是已经到了一个数量的限度。当1986年世界人口达到50亿时，世界并没有庆祝此事。相反，人口数量的压力使我们深感不安。中国1988年原煤产量接近10亿t，在不少国际统计资料中被排在世界首位，但是中国没有宣扬这一成果。煤炭的高速增长给中国的环境治理带来了严重压力。如果继续增长下去，中国就要成为世界最大的排放碳的国家。

由于矿物燃料的大量消耗，人类生存的空间已经充满了有害气体，如二氧化碳、二氧化硫。1950～1985年，因人类经济活动向太空排放的碳总量，根据美国世界观察研究所1987年的年度报告，1950年为15.83亿t，1985年为51.80亿t,增长了3倍多。20世纪70年代，由于燃煤装备的改善，二氧化硫的排空量虽然有所降低，但用煤大国的排空量也高达百万吨以上，美国平均每年为2410万t,加拿大为477万t，联邦德国为354万t[1]。如果让这些有害气体的排放继续扩大下去，那么人类生活的地球，总有一天不能忍受。80年代地球表面气温的升高，已经引起世界科学界的广泛注意，它与太空中二氧化碳浓度的上升密切相关。酸雨在世界许多地方的加剧，与燃煤产生的二氧化硫直接有关。1952

① 发表在《自然辩证法通讯》1991年第4期，作者朱斌，该杂志执行主编为范岱年先生。

年12月5日至9日，雾都伦敦发生的大批居民死亡事故，有清晰的历史记录表明，是由于空气中二氧化硫含量的剧增[2]。类似的例子，在纽约、大阪、鹿特丹等城市都出现过。

这些情况，只是给我们以启发，不能单纯为追求某一目标，而忽视了世界统一的发展。今天我们应该重新审定社会发展的含义。发展并不单纯是数量的增长，而应该是数量与质量的同时增加。对于世界而言，发展必然包含环境的改善。这就意味着，人口的增殖、经济的增长、能源的增加都要和环境相一致。任何违背环境改善的发展，对于一个国家、一个民族而言，不但与人类未来的目标相悖，而且也与国家的繁荣、民族的兴衰背道而驰。

二、保护环境和保护资源是能源发展的要义

能源利用的目的是为了提供食物和改善居住条件，使本来无法生存的地方得以安居乐业。然而事物的发展往往要走向另一个方向，寒冷的地方因为有了燃料，人们可以居住和生活；矿物燃料的过分使用使空气污染，又会使人们不能安生。城市由于能源的大量消费而聚集了许多居民，但污染的加重又迫使人们迁居城郊。对于整个世界而言，我们不能走到这样一个境界：由于矿物能源的繁荣而使人们无法生存。为此，能源的发展不但要满足经济的增长和人们生活改善的需要，而且要有利于保护自然环境。

矿物能源是今天世界的主要能源，非矿物能源水力的能量仅占世界一次能源消费的7%。矿物能源的特点就是在利用时要消耗资源，煤、石油、天然气以及作为核电原料的铀矿都是不可再生的，用一点就少一点。以1988年年底的资料计算，世界石油的探明储量1038亿t，可以继续开采34年；天然气探明储量1.12×10^7亿m^3，可供开采57年。煤炭的储量比较丰富，全世界技术经济可采煤储量约6600亿tce，大致相当于1977年世界煤产量的250倍[3]，即可以开采250年。现实世界的能源资源是丰富还是紧张？法国“未来能源资源紧张状况研究组”对世界能源资源作了详尽的分析，他们指出：“无疑一定有希望，我们不会败落到最后一滴油或最后一克铀。至少到目前为止，世界经济体系虽然出现过骚乱和不公正，但总是表现出能够适应和生存下去。当事态压力要求采取紧急行动时，我们会很快以很高的代价，采取必要的措施来减轻这种资源或那个地区受到的压力……但是，如果我们允许自己被目前在能源问题上流行的温度和气候所迷惑，如果我们不坚持从未雨绸缪的观点来看必要的节能、替代和多样化政策，而只是从迫在眉睫的观点来制订我们的政策，那么丰富的能源很可能会成为幻想，而一个匮乏的世界会成为残酷的现实。”

我国能源资源的情况又如何？按照1988年美国权威能源杂志《油气杂志》

公布的数字，中国石油的探明储量为 32.13 亿 t，天然气 9221 亿 m^3，按照 1988 年我国石油、天然气的生产水平计算，石油可以继续开采 23 年，天然气可以开采 67 年。煤炭虽然是我国的优势资源，和苏联、美国同为世界三大煤炭国家，但是，我国的煤炭可采储量（精查储量）按目前的开采水平继续下去，也只能维持 75 年上下。我国煤炭资源有备储量不足，加剧了我国能源的紧张局势，要给予严重关注。在采取强有力措施的情况下，考虑可能新增的探明储量进入精查储量，煤炭的资源可以维持 150 年或 200 年。这样的时间长度，初看起来好像不短，但是以人类历史的尺寸来度量，就是短暂的了。我国能源资源从绝对数量上来看，在世界各国之中，次于苏联和美国，排在第三位。这主要由于煤炭资源占了很大比重的缘故。石油和天然气资源在绝对数量上也是不丰富的。从人均占有量来看，我国能源资源和其他国家比较起来，就是一个贫乏的国家了。

因此，保护资源是一项重要的政策。在规划能源发展时，要将保护资源政策包括在内。不能因为地下有煤，就无限制地挖煤。要纠正那些破坏地下矿藏的挖掘行为。不能因为大庆地下还有石油，就拼命地从那里抽油。应该执行节约能源的方针。保护宝贵的能源资源，一方面使它们在现有的技术条件下发挥更大的经济效益，石油、天然气和煤炭都是化工原料，可以生产出人造纤维、塑料、橡胶和其他许多化工产品；另一方面要预料到未来技术的提高，矿物资源会有更大、更广泛的用途，更好地造福于人类的子孙后代。不要竭泽而渔，为后代多留点遗产，是当代人的责任。

三、后备储量不足是我国能源发展的严重忧患

我国能源资源存在两大问题。第一个问题是人均拥有矿物能源资源不多，后备储量不足。我国是一个大国，能源资源就总量来说，许多都名列世界前茅。水力资源世界第一，煤炭保有储量世界第三，石油也排在第 10 名。但我国人口众多，如果按可比口径计算，我国人均拥有的矿物资源——主要指煤炭、石油和天然气的探明储量，仅为世界平均值的 1/3，其中石油人均储量远低于世界的平均值。另外，从煤炭的保有储量出发还不能构建我国煤炭工业发展的具体规划，必须依赖于精查储量，我国煤炭的精查储量只占保有储量的一小部分，约为 700 亿 t。石油可以依靠的后备储量更少，天然气的可靠储量到目前还没有弄清楚。第二个问题是地理分布极不均衡。煤炭保有储量 64% 集中在华北，12% 在西北，其他四个大区不足 25%。具体来说，分布于山西、内蒙古、贵州、宁夏、安徽、陕西的煤炭，约占全国的 80%，其中又特别集中在山西、内蒙古两省，约为全国的 60%。石油探明储量的 85% 分布在长江以北的东部地区，主要集中在黑龙江、山东、辽宁等地。天然气则主要发现于四川省内。我国极为丰富的水

力资源，可开发部分的68%分布在西南地区，16%在中南，华东、华北和东北3个地区加起来不足7%。我国人口和经济发展程度相对密集的东部沿海地区，包括江南8省和山东、河北、河南、辽宁、吉林，能源消费占全国总消费的2/3，能源资源储量却只占全国的13%。资源分布的极度不均，对国家经济的发展带来了严重的困难。我国经济发展中的特殊问题，像北煤南运、南水北调，都由此而生。

我国能源资源还有一个弱点，就是在能源资源的构成上，质量较差。这一弱点，到目前为止还没有引起足够的重视。在现代的能源组成中，石油占有特殊的地位。天然气的地位也在上升。石油和天然气是优质能源。就能源资源的可采储量而言，煤和石油的比例，世界上为5∶1，我国是50∶1。从能源消费的结构来看，世界上发达国家的石油和天然气消费，在能源消费中所占比例都在70%上下，而我国只有20%左右。以1989年为例，美国为65.9%，苏联为70.9%，日本为68%，西德为57.3%，法国为54.8%，英国为58.5%，中国为19.3%，世界平均值是59.6%。

我们完全有可能依靠本国富有的常规能源资源，建设一个现代化的中国。但是，现代化对能源的需要是巨大的，为此，我们要适时地把地下资源变为可利用的能源。首先必须做好能源开发的地质勘探工作。由于地质勘探工作长期投资不足，没有走在前面，致使目前我国能源的后备储量不足和出现资源不清的状况。煤炭采掘比例失调，石油储采比例更面临困境。天然气工业上不去，其主要原因在于天然气的储量不清。

我国能源资源具有良好的远景。新的石油储量在胜利油田、辽河油田、中原油田等新油区以及大庆等老油区都有发现。新疆准噶尔盆地和塔里木盆地是陆地石油最好的远景区，据国外石油专家估计，该地区的石油储量可能在几十亿吨到几百亿吨，是中国的第二大庆。总面积达300多万平方千米的广阔海域，预示着可能有丰富的海上石油。经初步勘探，已发现渤海、南黄海、东海、珠江口、北部湾、台湾西部等9个大型沉积盆地具有良好的含油气远景。我国陆相大型盆地也多具备大气田形成的地质条件。在四川盆地发现的油田中，有3/4是气田。华北盆地、陕甘宁盆地、松辽盆地、莺歌海西部盆地、东海盆地等地区都是有希望的含气区。一般说来，石油丰富的国家和地区，一般也富有天然气资源。煤炭资源极为丰富的远景应该是无疑的。剩下的问题，是如何把能源资源的良好远景不失时宜地变为可以利用的能源。第一步就是把远景储量变为探明储量，改变我国已经面临的能源资源后备力量不足的现象。

四、天然气可能成为我国能源发展的突破口

天然气在经历了漫长岁月后，到了20世纪70年代突然展示了它强大的威

力，正在逐步发展成为世界的主要能源。1990 年前 30 年，它的储量差不多每隔 10 年就翻一番。特别是 1984 年以后，天然气的储量第一次超过石油，向人们预示着它未来的发展要凌驾于世界第一能源石油之上。事实上，1970 ~ 1985 年的 15 年中，世界天然气的储量由 4.16×10^5 亿 m^3 增加到 985000 亿 m^3，每年平均增长 5.9%；而同期世界石油的储量由 753 亿 t 增加到 959 亿 t，年均仅增长 1.6%。同期世界天然气的产量增长了 72.3%，而石油的产量只增长了 18.6%。

天然气的迅速发展必然改变世界能源的结构。20 世纪 50 年代初叶，煤炭在一次能源消费中占有 60% 左右，到了 70 年代，煤炭的霸主地位才让位于石油，石油连同天然气在能源结构中稳占 70% 上下，煤炭下降到 30%。这一状况一直沿袭到此时。天然气在世界能源消费中已经稳定在 20%。1989 年世界一次能源消费结构是：石油 38.3%；天然气 21.3%；煤炭 27.8%；水电 7.0%；核电 5.6%。根据天然气后备资源的预测，90 年代的 10 年，天然气在世界能源消费结构中可能达到 27% ~41%。

美国是世界上最早大规模开发天然气的国家。20 世纪初，美国首先在加利福尼亚、落基山和墨西哥湾进行油气勘探工作。1920 年美国天然气的产量已达到 223 亿 m^3，超过了我国现在的水平。1925 ~ 1930 年期间，美国天然气的探明储量有 13000 亿 m^3，也大于我国现在的储量。30 年代和 40 年代，美国天然气事业大踏步迈进，相继发现了一系列大油气田，包括阿拉斯加地区的开发。60 年代末，普鲁德霍湾大油气田被开发，天然气探明储量在 1970 年增至 82300 亿 m^3，产量高达 6204 亿 m^3，称雄于世界。70 年代是美国天然气的黄金时代。但是由于地质后备储量开始下降，80 年代美国天然气产量开始下降，但仍然是世界第二大天然气国家。

苏联天然气产量在 1950 年仅 58 亿 m^3，10 年以后增加到 453 亿 m^3，再过 10 年激增到 1979 亿 m^3，直追美国。1970 年苏联天然气探明储量达到 119000 亿 m^3，超过美国。这是由于苏联在这一时期先后开发了乌克兰的谢别林卡、中亚的加兹里和沙特利克、伏尔加 ~ 乌拉尔地区的奥伦堡等一大批油气田，特别是开发了世界上最大的天然气气田——西伯利亚的乌连戈伊气田。这些大气田的相继投产，使苏联天然气事业获得了强大的基础，天然气储量和产量先后超过美国，成为世界最大的天然气国家。1991 年苏联能源消费中，天然气已超过石油，成为第一能源，占全苏联能源总消费的 40% 以上；在苏联工业燃料中，天然气已经占据绝对优势，达到 80% 以上。

我国的情况又是怎样的呢？新中国成立 40 余年，天然气事业从无到有，1989 年年产 150.5 亿 m^3，在我国能源消费结构中，天然气仅占 2%，远远落后于煤炭（76%）、石油（17%），还低于水电（59%）。而目前世界的平均水平，天然气在能源消费中是 20%。我国天然气事业之所以落伍，原因之一是在石油勘探工作的同时未能进行天然气的勘探工作。一般来说，应该同时进行，在搞清石油的储量时，天然气的储量也清楚了。但是，我们没有这样做，因此我国天然气的资源还是一个未知数。

1988 年年末，美国《油气杂志》公布的世界天然气和石油的探明储量，石油是 1037.98 亿 t，天然气是 1119362 亿 m^3。一般来说，地下石油和天然气的储量是相当的，即有 1 份石油就有 1 份天然气。在计算上，1000m^3 天然气相当于 1t 石油。全世界油气比是 1 : 1.08。就国家而言，由于地质工作的不同，情况相差甚远。印度是 1 : 0.75，气比油少；英国是 1 : 0.91，基本持平；美国是 1 : 1.47，气比油多；苏联是 1 : 5.3，气比油多得多。而我国是 1 : 0.29，天然气的储量比石油少得多。这一情况，不但说明了我国天然气的地质工作做得不够，而且表明我国天然气的资源存在很大的潜力。如果简单地以 1 : 1 的油气储量比来计算，我国天然气的探明储量不是现在的 9221 亿 m^3，而应该是 92130 亿 m^3。

天然气是一种优质能源，对于越来越强的环境保护要求，它无疑是一种好的选择。发展天然气，对于我国能源结构的优化和能源供给的好转，具有十分重要的意义。应世界能源发展的潮流，天然气是我国未来能源发展的新星。要使天然气成为突破口，关键在于迅速加强天然气的地质勘探工作。一旦在储量上有了强大的后盾，生产上就会有所突破。从普查资源到确定可采储量，需要时间，也许长达 10 年、20 年，但是必须争取时间，尽早上马，那么中国天然气时代就会在 21 世纪的前 50 年内到来。

五、煤炭利用技术的进步是我国未来能源的希望

煤炭是我国的主要能源。在能源生产和消费结构中，新中国成立 40 年来一直占据着显要的地位。1989 年煤炭生产 10.54 亿 t，占全国能源生产总量的 74%；同年煤炭消费和生产量基本持平，为 9.83 亿 t，占全国一次能源消费总量的 75.8%。在未来相当长的时期内，煤炭作为我国主要能源的格局是不会改变的。主要原因是我国煤炭资源丰富，在能源资源中占绝对优势；同时也由于煤炭利用技术在中国已有上千年的历史，使用起来简单易行。

我国煤炭的利用，75% 左右在工业部门，其中以电力部门为第一大户，约占 24%，1987 年消耗煤炭 2.22 亿 t 以上；1987 年民用用煤 2.08 亿 t，占全国煤炭消费的 22.6%；运输部门的用煤，主要是铁路，占全国用煤的 2.6%。在工业用煤中，锅炉的耗煤量最大，1989 年达到 3 亿 t，接近全国用煤量的 1/3。

我国煤炭事业的主要问题是利用技术落后。全国 40 万台工业锅炉，热效率低于 50% 的小锅炉占 30%，平均效率为 55%，而发达国家工业锅炉的热效率普

遍在70%～80%。火电的供电煤耗每度为431g，比日本、苏联要高出100g。民用煤炭的利用效率更低，全国只有少数城市居民使用炊事燃气，大部分居民的炊事使用低质煤炭，设备落后，热效率在15%～18%。全国煤炭平均热能利用效率约20%。

由于我国大量烧煤，而且多是采用直接燃烧和低空排放的办法，因此产生了严重的污染。据有关统计资料指出，1987年全国排放大气的烟尘1450万t，二氧化碳1410万t。1985年从煤炭利用中排放的二氧化碳是1504万t，在世界上的排名仅次于美国，占第二位。空气中二氧化硫的聚集是形成酸雨的主要原因，重庆和南昌已成为我国两大酸雨区。

为更好地发挥煤炭在经济发展中的作用，同时确保我国生存的环境不受破坏，关键是要改进煤炭利用技术，大力提高煤炭的利用效率。

煤炭利用技术的改革主要有三个方面：①煤炭燃烧技术；②煤的气化；③煤的液化。煤炭燃烧技术的进展主要是沸腾床燃烧、生产稳定的煤-油混合燃料和磁流体发电技术。沸腾技术开始于20世纪20年代，几经改造，目前已广泛用于石油提炼、化工、食品工业和废物焚化，有希望用于大型电站。煤-油混合燃料技术是将煤粉混合在燃料油中，使用在烧油的锅炉中，煤占的比重通常在20%～50%。磁流体发电技术是利用煤产生的高温燃气直接产生电流。温度超过2000℃的燃气，可使某种物质（如钾）离子化，导致气体导电，形成等离子体，再使等离子体通过磁场，从而产生电流。这种技术目前尚没有实现商业化，如果实现，可使燃煤电站的效率提高到45%～55%。发达国家的燃煤电站效率一般在35%～40%，1979年我国只有28%。

煤的气化技术包括固定床、流化床和气化床结构。其中，应用最广泛的是鲁奇（Lurgi）、温克勒（winkler）和柯匹斯-托切克（Koppers-Totzek）的工艺流程。目前这三种工艺都已经商品化。但是由于投资过高，在我国难以推广。其中，进展显著的是城市煤气事业的发展，1987年全国城市居民炊事燃气供应量是90亿m^3，其中煤制气20亿m^3。水煤气部分甲烷化技术的工作性试验有可能在最近完成，它对加速我国城市煤气化事业将发挥积极作用。

煤的液化技术可以通过直接或间接方式获得。直接液化是让气态氢在一定压力下直接反应，间接液化是煤气经气化产生清洁的合成气，然后经催化作用转化成液态的碳氢化合物。最著名的煤间接液化方法是费希尔-特罗普奇（Fischer-Tropsch）工艺流程。煤的直接液化和间接液化是在20世纪20年代兴起在德国。30年代末和40年代，煤的直接液化技术在德国得到了大规模应用。但是，由于煤的液化技术直到目前为止在商业上仍然缺乏竞争力，世界上唯一的商业规模的煤炭液化厂是在南非。最近几年由于油价暴跌，煤炭液化项目在不少国家一再受挫。但是煤的液化比煤气有更多的优点，工艺条件比较温和，所得燃料的热值高，便于运输和储存。

总之，我国的煤炭利用技术需要有大的变革，我们不能再像现在这样使用我国的煤炭资源。煤的气化和液化是将煤变成类似天然气和石油那样的能源，这是煤炭利用技术的革命。21 世纪我国利用的煤炭，应该是经过气化和液化后的新煤。这种新煤将使我国的能源发生根本性的变革，同样也有效地保护了中华民族赖以生存的空间和大地。

六、节能是国家发展能源的重要内容

20 世纪 70 年代两次能源危机发生之后，节能成为了许多国家重要的国策。从此，人类社会开始进入了节约能源的新纪元。增加能源生产可以促进经济的增长，节约能源同样可以维持经济的增长。增产和节约具有同等重要的意义。自世界跨入节能时代起，我国也开始推行节能政策。从 1979 年算起，我国节能已经历了 10 年多的时光。

10 年中，我国节能工作取得了巨大的成果，累计节能和少用能源 3 亿 tce，在一定程度上缓和了我国能源严重短缺的形势，促进了国民经济的持续增长。尤其是 1979～1986 年的几年中，我国政府十分重视节能工作，提出了“开发与节约并重，近期把节约放在优先地位”的能源发展方针，政府颁布了第一号节能指令和《节能管理暂行条例》，公布了淘汰高耗能产品和推广节能新产品目录，并加强节能工作的管理和宣传。但是，最近几年来，我国节能工作有所放松，节能技术改造的投资逐年减少，节能机构遭到削弱，在管理和技术进步等方面都没有大的进展，企业节能工作由于能源价格的过分低廉而受到影响，虽然每年也得到节约上千万吨能源的效果，但节能工作有停滞不前的趋势，节能作为发展能源事业的重要作用又可能被忽视。

我国人口众多，经济发展一直保持着较高的增长速度，每年需要消费巨大数量的能源。能源需求和供给之间差距很大。又由于我国技术设备和工艺落后，管理不善，能源利用效率低，比发达国家差不多要低一半。这种状况在若干年内不会有根本的改变。我国能源形势在一个相当长的时间内是严峻的。单从这一点讲，节能也不是一项短期的权宜之计，而是国家长期的根本方针。

我国 20 世纪 90 年代初叶全年消费商品能源约 9 亿多 tce，60% 以上用于工业部门。中国科学院能源所的一项研究表明，1982 年全国能源利用效率为 26%。对于一个国家而言，能源利用效率是衡量这个国家能源利用水平的一项综合指标。发达国家如日本、美国、联邦德国等都在 40% 以上。这表明我国能源利用效率低下，浪费严重，节能潜力很大。

1979 年全国节能 2360 万 t，1980 年节能 3500 万 t，1981 年和 1982 年分别节能 2700 万 t 和 1800 万 t。从提高能源利用效率的概念出发，可以大致推算出从 1991 年起到 2000 年的节能量。如果 2000 年时我国的能源利用效率可以提高到 35%，那么 1986 ~ 2000 年的节能量为 21020 万吨[4]。再加上经济结构合理化方面的节能源，总的节能潜力应该再大些。考虑到我国经济结构改革方面的节能可以和提高能源利用率的作用等量齐观，那么从 1986 年到 2000 年，我国节能的总潜力应该在 4 亿 tce 以上。从 4 亿 t 总数中减去 1986 ~ 1990 年 5 年实现的节能量，那么在今后 1991 ~ 2000 年的 10 年内，我们的节能潜力和目标是 3 亿 tce。

节能包括三个方面：一是技术进步的节能；二是调整经济结构的节能；三是社会行为的节能。前一阶段，我国的节能效果主要是通过调整经济结构取得的。我们降低了高耗能的重工业比重，提高了低耗能的轻工业，减少了高耗能的企业和产品，等等。这方面的工作今后要继续进行下去。但是，钢铁、化工等高耗能工业部门，在国家的发展道路上今后仍需进一步加强，不然我们就不能保证国家的独立自主和经济上的基础实力。这方面的能耗有可能回升。但是经济结构是多方面的，随着新兴产业部门和高技术产业的出现，经济结构方面的节能仍然是大有潜力的。通过技术革新的节能，包括设备的更新、工艺流程的改造，是我国节能方面的薄弱环节。发达国家（如美国）的节能成效主要是通过技术革新取得的。今后我们要将节能工作的重点移到技术进步上来。社会行为节能与全民节能意识密切相关，我们是一个穷国，但是浪费现象却十分惊人。我国平均每人的能耗不高，但是浪费严重，节能潜力可观。在努力提高国家人口平均能耗的同时，要将不起作用的能源节约下来。

开发新的能源项目，往往需要 10 年左右的时间；节能技术项目的投产也需要时间，但耗时相对较短。为此，为解决我国面临的能源短缺，最有效的办法就是实施节能。节能意味着技术进步，这是人类社会发展的方向；节能同时意味着节约资源，使国民经济步入节约资源的发展轨道，这正是世界先进国家追求的目标。

主要参考文献

[1] 世界观察研究所. 1985 年世界形势评述. 北京：科学技术文献出版社，1985.

[2] 韦德 G. 能源与环境变化. 北京：科学出版社，1983.

[3] 世界煤炭研究会. 煤炭——通向未来的桥梁. 纽约：世界煤炭研究会年度最终报告，1980.

[4] 朱斌. 未来我国能源的探索. 自然辩证法通讯，1985，(2)：27-29.

九十年代能源发展中的新问题：环境[①]

能源的增长总是作为人类社会进步和繁荣的一个标志。但是，这个观点在20世纪70年代初往后的一二十年内，由于环境的恶化和人们对于本身生存环境的再认识，对能源增长的概念提出了根本的修正。当今世界，能源生产和消费已经足够庞大，对环境构成了威胁。任何事物的增长都是有限度的。20世纪70年代罗马俱乐部的功绩之一，就是提出了“增长的极限”这一命题。虽然我们现在还不能说，世界矿物能源的发展已经面临极限。但是，由于矿物能源的利用对环境造成的损害已暴露无遗，可以断言，无论是中国还是世界，能源的发展面临一种新的考虑和选择：环境问题已经进入能源发展的天地，并且扮演着重要角色。

一、环境破坏的报告接踵而来

1985年5月，英国的一个研究小组报告了发现南极洲上空的大气臭氧层急剧减少的情况。这一发现在国际学术界掀起了忧虑的波澜。一层日益稀薄的臭氧层，使得太阳紫外线更多地辐射到地球上，会引起更多的皮肤癌，破坏人体免疫系统，妨碍作物生长。

1986年7月，一个研究温室效应的科学家小组公布了证据，证明了全球性气温变暖已经开始。英国东英吉利大学的气象学家编制了近134年的全球温度系列表，结论是：“这些数据表明了一个长时间范围内变暖的趋势，1980年、1981年和1983年为最暖的三年，在整个134年记录中的9个最暖的年份有5个是在1978年以后出现的。”三个月后，美国地质勘探局的一个研究小组报告说，近百年来阿拉斯加北极冻土带的温度增加了2.2～3.9℃。

1986年10月，美国国家科学院和史密斯学会在华盛顿召开了国家生物物种讨论会，会议发表了一份关于物种生存受到日益严重威胁的紧急声明。物种大量灭绝的浪潮即将到来，这次物种灭绝规模之大，将接近大约6500多万年以前恐龙和其他物种的一半从地球上灭绝的程度。但有一个重要的区别：史前的那次灾变是由于自然环境的变化，而现在出现的灾变则是由人类本身的活动引起的。

---

① 本文发表在《自然辩证法通讯》1990年第5期。

加拿大马尼托巴淡水研究所报告了对安大略西北部一个小湖泊人为酸化的结果。在8年时间内，使该湖的酸度（pH）从6.8降到5.0，湖中的生物随着这一变化相应地发生了变化：当pH=5.9时，一种河虾的数量急剧减少，肥头鲦鱼不能繁殖，某种甲壳动物全部消失。在这一酸度水平下，该湖变为无鱼湖。可以推测，斯堪的纳维亚和北美洲东部的许多湖泊和河流就是这样酸化而污染的。这是酸雨的危害之一，酸雨的危害还表现在对土壤的破坏上。在东欧广大地区，土壤的酸化程度已经十分严重，有些地区的土壤已近似于荒地，瑞典西南的部分地区，20世纪20年代以后的60年间土壤的酸性增加了9倍。

大气化学变化对森林的破坏使联邦德国的科学家深感震惊。1982年约有8%的树木遭受破坏。一年后仔细调查，34%的树木枯黄，树叶脱落。1984年夏季病树所占的比例上升到50%。联邦德国的情况引起了邻国的关注，欧洲各国相继对本国森林进行了调查。总的结果表明，欧洲森林有14%呈现受灾的迹象，在奥地利、捷克、芬兰、卢森堡、荷兰、波兰、瑞士和联邦德国，森林受害面积从1/4到1/2不等。在追查原因的过程中，大多数科学家认为酸雨、二氧化硫、氮化合物、重金属和臭氧等污染物通过森林土壤和树叶起了重要作用。

热带森林的破坏更令人忧虑。印度森林面积以每年大约130万hm^2的速度锐减，如果得不到制止，到21世纪末，印度现有的3100万hm^2的森林将大部分消亡。对世界176个热带国家森林植被的调查表明，每年滥伐的面积达1100万hm^2，主要用于开垦荒地、木材生产、炊事薪柴以及伐林养牛。

还有一个更为严重的问题，就是空气中二氧化碳含量的增加。这一现象显然是由矿物燃料的利用所致。1860年以来，矿物燃料燃烧已向大气中释放1850亿t碳。年排放量由1860年的9300万t增加到目前的50亿t左右，增加了52倍。尤其是20世纪50年代以后，由于石油用量的大增，加上煤的燃烧，碳的排放量急剧增加。

一个世纪以来，科学家们就呼吁要关心大气中碳含量增加带来的危害。为了预测二氧化碳浓度增加对地球气候的影响，科学家们广泛地开展了对“温室效应”的研究。二氧化碳在大气层中就像棉被一样覆盖在地球表面，太阳光能透过它到达地球，而地球反射的红外线，却很难通过二氧化碳层。因此，二氧化碳在大气中的含量增加时，就使地球向外辐射的能量减少，地面温度随之升高。根据数学模型研究的结果，大气中二氧化碳浓度增加1倍时（根据目前的趋势，有可能在21世纪中期出现），地球的气温将上升1.5～4.5℃。这种变化看起来甚微，但影响将是深远和巨大的。要知道，在地球的最后一次冰期，巨大的冰面覆盖了欧洲和北美的大部分地区，那时地球的平均气温只比现在低5℃左右。

另一个产生温室效应的气体物质是甲烷。千万年以来，大气中甲烷的浓度一直保持不变，但大约从公元1600年开始，大气中的甲烷含量以每年1%～2%的速度在增加。全世界每年从牛群消化道和稻田土壤中产生的甲烷约有1.4亿t，比天然沼泽地和湿地的释放量还多一倍。估计2030年时，除了二氧化碳使地球表面增温外，大气中的甲烷也会使全球气温再增高20%～40%。

为此，稳定全球气候成为了当前世界的热门话题。华盛顿世界观察研究所1989年的年度报告，也以稳定全球气候作为主题。提出稳定气候是能源政策的基石，"为了避免破坏性的气候变化，要求今后10年内重新确定各国能源政策的重点。"

二、历史的教训不可忘记

当考察人类史上出现的文明时代的兴衰时，往往只注意战争和外部入侵，以及诸如地震灾害的影响，而较少注意到一个民族内部的衰落因素。最近的研究显示出环境系统对文明时代变迁的关键作用。

数千年前的美索不达米亚文明，发生在底格里斯河和幼发拉底河之间的肥沃平原上。那里有发达的农业灌溉系统，支持着农业生产，从而成为人类的文明发源地之一。然后，在公元前2400年前后，灌溉地因缺乏地下排水系统，致使地下水上升，久而久之，土壤被侵蚀，出现盐碱化，农业生产率大大下降。有记录表明，占谷物产量84%的大麦产量在数百年间下降了65%。这一过程使美索不达米亚平原的农民逃离本土。粮食生产系统在那里彻底瓦解了。最后，由于战争和政策失误最终使美索不达米亚文明从世上消失了。但是追根溯源，日益严重的土壤盐碱化和农业生产的破坏，是这一文化发源地没落的前提。

玛雅文明的衰落差不多和美索不达米亚文明有类似的因素。美洲大陆的危地马拉、萨尔瓦多和墨西哥南部的高原和沿海地带是玛雅文明的中心地带。许多世纪以来，玛雅人发展了复杂的社会结构，开垦梯形山坡地，排干沼泽地种植玉米。在玛雅文明的全盛时期，人口估计有500万。大约在公元750年，玛雅文明开始衰落，在不到200年内，人口降到50万；最终瓦解了。

揭露玛雅文明衰落过程的真正原因，是考古学家的难题。但是经过努力，许多考古学家认为，迅速增长的人口可能超过了农业资源基础，而最后造成的粮食短缺和社会压力使社会和政治秩序崩溃。人类学家约翰·G·洛支持这一观点，并用模型的方法提出了"两个限度的问题"。

第一个限度是确定当地水平的缺粮极限程度，低于这一程度时，模拟的玛雅社会组织将恢复并返回正常状态；超过这一限度时，玛雅社会组织将不稳定和崩溃。第二个限度表示一个极限值，处于该极限值时，经常发生的裂解使整个玛雅社会组织进入一种不稳定状态。模拟衰落的总模式与有限的考古记录取得了明显的一致。

我们今天的发展，在某些方面是否已面临这种极限。罗马俱乐部，世界观察研究所和世界上许多研究机构都提出了这个问题，并且吸引了广泛的注意。在第三世界的许多地区，人口和环境的压力是巨大的。1920 年以来，非洲人均谷物产量下降约 1/5，最近 5 年来拉丁美洲的谷物产量下降 8%。特别是北非，目前正出现明显的衰落征兆，土壤、森林和水源的衰退与人口的猛增，以及局部战争混合在一起，人均粮食产量在下降，社会动荡在加剧，20 世纪 80 年代后期，埃及、摩洛哥、苏丹、突尼斯等国都出现了与粮价上涨有关的骚乱。这片土地曾经是罗马帝国的粮仓，曾几何时，今天遍布一片片茫茫的沙漠，有一半粮食要依靠进口。

三、政策上的缺陷太严重了

我们虽然已经重视环境对于人类生存的重要性，但是对于环境如何被破坏却知道得甚少，就环境而言，人类尚处于一个混沌时期，人们为了追求生产的发展，往往破坏了环境；国家为了追求实力，往往置环境于脑后；个人为了生活的方便，往往在糟蹋环境。这就是今天的现实。一旦环境向人类施以无情的报复时就晚了。因此，我们的政策要有远见，在这个世界上，任何发展都离不开环境。能源的发展要以环境为基石，任何事物的发展都要以环境为基础。

世界能源昨天的发展，没有建立在环境的基础上，这是能源政策上的最大缺陷。这一政策上的失误，使得当今世界仍然强烈依靠矿物能源的燃烧，世界是建立在大量燃烧石油和煤类的火焰上，尤其是煤类。

20 世纪 80 年代初，碳的年排放量保持在 50 亿 ~ 52 亿 t。1986 年苏联发生了切尔诺贝利核电站事故，放射性尘埃散布到欧洲许多国家，煤电事业再次抬头。国际能源机构预计，其成员国到 2000 年时煤电将增加 30%。目前世界上最大的煤炭国家是美国、中国和苏联。而且，由于国内能源消费上升，煤炭还有进一步增长的趋势。全世界在最近几年内，主要由于煤炭的燃烧，碳的排放量每年净增 1 亿 t 以上。碳排放量的增加致使空气中二氧化碳浓度增大。科学家对冰川样品的分析表明，1860 年大气中二氧化碳的浓度为百万分之 260（260ppmv①），1985 年的浓度为 346ppmv，增加了 30%。其中二氧化碳浓度增加量的 1/3，是集中在最近的 30 年中。1959 ~ 1985 年期间，二氧化碳的浓度由 316ppmv 上升到 346ppmv，增加 9%。科学家认为，空气中二氧化碳的增加主要来自于矿物燃料的燃烧和森林滥伐。美国橡树岭能源分析研究所对矿物燃料燃烧排放碳的分析也

① ppmv 为百万体积之一浓度。

表明，1950年以来，由于石油消费的骤增和煤炭的大量燃烧，碳的排放量急剧上升。

从1860年以来，由矿物燃料的燃烧向大气中排放的二氧化碳，累计已有1850亿t。由于砍伐森林，同一时期大气中增加的二氧化碳量，差不多也有1000亿t。砍伐森林造成的后果，几乎和燃烧矿物燃料同等，这是一个十分严重的问题，前面已经说道，欧洲和印度森林面积的锐减，主要原因是酸雨和滥伐。1987年9月公布的材料表明，欧洲共有30170万hm^2的森林受酸雨的损害，这个数字比以往的调查数字要高得多。阿尔卑斯山脉森林已受到灾难性的损害。捷克和民主德国交界处的埃尔兹伯格山脉，正成为一座大型树林坟墓，一座世界上酸雨影响的陈列馆。而酸雨主要是由于煤炭燃烧向空中放出的二氧化硫形成的。

美国科学家认为："燃烧矿物燃料增加二氧化碳浓度的主要责任，应由美国和苏联来负责，他们各占世界总排放量的1/5。其次是中国、日本和联邦德国。按人口平均计算，美国和民主德国居首位，平均每人每年排放约5吨碳，世界平均为1吨。""中国拥有世界上最丰富的煤炭资源，目前煤炭产量已超过苏联。中国2000年煤炭消费量预计将几乎增加一倍。由于中国石油资源有限，人口已超过10亿，煤炭消耗的增加将使中国成为世界上二氧化硫和二氧化碳的主要排放国之一。""中国由于大量燃烧煤炭，环境正在恶化。贵州省由于使用高硫煤，降雨的酸度甚至远高于受酸雨侵袭的北美东部。四川省一个曾为松柏覆盖的森林地区，由于空气污染的结果，90%的面积已成裸地。"这些意见是美国世界观察研究所在1988年年度报告中表述的。

作者于1985年4月在《自然辩证法通讯》杂志上发表的文章中指出，"燃烧煤炭对生活环境的影响，这是我国的一个特殊问题。由于我国能源主要利用煤炭，而且在许多场合采取直接燃烧的办法。原煤燃烧后产生的废气、烟灰严重地污染了我国许多城镇。尤其是冬季，城市中的分散供热系统加上居民使用的取暖小煤炉，使空气污染程度急剧上升，一般都超过了规定的环境标准。今后15年内，煤炭的使用量还要大幅度增加，假如使用方法得不到根本性的改变，那么2000年中国消费12亿t煤炭，将产生2400万t煤灰、4000万t烟尘和2400万t二氧化硫。这些污染物主要将散落在我国的大小城镇，造成可怕的情景。"

矿物燃料燃烧向大气中排放的废物已经到了森林植被和海洋所能承受的能力，这是一个严重的界限。跨越了这个界限，人类本身将受到严厉而可怕的惩罚。

因此，需要对世界现行的能源系统进行重大的调整。现行的能源利用政策任其继续下去，那么也许到21世纪的中期，地球气候就将发生灾难性的变化。环境承受能力已经到了不可容忍的程度。

当今世界的能源支持系统有两块：一是矿物能源，二是以薪柴为主的生物质能源。前者是商品能源，后者是非商品能源。世界上约2/3的人口，主要依赖这类非商品能源。精确地计算世界上非商品能源的消耗量几乎是不可能的，尽管如此，每年非商品能源的消费都是巨大的，在许多国家，它们完全可以和商品能源的消费等量齐观。中国非商品能源的消费约占全国能源消费量的1/3，印度占1/2，孟加拉国则占到3/4，在不少非洲国家更高达国家能源总消费的90%以上。

随着人口的增加和生活的改善，这种非商品能源的消费数量在不断上升。而薪柴的更新需要时间。这就出现了一种可怕的现象：农村居民为了获得必要的柴草，他们就到处滥伐树木和植被，以及寻找可燃的物质。于是，在不少地区，木柴的价格上升了。在有些地方，柴草的价格已经跟上粮食的价码。在马里，一个城市劳动者家庭要花去收入的1/3去购买生活燃料。在尼日尔的首都，一个中等体力劳动者家庭，收入的1/4花在木柴上。

在巴基斯坦的一些城市，为了生活燃料，人们剥去了马路两旁的树皮。在印度，每年作为生活燃料的干粪将近1亿t，这种方法剥夺了农田的有机养料。这种将粪便作为燃料的现象，在非洲的撒哈拉地区和南美洲的安第斯山谷等地区也可以见到。尼泊尔许多村庄，也由于柴草搜集困难，农民开始用牛粪作燃料。

薪柴的短缺，加速了土壤的侵蚀和沙漠化。薪柴短缺的国家和地区，如非洲的萨赫勒地区、苏丹、埃塞俄比亚、肯尼亚、索马里，亚洲的印度、巴基斯坦等，同时就是沙漠化现象严重的地方。非洲有22个国家的土地正走向沙化、萨赫勒地区7个国家的沙化速度为第三世界平均沙化速度的7倍。马里20年的沙化，使撒哈拉沙漠向南推进了350km。印度的干旱现象正在转化为沙化，因而可能造成今后印度农业生产的危机。我国同样存在这种现象。1985年作者在一篇文章中指出："农村缺柴严重地破坏了生态平衡。我国农民长期使用薪柴和农作物秸秆作为主要的生活燃料，每年消费在2亿tce以上。根据1980年的全国普查，严重缺柴户占全国总农户的47.7%。农村能源的巨大缺乏，迫使农民到处寻觅可能得到的生活燃料，有些地方连草皮、树木都一扫而光，有些地方柴草价格超过粮食价格。这样一来，森林植被必然遭受破坏，水土流失加剧。全国水土流失最严重的地区是黄河中游地带，每年约有16亿t泥沙注入黄河。全国沙漠面积已由1950年的16亿亩①增加到1979年的19亿亩。"中国科学院生态环境中心最新的研究报告表明：中国是沙漠化危害严重的国家，北方沙漠面积已达149万km^2，占国土面积的15.5%。

在重新调整世界商品能源体系的时候，绝不能忘记维持第三世界绝大部分人

---

① 1亩≈666.67m^2。

民生计的非商品能源。如果不能有效地改变目前这种能源的短缺状况，那么将严重地影响人类生存的自然环境。影响并非快速地出现，而是缓慢地发生，一旦显示出来，后果将不堪设想。

四、保护环境是能源政策的基石

目前世界的能源消费正在改变着地球的气候。气候是人类和生物赖以生存的最重要的环境因素之一。如果地球表面温度继续增高的话，几十年或几百年以后，人类的情况和地球的生态系统将有不可预测的灾变。因此，必须设法阻止地球气温的升高，关键因素之一，就是设法减少人类活动向太空排放的碳元素的数量。有数据证明，全球变暖的一半是由二氧化碳贡献的。为了有效地减少太空中二氧化碳的数量，重要的措施有两条：①减少矿物燃料的消耗；②保护地球上的森林。

什么办法可供作为减少矿物燃料的选择，答案有 4 种办法：①提高能源利用率，即采取节能的办法，来减少石油和煤炭的利用量。②扩大天然气的使用，天然气和石油、煤炭比较起来，在燃烧时产生的二氧化碳要少得多。③开发太阳能、水力、地热、海洋能等再生能源。④继续扩大核能的利用。

目前核电约占世界电力总量的 15%，在 1988 年世界一次能源消费结构中，占 5%。从核电所用资源来看，它可以有效地减少碳的排放量。但是，核电的发展正遇到许多难以克服的困难，发展核电对于许多国家来说，都是艰难的抉择。核废料的处理和可能出现的核电站事故，也给人类生存的环境带来危害。这一点与环境政策正相冲突。更何况核电的造价在节节上升，用核电来代替煤电，在财政负担上将十分巨大，估计在 20 世纪或再一个十年内，都难以作为一种理想的方案。

太阳能、风力、地热等再生能源的开发刚刚兴起，在技术上还有许多不成熟的地方。作为再生能源的水电，在 1988 年世界一次能源的消费中占 7%。在许多国家、水电的作用已经举足轻重，其开发程度接近饱和；一般来说，水电的开发在发展中国家还有较大的潜力。为了减少碳的排放量，发展水电是一种可取的办法。其他再生能源的开发虽然已引人注目，如风力发电在美国加利福尼亚的兴起，地热发电已是菲律宾的主要电力来源，太阳能热水器在日本、以色列等地都有了广泛的利用。但是，除水电以外，其他再生能源在世界能源消费结构中尚没有占到任何地位，接近于零。

天然气的利用，在最近 20 年内取得了惊人的成就。

在世界能源的消费结构中，50 年代初，煤炭占据首要地位，接近 60%；到了 80 年代，煤炭的比重下降到 27% 上下，代替它地位的是石油和天然气。天然气从 70 年代开始就达到 20% 左右。1940 年，天然气在世界一次能源消费结构中，只占 4.6%；1960 年上升到 14.6%；1970 年为 19.9%；1981 年为 22%；1988 年为 20%。特别是 1973 年世界能源危机以来，许多国家为了减少对石油的依赖程度，更加注意天然气，期望以天然气来代替石油。1984 年，世界天然气的探明剩余可采储量超过了石油。显示了一个信号：天然气可能代替石油成为当今世界的第一能源。1970 年全世界天然气的产量是 1.03 万亿 m^3，1985 年达到 1.775 万亿 m^3；增长了 72.3%；同期石油产量只增长了 18.6%。1985 年，美国民用天然气占民用能源消费量的 28.8%，苏联工业燃料的天然气占工业燃料的 82%。1988 年，天然气在美国能源消费总量中占 23.3%，在苏联是 41.3%，英国是 23.9%，西德是 16.4%，日本是 10%，都占有显著的地位，并且极有上升的趋势。

最有效的措施也许是通过提高能源利用效率的办法，来降低矿物燃料的消耗。最值得注意的行业是电力工业，目前世界 64% 的电力是靠矿物燃料生产的，约占全球矿物燃料碳排放量的 27%，大约每年 15 亿 t。如果有效地提高电力工业的能源利用率，如提高电动机的效率，将是有价值的技术进步。电力的终端利用之一——照明，约占电力消费的 17%，生产这些电力每年排放碳 250 百万 t。如果能使照明效率提高一倍，则可使碳的排放量减少一半。热电联产在提高发电效率方面有巨大的潜力，将一座常规 100 万 kW 的烧煤电站改为联合循环发电系统，效率可提高 30%。由煤改烧天然气的发电机组，碳的排放量可减少 70%。

另外，对交通运输方法的改革，也会有效地降低碳的排放量。目前世界上有 4 亿辆汽车在行驶，每年排放碳约 54700 万 t，占矿物燃料燃烧碳排放总量的 10%。如果有效地控制汽车数量的增加，提高汽车的燃料利用效率，从目前的每加仑 20 英里①增加到 40 英里，那么汽车碳的排放量将显著减少。

世界上许多国家在接受了能源危机的教训后，都在致力于节能的工作。经过近 10 多年的努力，已取得了成效，国家平均能源利用效率有了明显的改善，可望有新的进展。

保护地球上的森林是保护环境的重要内容。滥伐森林的结果是灾难性的，不但使大气中的碳浓度明显升高，而且是水土流失、风灾、沙漠化以及水灾的根源之一。要保护地球上的森林免受滥伐，这就需要制定有效的农村能源政策，使短缺柴草的居民得到必要的燃料。同时制定必要的森林法律，使森林得以保护。20 世纪 80 年代以来，世界上许多大森林遭受火灾。如 1983 年年中到 1984 年年初，森林大火席卷了印度尼西亚的各个地区，其中东加里曼丹的巴厘巴板地区的森林

① 1 英里 = 1.609344km。

被烧面积达 3500km^2，比比利时国土还大。奇怪的是大火发生在热带雨林区，这是不易起火的森林。但是由于人类采伐和农业活动的扩张给森林开了一道道天幕，给森林大地留下了易燃的碎屑，因此火灾大起。中国大兴安岭森林的火灾也是一例。防止森林火灾的严重蔓延，是今后保护森林的重要课题。

人类社会在自身发展的道路上，不能失去自由。而目前一系列环境灾害的发生，预示着自由可能失去。数千年的人类活动，已使地球的承受能力达到了一个临界点，使人类生存的自然支持系统处于危机之中。人们的环境意识发生了变化，在生物圈遭受破坏，空气、饮水和土壤恶化的威胁面前，我们认识到，自由的含义应包括在不受破坏的环境中生活的可能性。这一意思是再明显不过的了。各国政府和人民应该共同努力，确保我们生存环境的健康发展，其中包括执行新的能源政策。

五、中国能源政策的基本点需要改变

新中国成立 40 年来，中国已发展成为世界屈指可数的能源生产和消费大国，年生产量和年消费量已接近 10 亿 tce。我国煤炭的生产量和消费量都已名列世界第一。能源活动无疑对环境产生重大影响，而我们只有一个地球，全球环境是属于全人类的。那么一个能源大国的能源活动就不单纯是本国的事情。现在世界舆论已经指出：中国煤炭燃烧产生的气体已经影响到全球的大气。

过去中国的能源政策，基本点是增加能源生产，以满足国民经济和人民生活增长的需要。这一方针，在人们没有认识到环境的重要性时，无疑是正确的。但是，当环境因素已经以它非常的说服力摆在人们面前时，我们就不能无视人类赖以生存的环境的重要性，国家对于经济，包括能源的发展方针就不能维持原样了。

环境保护的要求，使能源的发展受到环境因素的重大制约。必须在发展能源的同时，充分考虑到环境，即要求能源的生产、运输和消费不能破坏环境或造成新的环境污染。

我国能源环境有两大问题：一是煤炭燃烧造成的环境污染；二是农村能源短缺造成的水土流失和生态平衡失调，尤以煤炭燃烧污染问题最为重要。

我国煤炭消费数量巨大，产生的污染物质数量也就特别大。80 年代初，我国煤炭消费已达 6 亿 t，每年造成约1200 万 t的煤灰，2000 万 t 的烟尘和1200 万 t 的二氧化硫。烟尘和二氧化硫都漂浮在大气中，是造成我国大气污染的主要来源。全国许多城市和工业区，由于煤炭燃烧造成的污染，大气中的颗粒物浓度超过国家规定标准的几倍或几十倍。不少城镇，尤其是北方城镇，由于冬季增加燃煤取暖，大气中的二氧化硫也常超出国家标准。在四川、贵州和广西等省区都不同程度地出现了酸雨。

我国煤炭污染的另一个主要原因是煤炭利用技术落后。工业用煤炉窑装备陈旧，多数是效率低的中小型炉窑；民用炉灶效率更低，多系分散供热的小锅炉和小火炉，且使用低空排放烟囱。在不少城镇，居民至今仍使用含灰量极高的煤球。加上我国原煤的入洗比例很低，在20%以下，使得污染更为严重。

20世纪90年代，我国煤炭的消费量还要有大幅度的增长，到2000年，要达到12亿t，很可能超过此数。如果不改变我国能源消费结构，不改进煤炭利用技术，那么我国煤炭对环境的破坏作用，必将更为显著，可能成为全球大气污染的重要来源，而更为世界所瞩目。

煤炭是我国的主要能源，在能源生产和消费结构中，都占据绝对的优势。从资源的角度来看，我国拥有丰富的煤炭资源，较石油、天然气要丰富得多。在相当长的时期内，煤炭将仍然是国家的主要能源。我们不可能指望用其他能源来代替煤炭的这种地位。由此可以看出，煤炭消费增长的趋势在20世纪90年代或更长的时间内，仍要继续下去。我们唯一的希望，是改革煤炭的利用技术，实现煤炭的气化和液化，使煤炭成为“新煤”。

由此得出结论，将环境因素引入能源政策体系，确保我国20世纪90年代能源发展和环境保护的目标相一致，关键是实现煤炭技术的根本改革。

主要参考文献

[1] Brown L R，等．1985年世界形势评述．北京：科学技术文献出版社，1986.

[2] Brown L R，at al. State of the World，1989，A Worldwatch. New York：Inseitute Report on Progress Toward a Sustainable Society，1990.

[3] 朱斌．未来我国能源的探索．自然辩证法通讯，1985，(2)：28～29.

[4] 黄志杰，渠时远．天然气合理使用的战略探讨．北京：北京能源学会年会论文，1986.

全球气候变化与中国能源发展①

1990年开始，联合国政府间气候变化专门委员会（IPCC）发布了一项极为重要的报告[1]，对于全球气候变化确认两点：①自然温室效应确实使地球比其他时期更暖；②人类活动排放的结果导致空气中温室气体浓度稳定上升。

虽然在全球气候变化中，存在着若干不确定性，科学界尚有争议，但是IPCC概括的两点结论，无疑是当代科学研究的最新成果，对人类社会未来的发展具有深刻的影响。

在人类活动造成温室气体浓度变化的因素中，最重要的是能源利用和森林砍伐。能源利用又胜过森林破坏。为此，世界能源面临着新的课题：如何接受气候变化的挑战，在全球变化中构建能源新的发展战略。作为能源消费和排放的世界大国，中国遭遇到相同的局面。

一、气候变化的真实性和不确定性

1. 气温是气候变化的重要标志

IPCC的科学家注意到，在最近100年来，全球气温升高0.3～0.6℃。这是一种保守的估计。Wigley和Schlesinger认为，从1850～1980年，全球气温上升0.4～1.1℃[2]；Dickinson和Cicerone认为，1900～1985年，温度上升0.3～1.0℃[3]。科学家们还注意到，地球北半球变暖略大于南半球（图1-6）。值得注意的是，20世纪以来最热的6个年份，都分布在1980年以后。地球明显变暖的百年，正是人类社会推进工业化的时期。

地球表面温度升高是由于温室气体的浓集。按温室气体对变暖作用的大小排列，CO_2居首位，其次是CH_4、CFCs和N_2O②；按作用强度而言，CFCs最强③，

① 本文是作者访问美国卡内基·梅隆大学（Carnegie Mellon University）期间完成，在《自然辩证法通讯》1993年第5期发表。诚挚地感谢香港王宽诚基金会的赞助，感谢该校工程与公共政策系主任M. Granger Morgan教授的帮助。本文的主要内容在1993～1994年相继在《大自然》、《中国能源》和《科学》期刊刊出，作者朱斌。文章内容和若干观点，在国内尚属领先，无论在学术界或社会均产生广泛影响。

② CO_2，二氧化碳；CH_4，甲烷；CFCs，氟氯烃系列；N_2O，一氧化二碳。

③ 按分子强度计算，CFCs的作用为CO_2的10000倍。

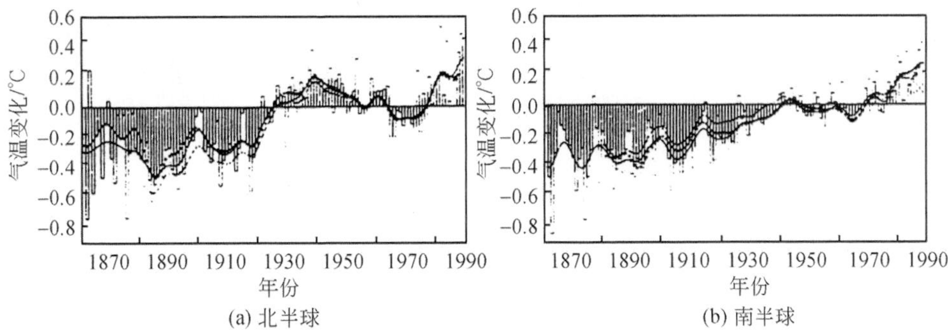

图 1-6　最近 120 年（1870 ~ 1990 年）地球表面气温变化

资料来源：U. S. Congress，Office of Technology Assessment，changing by Degrees，Feb. 1991，p. 51.

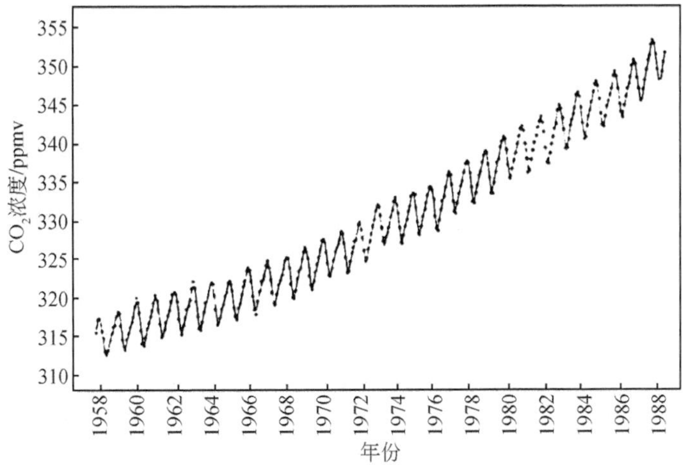

图 1-7　1958 年开始在夏威夷进行的 CO_2浓度测定

其次是 N_2O、CH_4和 CO_2。如果大气中 CO_2的浓度增长 1 倍，气候变化的模型表明，地球表面将增温 1.5 ~ 4.5℃。南极冰层测定表明，目前 CO_2浓度高于过去 16 万年中的任何一个时期，CH_4浓度大约比 200 年前增加了一倍。1990 年 CFCs 的浓度差不多是 1950 年的 4 倍。CO_2浓度变化的数字在美国夏威夷摩那罗阿（Mauna Loa）进行的测定中得到了详细的证实（图 1-7）。

2. 原因和后果

煤炭、石油、天然气的燃烧构成了温室气体的主要排放，砍伐森林使得 CO_2吸收量锐减，成为温室气体增多的第二因素。其他能够产生温室气体的人类活动有：农业中化肥的利用，建筑物的取暖、采光和空调，以及水泥工业生产等。工

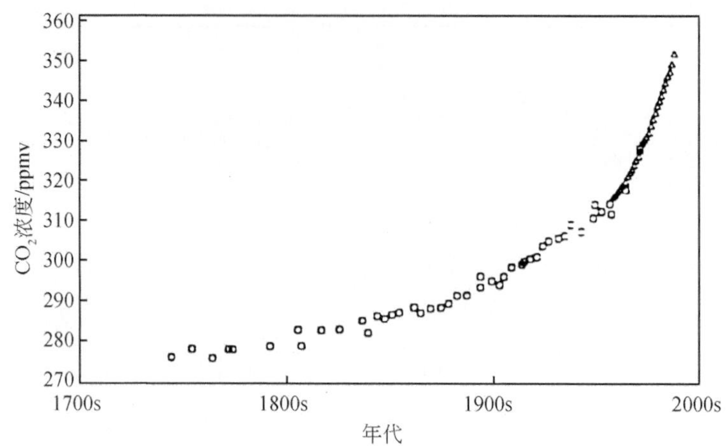

图 1-8 大气中 CO_2浓度的历史数据（根据南极萨布尔基地冰穴测定）

资料来源：IPCC，Climate Change：The IPCC Scientific Assessment，Printed in Great Britain at the University Press，Cambridge，1990，p. 9.

业化国家温室气体的排放主要归结于能源消费，这些国家每年消费全世界矿物能源总量的75%，而人口仅是世界的20%；发展中国家温室气体的排放，主要由于土地利用的变更，如大片森林变成牧场，能源利用也是重要原因之一。

在过去的100年间，由于温度的升高（0.3～0.6℃），地球海平面已经上升10～20cm。如果温度继续上升，海平面将继续升高。海平面升高将产生淹没港口、沿海土地等多种影响。

气候和 CO_2浓度的变化将直接影响全球的生态系统。急剧的气候变化将改变生态系统的组成，一些生物物种将不能很快适应而消亡。CO_2浓度的增加会提高植物对水的利用。变暖中的生物过程作用也会增加大气中温室气体的浓度。毫无疑义，全球气候变化将对农业产生强烈的影响。IPCC 中国组织的专家们估计，如果地球表面气温变化1～2℃，中国农业生产能力将至少下降5%[4]。

3. 不确定性

地球表面气温变化是一个非常复杂的过程。影响地球气温的各个子系统，诸如海洋、植被、云层等又都是十分复杂庞大的系统。因此，在目前预测未来地球气温变化时，存在着一系列不能确定的因素。这些不确定性主要包括以下内容。

1）温室气体。温室气体产生和释放的数量，它们在空气中的化学作用，以及它们如何影响气候变化。

2）云。云的基本构成、消散和放射特性，这些特性将影响大气中的温室效力。

3）海洋。在海洋和空气之间、海洋上层和深层之间以及海洋中的能量交换和转移，它们控制全球气候变化率和区域变化的模式。

4）极地冰层。它影响海平面升高的预测。

由于人们对以上系统还缺乏足够的认识，由此，在预测未来气候变化的时间、大小和地区模式方面存在着许多不确定性。科学家们正在呼吁进一步加强国际合作，并且已经建立了若干个国际合作项目①，以期克服和减少全球变化中的不确定性。

全球变化中的不确定性，仅表示，由于科学研究的限制，人们目前还不能了解海洋、云以及其他方面对气温变化的具体影响，因此，不能绘出未来气温的准确变化。但是，它并不动摇由于人类活动增加的温室气体导致全球气温增高的结论，也不否认矿物能源燃烧是产生温室气体的罪魁祸首。

二、矿物能源消费和温室气体

1. 温室气体和 CO_2 的排放

最近 120 年以来，随着工业化的进展，温室气体在大气中的浓度有了显著增加。1880 ~ 1990 年，CO_2、CH_4、N_2O、CFC_{11} 和 CFC_{12} 平均年增长率分别为 0.5%、0.9%、0.25%、4% 和 4%。温室气体在大气中存留的时间一般都很长，最短寿命的 CH_4 是 10 年，CFC_{11} 是 65 年，CFC_{12} 是 130 年，N_2O 是 150 年；CO_2 通常游离在大气、海洋和生物界，它的寿命为 50 ~ 200 年[5]。

CO_2 是最重要的温室气体。公元 1000 ~ 1800 年，CO_2 浓度为 270 ~ 290 ppmv；1800 ~ 1900 年，它的浓度上升了 15 ppmv；1958 年是 315 ppmv，1990 年是 354 ppmv[6]。CO_2 在空气中浓度的变化，受控于矿物燃料的排放、森林砍伐和土地利用的变更、空气中的累积、海洋的吸收以及非均衡作用。人类活动对 CO_2 浓度的影响，主要来自三方面：矿物燃料的消费、森林的砍伐和其他土地利用的变更、水泥工业生产。由于矿物燃料的利用，1860 ~ 1910 年和 1950 ~ 1970 年，CO_2 排放的年增长率约等于 4%[7]（图 1-8）。

对于 CO_2 浓度的历史分析，IPCC 有类似于温室气体的结论：18 世纪浓度的上升是缓慢的，19 世纪有较快的速度，20 世纪 50 年代以后出现了急剧的增长（图 1-9）。CO_2 浓度上升的曲线和人类社会大量开发矿物能源相呼应。从 19 世纪

---

① 比如在云研究中，有国际卫星云气候学项目，全球能源与水循环实验；在海洋研究中，有世界海洋环境环流实验，热带海洋和地球大气；在痕量气体研究中，有联合地球海洋流量研究，国际地球大气化学和过去地球变化等。

后叶开始，直至现在，矿物燃料的生产和消费几乎也是直线上升的（图 1-9）。当 1973 年世界石油危机发生时，CO_2浓度在高增长期出现第 1 次下跌，年增长率从 4% 下降为 2%，1979 年又呈现回升[8]。凡此种种，说明大气中 CO_2浓度与矿物能源利用有着密切的关联。

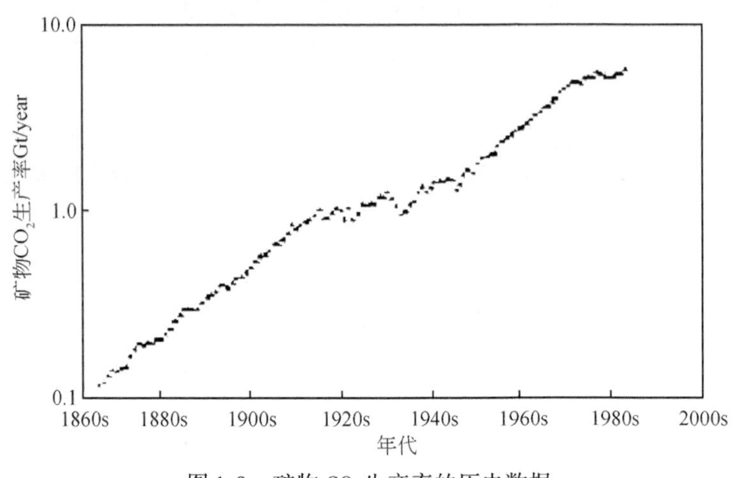

图 1-9　矿物 CO_2生产率的历史数据

资料来源：同图 1-8，p. 10。

如果不采取降低 CO_2排放的措施，许多预测表明，2030 年 CO_2的浓度将要增加到 450 ppmv，超过工业革命前期浓度的 60%，超过 1985 年浓度的 30%[9]。

2. 矿物能源消费与 CO_2排放

煤炭、石油和天然气是排放 CO_2的主要贡献者。根据 1991 年美国橡树岭国家实验室二氧化碳信息分析中心的报告，1989 年矿物燃料排放的碳接近 60 亿①，其中煤炭和石油排放所占的比重相当，为 42%，天然气占 16%[10]。如果将森林破坏等因素加起来，由于人类活动增加的碳浓度总数为 58 亿～87 亿 t，其中来自矿物燃料燃烧为 52 亿～62 亿 t，来自森林砍伐为 6 亿～25 亿 t[11]。到 2025 年时，如果没有降低 CO_2排放的积极措施，碳的排放量可能达到 90 亿～120 亿 t。增长的幅度超过 1/3。按目前预测，CO_2浓度的这一增长，会导致地球均衡变暖 0.45～1.3℃[12]。其中矿物燃料贡献 80% 上下。

根据美国“油气杂志”统计，1990 年世界一次能源消费（不包括生物质能）

---

① 1t 碳 = 3.7t 二氧化碳。

约 11500 Mtce①，其中，石油占 36.8%，天然气占 21.7%，煤炭占 27.3%，水电 6.7%，核电 5.7%。矿物燃料在能源消费的总数中占 85.8%。美国是世界上消费能源最多的国家，占世界能源消费的 1/4，石油仍然是主要能源，占 41.3%，其次是天然气（23.8%），煤炭（23.4%），核电（7.6%）和水电（3.6%），其他，占 0.3%。中国消费世界商品能源的 8.6%，为美国的 1/3。中国能源消费的最大特点是煤炭占据绝对优势，从而导致 CO_2 排放量增多。

美国资源研究所 1992 年发布的报告，详细列举了世界上 CO_2 排放的国家次序，前 10 名是：美国、苏联、中国、日本、德国、印度、英国、加拿大、波兰和意大利（表 1-5）。CO_2 排放的国家名次与温室气体排放的名次略有差别，后者的国家次序是：美国、苏联、中国、日本、巴西、印度、德国、英国、墨西哥和意大利。同年 CO_2 的人均排放量，卡塔尔第一，高达 37.59t，其次是阿拉伯联合酋长国（32.94t）、卢森堡（24.92t）、巴林（24.37t），美国据第五[13]。

表 1-5 CO_2 排放的前 10 名国家（1989 年）

名次	国家	排放量/百万 t	占世界比重/%	人均排放量/t
1	美国	4869.005	22.3	19.68
2	苏联	3804.001	17.4	13.26
3	中国	2386.613	10.9	2.16
4	日本	1040.554	4.8	8.46
5	德国	964.028	4.4	11.14
6	印度	651.936	3.0	0.77
7	英国	568.451	2.6	9.89
8	加拿大	455.530	2.1	17.33
9	波兰	440.929	2.0	11.54
10	意大利	389.747	1.8	6.82
	世界	21863.088	100	4.21

资料来源：The World Resources Institute，World Resources 1992—93，New York，Oxford University Press，1992，p. 346-347.

CO_2 排放量按国家排列的次序，在 IPCC、美国国会技术评估办公室、美国橡树岭国家实验室等组织的报告中，虽有差别，但基本上是一致的。美国、苏联和中国名列前三名，和它们作为世界前三名的能源消费大国相对应。

近年来，由于巴西热带森林遭受大规模砍伐，大片森林土地开发为牧场，致使巴西世界温室气体和 CO_2 排放的国家名次提前。美国世界资源研究所 1990 年

① Mtce 为百万吨标准煤。

公布的世界温室气体1987年排放名次中，巴西列世界第三；CO_2排放中，巴西名列第一[14]。但是，森林的破坏不是均衡的。1989年巴西森林被砍伐的数量就显著下降了。

3. 中国的煤炭消费和CO_2排放

中国现在是世界上最大的煤炭生产国和消费国。最近10年，中国煤炭事业有了很大发展（表1-6）。煤炭的最大用户是工业部门，占全部煤炭消费的40%以上，其次是发电，比重不足30%。这一点有别于欧美发达国家，1990年美国85%、英国75%以上的煤炭用于发电。

表1-6　1981～1990年中国煤炭的消费

年份	消费量/百万 t	消费构成				
		发电	炼焦	工业	铁路	民用
1981	605. 65	20. 4	8. 8	44. 9	3. 8	22. 1
1982	641. 26	20. 9	8. 6	43. 5	3. 8	23. 2
1983	674. 85	21. 2	8. 6	44. 0	3. 7	22. 5
1984	744. 18	21. 8	8. 2	44. 0	3. 5	22. 8
1985	814. 16	21. 5	7. 8	43. 9	3. 2	23. 6
1986	861. 89	22. 7	7. 8	43. 5	2. 9	23. 1
1987	920. 40	24. 1	7. 8	42. 9	2. 6	22. 6
1988	982. 75	25. 6	7. 2	43. 2	2. 4	21. 6
1989	1025. 55	28. 9	7. 8	41. 3	2. 2	19. 8
1990	1055. 20	28. 6	10. 1	40. 3	2. 1	18. 9

资料来源：1981～1989年，能源部综合计划司、中国能源研究会，“能源手册”，1991；1990年，能源部政策法规司、中国能源研究会，“能源政策研究通讯”，1992第12期。

中国煤炭的消耗包括三个方面：作为燃料，作为工业原料和作为运输、加工、储存中的损失。根据中国科学院能源研究所提供的数字，1985年煤炭消费总量是581. 33 Mtce，其中燃烧量488. 97 Mtce，原料量20. 70 Mtce，在运输、加工和储存中的损失量71. 65 Mtce；1988年煤炭消费总量是708. 36 Mtce，其中燃烧量599. 27Mtce，原料量29. 04 Mtce，运输、加工和储存中的损失量80. 05 Mtce[15]。从以上两组数字来看，燃料量约占煤炭消费量的85%，为最重要的消耗，直接影响到温室气体尤其是CO_2的排放；煤炭作为工业原料的用量很少，每年在3000万t左右，约占煤炭消费量的4%；在运输、加工和储存中的耗损相对来说是相当大的，每年约8000万t上下，占消费总量的10%以上。后两部分与当年CO_2的排放虽然没有关联，但以后的年代里，它们仍然可以释放出部分

CO_2，如以煤炭做原料制成的化肥，在使用中可以放出CO_2。

粗略地估算，我国煤炭燃料排放的CO_2量占矿物燃料排放CO_2量的85%（1988年），占中国温室气体总量的60%①。充分说明了煤炭燃烧在温室气体和CO_2排放中的显著地位。中国的煤炭消费是中国最大的温室气体和CO_2的制造者。就世界上因煤炭燃烧排放CO_2的国家次序而言，中国名列榜首（表1-7）。

表1-7　煤炭燃烧排放CO_2的前10名国家*（1989年）

名次	国家	CO_2排放量/百万t
1	中国	1964.03
2	美国	1826.15
3	苏联	1329.85
4	波兰	370.01
5	日本	304.00
6	联邦德国	283.62
7	英国	251.28
8	民主德国	* *
9	南非	239.36
10	捷克斯洛伐克	156.14
	世界	8764.29

*美国世界资源研究的1991年公布的中国温室气体1987年排放量为：CO_2，260Mtc（百万吨碳）；CFCs，32Mtc；CH_4，90Mtc；合计382Mtc。煤炭开发中要产生一定数量的CH_4，估计为人类活动产生CH_4总量的5%～10%，在美国可达10%～20%，计算时要包括这一因素。

* *没有具体数字，1987年居第8位。

资料来源：The World Resources Institute. World Resources 1992～1993. New York：Oxford University Press，1992：346～347。

煤炭燃烧不但产生一定数量的温室气体，而且产生大量的烟尘和SO_2。SO_2是形成我国酸雨的主要来源。烟尘和SO_2广泛地散布在大气中，成为我国城镇大气污染的主要因素。在一些工业城市，已构成对人体健康的直接危害。全国的烟尘和SO_2主要来自煤炭的燃烧，1989年煤炭燃烧分别占全国烟尘和SO_2的62%和93%[16]。要保持我国城镇空气的清洁，主要措施是限制煤炭的利用量，利用质量好的煤炭，以及对煤炭实施技术改造。据美国国会技术评估办公室的估计，2030年中国煤炭的消费要达到30亿t[17]，为目前国家煤炭消费量的3倍。

中国煤炭的发展要受如下条件制约：煤炭的精查储量，运输水平，地区的水资源，环境保护的要求和可能的投资。综合这些限制条件，使用能源终端利用的预测方法，大体可以预测未来10年、20年和30年中国煤炭的消费水平，从而得到未来时间内中国温室气体和CO_2来自煤炭的排放量。宏观而论，有两点结论可以成立：①未来中国煤炭工业要有一定的发展，其年增长率在最近20年内大约在2%~3%，在后10年内下降到1%~2%。②由于环境保护的要求，煤炭的生产和利用要受到越来越多的限制；从CO_2排放的观点看，将单纯地要求减少煤炭的消费量。

西方发达国家在全球气候变化的形势下，纷纷制订了限制温室气体和CO_2排放目标。2000年时，美国要求温室气体排放量保持1987年的水平，日本人均CO_2排放量维持1990年的水平，澳大利亚温室气体比1988年减少20%；2005年时，英国要求CO_2排放保持1990年的水平，德国CO_2排放比1987年减少30%，意大利要求比目前减少20%，等等[18]。这些措施符合联合国1992年通过的气候变化框架公约。“发达国家缔约方应当率先对付气候变化及其不利影响”是公约的原则之一。公约合理地指出：“认识到其经济特别依赖于矿物燃料的生产、使用和出口的国家，特别是发展中国家由于为了限制温室气体排放而采取的行动所面临的特殊困难”。从而应当充分考虑到发展中国家的具体需要和特殊情况[19]。中国是一个发展中国家，工业和居民的消费水平有待于进一步提高，能源有待于进一步开发，不可能类似发达国家那样实施限制CO_2的政策和目标。但是，中国在发展国家经济的同时，减少温室气体和CO_2的排放是符合国家利益的，也是保护全球生存环境的需要。

三、未来中国能源发展的路线

1. 目标和可供选择的方案

在全球气候变化的形势下，在确保经济和社会不断增长的同时，降低温室气体和CO_2的排放，是我国政府的立场。最近几年内，我国政府已经在提高能源效率和植树造林两方面采取了有力措施。它们将有利于温室气体和CO_2排放的下降。但是，由于以煤炭为主的矿物能源的增长，在未来10年、20年内，中国温室气体和CO_2的排放将有明显的增长；随后的20年，由于煤炭放慢速度和其他矿物能源利用量的减少，温室气体和CO_2的排放也趋于平稳。2030年时，将相当于美国目前排放的水平。表1-8给出未来40年内我国温室气体和CO_2排放的一种预测，也是一种目标。要达到目标或超越目标，有如下几种可供选择的方案。

表 1-8　未来中国温室气体和 CO_2 排放量预测

年份	煤炭消费* (Mtce)	煤炭燃烧** (Mtce)	CO_2 排放*** (Mtc)	温室气体排放**** (Mtc)
1990s	753.41	640.40	416.90	694.83
2000s	964.47	819.80	533.69	889.49
2010s	1234.58	1049.39	683.16	1138.59
2020s	1432.78	1217.87	792.83	1321.39
2030s	1662.83	1413.41	920.13	1535.55

＊设煤炭消费的年增长率，1990～2010 年为 2.5%，2010～2030 年为 1.5%。

＊＊设煤炭年燃烧量为消费量的 85%，1900～2030 年基本不变。

＊＊＊在计算煤炭燃烧排放 CO_2 时，CO_2 排放系数参照中国科学院能源所徐华清选定的值，为 0.651tc/tce。

＊＊＊＊煤炭燃烧排放的 CO_2 为温室气体排放总量的 60%。

1）在继续发展以煤炭为主的矿物能源的同时，大力加强节能，尤其是改进能源终端利用。

中国有丰富的地下煤炭资源，可供继续开采四五百年。同时由于中国未来社会经济发展的需求，在今后 20 年内，中国将进一步发展煤炭工业。石油和天然气也会有所发展，但发展速度和规模都赶不上煤炭。与此同时，我国将大力推行节能，有效地提高能源利用效率，特别推进能源终端利用技术的革新。

2）以 CO_2 低排放量的能源代替高排放量的能源，如以石油、天然气代替煤炭。石油、天然气是优质能源，也是 CO_2 低排放的能源。中国石油、天然气的地下储量仍有很大潜力。尤其是天然气，其消费量只占全国能源消费量的 2%，与其资源储量的潜力相去甚远。中国近海和新疆地区的勘探，为石油、天然气在中国能源中的崛起展示了光明前景。

3）发展非矿物能源。水电、核电、风能、太阳能、地热、海洋能以及生物质能都属于非矿物资源。除生物质能以外，其他能源在利用时不排出 CO_2 或很少排出 CO_2。目前，非矿物能源在中国商品能源消费中所占的比重很低，仅水电占 5% 上下。中国第一座核电站（秦山核电站）1992 年开始发电。中国拥有丰富的水力和其他再生能源资源，为发展非矿物能源提供了广阔的前景。

4）综合发展模式。这种模式是以上三种模式的综合，即在发展矿物能源的同时，注意发展非矿物能源（如水电、核电等），在矿物能源中要注重 CO_2 低排放量能源（如天然气）的开发。

2. 天然气——中国能源向新体制过渡的桥梁

世界的情况。天然气事业在世界上已经取得了辉煌的成就。目前，天然气在能源结构中稳定在20%以上，为苏联的第一大能源，为美国的第二大能源。1990年苏联天然气产量达8150亿 m^3，美国是5159亿 m^3，分别为我国的55倍和35倍。1984年世界天然气的探明剩余可采储量超过石油，显示了天然气可能超越石油成为世界第一大能源的潜力。21世纪前叶，估计天然气将继续增长，特别是在苏联和富有地下资源的发展中国家，如墨西哥、阿根廷、委内瑞拉、阿尔及利亚等。

天然气排放的 CO_2 占世界矿物燃料的15%，次于石油和煤炭。美国全国 CO_2 排放中，天然气占18%。75%的天然气直接作为燃料的终端利用，25%用于发电。在苏联这两种数字是85%和15%。

在矿物能源中，天然气是最清洁的能源。由于环境保护的要求，天然气是代替煤炭和其他矿物能源的良好选择，它极有可能成为世界从矿物能源向非矿物能源过渡的中间桥梁。这种过渡的实质就是减少碳的排放。

中国的问题。1949年以后我国天然气事业从无到有，取得了很大发展，目前年产151亿 m^3（1992年）。但是，与石油和煤炭比较起来，天然气的发展落后了许多。其数量的产出和我国的国情是极不相称的。在我国能源的消费结构中，天然气仅占2%。我国天然气的落伍，原因之一是由于地质勘探工作未能赶上。一般说来，天然气和石油的地下储量是相当的，有一份石油就有一份天然气。美国《油气杂志》1990年年终号上公布的世界天然气和石油的探明储量，石油是1364.91亿t，天然气是1190955亿 m^3。在计算上，1000 m^3 天然气相当于1t石油。全世界的油气比是1.15，石油略多于天然气。但就国家而言，由于地质勘探工作的不同，情况相差甚远。印度是1.54，气比油少；英国是0.93，基本持平；美国是0.76，气比油多；苏联是0.17，气比油多得多。而我国是3.28，天然气的储量比石油少得多。这一数字，说明我国天然气的地质工作做得不够，也说明我国天然气的资源潜力很大。天然气可能成为我国能源新的突破口[20]。

3. 建立中国非碳能源体系

非碳能源资源包括三类：①水力；②地热、风力、太阳能等新能源；③核能。它们的特点是利用的结果，不排放改变气候的气体。以非碳能源资源建立的能源，构成非碳能源体系。

水力。水力发电目前在世界一次能源消费中占6.7%（1990年），是世界电力中最重要的非碳能源。1977～1987年这10年中，世界水电生产增长了40%，世界上主要的水电生产国是美国、加拿大和苏联。由于水电是一种再生能源，不排放温室气体，在水力开发程度低的地区和国家，水电的发展具有广阔的前景。一般而言，工业发达国家水力开发的潜力已经不大；发展中国家，如中国、扎伊

图 1-10 研究生答辩会后合影，图中自右向左为牛文元研究员、徐伟宣研究员、王珏博士、作者、杨志荣研究员、孟昭利教授、魏一鸣研究员。论文主题为全球气候变暖与能源发展。2002 年 6 月 10 日

尔、印度、印度尼西亚、哥伦比亚、巴西等，具有可观的发展潜力。

中国水力资源丰富，居世界首位，全国理论蕴藏量 6.8 亿 kW，其中可开发资源 3.7 亿 kW，目前已经开发的水力占可开发资源的 6%。中国的水力资源在地理分布上有缺陷，约 68% 的水力集中在难以开发的西南山区。

地热、风力、潮汐能和太阳能。

地热可以产生热、热水和蒸气，也可以用来发电。全世界地热用于发电的容量在 5400 百万 W 以上，主要汇集在美国、菲律宾、墨西哥、意大利、日本、新西兰、印度尼西亚、中国等。20 世纪 70 年代以后，地热的利用在世界上有了突飞猛进的发展。1970 ~ 1988 年，美国地热发电容量从 78 百万 W 上升到 2409 百万 W，预计到 2000 年，再增长到 6800 百万 W[21]。中国是地热资源比较富集的国家，70 年代以后，西藏民羊八井地热田的开发，广东、北京地热电站的运行，以及天津、福州等地地热水的利用，表明我国地热利用技术成熟起来了。

1989 年世界风力发电容量大约是 1760 百万 W，主要集中在美国。美国电力研究所预测 20 世纪末风力发电的市场需求可以达到 21000 百万 W[22]。印度有计划在 2000 年前发展 5000 百万 W 的风力发电。我国可以利用的风能资源约 2.6 亿 kW[23]，主要集中在东部沿海及其岛屿、青藏高原和西北、华北、东北的部分地区。我国风能利用的历史悠久，古代就有风车汲水，70 年代以后发展了少量的风力发电装置，开发我国丰富的风力资源是今后的课题。

我国还有较丰富的潮汐能资源，约相当于风能资源的 1/10[24]，分布于众多

的港湾区域，主要集中在浙江、福建沿海。20 世纪 70 年代以后，我国兴建了一些潮汐电站，为我国发展潮汐能源打下了基础。

太阳光到达地球表面的能量是巨大的，相当于全世界每年消费的矿物能源的几千倍。但是太阳能密度太低，目前仅用于建筑物和工业部门的取暖、致冷和采光。太阳能发电在电力供应中尚没有一席之地。但是，作为具有巨大能量潜力、又不构成环境污染的一种能源，未来的发展前途是不可估量的。

核能。据国际原子能机构统计，1990 年末世界运行中的核电站共 424 台，装机容量 324496 百万 W，另有 83 台正在建设中[25]。核电的发展已经取得了和水电同等的地位，在少数国家（如法国、日本等）已经占国家电力中的显著地位。若干发展中国家，如阿根廷、巴西、印度、墨西哥、巴基斯坦、南非、韩国等，也十分注重核电的发展。我国秦山核电站在 1992 年开始联网发电，开创了我国核电的新路程。

主要由于核安全、一次性投资高和需要长期的拨款，核电的决策遇到了困难。在若干国家核电处于停滞不前的状态。尽管如此，核电仍然是世界最快发展的一种能源[26]。在全球变化的形势下，核电不排放影响气候变化的温室气体，再一次获得了支持的掌声。

四、可能实施的政策措施

为降低温室气体和 CO_2 的排放，用低碳排放的能源去代替高碳排放的能源，最终建立我国的非碳能源体系，如下政策措施有助实现。

1）税收政策。有三种可能实施的税收：①一般能源税；②碳税；③初次购买税。一般能源税是征收的矿物能源税，碳税则是针对单位能源中碳的排放，这两种税都是燃料税。它们的实施将有利于能源频率的提高，降低能源消耗量。碳税的实施还能够促进能源系统从高碳排放矿物能源向低碳或非碳能源转化。例如，从 1995 年起，我国实施如下的碳税。

征税对象：矿物能源

实施时间：1995 年 1 月 1 日开始

税率：100 元人民币/t，1995 年

煤炭　1.5 倍

石油　1.0 倍

天然气 0.7 倍

核能　0.6 倍

连续实施 5 年，并且税率逐年增加 10 元/t。对于国家支持的高耗能工业可以减免税。无疑，这种办法将有利于我国天然气和核电的发展。

初次购买税是从消费者的角度来推进能源向新体制过渡，达到提高能源利用率和降低碳的排放。

2）财政刺激政策。政府可以使用多种财政刺激办法，如降低税收、发放低息贷款、直接资助等，能够有效地控制燃料市场，有利于推广 CO_2 低排放的能源和能源技术。

3）市场许可证制度。在市场许可证制度下，由政府规定能源消费的碳排放量。能源消费者可以购买各种类型的能源许可证。如果能源需求上升，许可证价格也将上升，从价格上反映低排放碳的目的。许可证一般适用于大的燃料消费者，可以公开转让。目前美国为了限制 CFC 的排放，采用了这种办法。

4）规章标准。制定各种规章标准，如采光标准、汽车发动机效率、建筑物规章等，可以有效地排除和降低 CO_2 的高排放活动。

5）研究、开发和管理。通过研究、开发和管理，国家可以推进 CO_2 低排放和非碳能源的新技术，加速采用新技术的试验和商业化过程。事实上，由于气候变化的长期性，使得研究和开发显得尤其重要。

6）信息交流和教育。作为一种政策措施的信息交流和教育，可以提高能源使用部门决策者的水平，帮助他们考虑如何购买、租用和利用能源。这种手段还能有效地提高全民对利用能源、降低 CO_2 排放的知识水平。

此外，更为重要的是，无论从现有能源利用中降低 CO_2 的排放，或以低碳排放能源去替代高碳排放的能源，或开发新的非碳能源，都要数额巨大的投资。对于一个大国，这笔投资可能要上百亿或上千亿。对正在发展中的我国，无疑是最棘手的问题。方向是对的，付诸行动要看时机。

图 1-11　第 9 届全球变暖大会 1998 年度在中国香港科技大学召开

图为作者与会议代表、香港科技大学环境所所长韩克（Gary. W. Heinke）教授合影

主要参考文献

[1] Intergovernmental Panel on Climate Change. Climate Change: Scientific Assessment of Climate Change. MA: Cambridge University Press, 1990.

[2] Wigley T M L, Schlesinger M E. Analytical Solution for the Effect of increasing CO_2 on Global Mean Temperature. Nature, 1985, 315: 649-652.

[3] Dickinson R E, Cicerone R J. Future Global Warming From Atmospheric Trace Gases. Nature, 1986, 319: 109-115.

[4] 国家气候变化协调组第二工作组．人类活动引起的气候变化对中国的环境影响．世界环境，1991，(5)：10-14。

[5] 同 [1], p. 7。

[6] 同 [1], p. 7-9。

[7] 同 [1], p. 10。

[8] 同 [1], p. 9-10。

[9] HansenJ, et al. Global Climate Change as Forecast by the Goddard Institute for Space Studies Three-Dimensional Model, J. Geophysical Research, 1988, 93: 9341-9346.

[10] IPCC, Scientific Assessment of Climate Change, Summary and Report, World Meteorological Organization/U. N. Environment Program, Cambridge, MA: Cambridge University Press, 1990.

[11] Ramanathan V et al. Trace Gas Effects on Climate, in Atmospheric Ozone 1985, Global Ozone Research and Monitoring Project Report N16, World Meteorological Organization, Washington, DC: National Aeronautics and Space Administration, 1985.

[12] U. S. Environmental Protection Agency. Office of Policy, Planning and Evaluation, Policy Options for Stabilizing Global Climate, Draft Report to Congress. Washington DC:, 1990.

[13] The Carbon Dioxide Information Analysis Center, Oak Ridge National laboratory, TRENDS'91, December 1991, p. 389.

[14] 同 [1] .

[15] U. S. Environmental Protection Agency. Office of Policy, Planning and Evaluation, Policy Opt-ions for Stabilizing Global Climate, Draft Report to Congress, Washington, DC. Jun 1990.

[16] The World Resources Institute, World Resources 1992 - 1993, New York, Oxford Press, 1992, p. 346-347.

[17] The World Resources Institute. World Resources 1990 ~ 1991. New York: Oxford Press, 1990.

[18] 中国科学院能源研究所能源与环境研究室，全球变暖与中国矿物燃料燃烧 CO_2 排放，论文报告，第 7 页。

[19] 世界能源导报，1981 年 8 月 15 日。

[20] U. S. Congress, Office of Technology Assessment, Changing by Degrees, Washington, DC: U. S. Government Printing Office, Feb. 1991, p. 81.

[21] 日本，《燃料协会志》，1991 年第 1 期．

[22] 联合国气候变化框架公约政府间谈判委员会第五届会议，“联合国气候变化框架公约”，

中文，1992 年 5 月 15 日．

[23] 朱斌．中国能源的现在与未来．重庆：重庆出版社，1990 年．

[24] 同 [17]，第 87 页．

[25] Science Applications International Corp.，Early Market Potential for Utility Application of Wind Turbines，AP-4077，Palo Alto，CA：Electric Power Research Institute，1985.

[26] 能源部综合计划司，中国能源研究会，能源手册，1991 年，第 32 页．

加快发展我国清洁替代能源[①]

21 世纪，我国和世界能源面临的主要问题有两点：一是经济增长对能源供给的需求，能源生产和供给要赶上这种需求，尤其是在像我国这样的发展中国家；二是能源消耗所产生的污染对人类生存环境构成了巨大威胁，特别是矿物燃料燃烧时向大气中排放的 CO_2 所造成的温室效应。后者，由于我国能源以煤炭为主，20 世纪末，我国已成为仅次于美国的第二大 CO_2 排放国，占世界总排放量的 14%，备受瞩目。

一、发展清洁能源的必要性

清洁能源，即非矿物能源，也可称为非碳能源，它在消耗时不生成 CO_2 等有害全球环境的物质。在 21 世纪能够替代目前煤炭、石油、天然气等矿物能源的清洁能源，主要包括核能、水电和可再生能源三大类，后者指太阳能、风能、地热能、生物质能，还有新发展起来的氢能等。尽快发展清洁替代能源，不仅可以发挥我国能源资源多样化的特长，增加能源的供给；而且可以有效地保护大气环境，从容应对减排 CO_2 的国际舆论和有关要求。

二、我国清洁能源的现状和存在问题

清洁能源在我国能源消费结构中，除水电占据 5% 以外，其他（如核能、太阳能、风能、地热能等）加起来不足 1%。煤炭的比重居高不下，20 世纪 90 年代稳定在 75% 上下，比世界高 45 个百分点。

我国水能资源丰富，居世界首位。但水能资源开发程度很低，不到 10%，与发达国家相比差距太大，它们一般都在 90% 以上。主要原因是水电投资大，工期长，加上我国水电资源 70% 以上分布在开发条件差的西南地区。

核电的发展在我国尚处在起步阶段，并且举步维艰。目前，世界上已有 400 多座核电站在运行，总装机容量超过 3 亿 kW，占世界总发电量的 17%。目前，

---

① 文章发表在《科学对社会的影响》2001 年第 2 期。作者朱斌。早在 20 世纪 90 年代中叶，作者遵中央办公厅有关部门的要求，为国家高层领导解释什么是清洁能源。当时能源界有多种注释，作者按本文中的提法，对清洁能源作了最新的也是正确的注解。

我国仅有 3 台核电机组在运行，总装机容量 210 万 kW，占全国总发电量的 1.5%。

太阳能、风能、海洋能等目前世界上正处于飞速发展的可再生能源，在我国能源产业上几乎是一片空白。并不是因为我国缺少这类可再生能源资源，没有市场需求，恰恰相反，我们缺少的是发展这种能源的理想和扶持政策。

在清洁能源高新技术的开发方面，我们所花的力气远不能和发达国家相比。例如，太阳能利用技术，在美国和西欧诸国，太阳能光伏电池技术已经有了很大的发展，光伏电池产业以 15% ~20% 的年增长率在增长，不少国家制定了光伏电池的屋顶规划。又如，风能技术在美国加利福尼亚州、欧洲的丹麦、德国等地，有了显著的发展，风力发电场成了当地的一道景观。但我国古代就利用的风力技术，到目前为止却没有长足进展。关键技术落后，资源评估能力差，风力技术产业没有大的长进。

对我国清洁替代能源的作用、地位以及发展规划等一系列问题，我国有关部门缺乏研究，至今未见到一份完整的、有胆识的报告和规划。

三、发展我国清洁能源的几点建议

1）21 世纪前半叶，核电是一种最重要的替代清洁能源，要十分重视我国核电的发展。目前，世界上不少国家，如法国、日本、美国都发展了庞大的核电体系，在国家电力结构中占据显著地位，以 1993 年为例，法国 72.9%，日本 22.7%，美国 22.3%。我国目前仅有 3 台核电机组在运行，发电能力相当于一个大中型水电站。20 世纪 80 年代以后，世界发展核电的步伐明显放缓，主要是由于核电成本过高（比煤电约高 2 倍），加上核电事故时有发生（最著名的两个事故是美国三哩岛核电站事故和苏联切尔诺贝利核电站事故），加强了反核力量。我们需要冷静地研究世界发达国家发展核电的经验，分析核电事故产生的原因，坚定而稳重地发展自己的核电事业。通过努力，在 2020 年，核电装机容量达到 3500 万 kW，达到国家总电力的 6% ~7%。2050 年，使核电在我国能源结构中达到 10% 以上。

在核电技术路线上，我国将进一步实现先进的核电技术。目前，我们已经运行的核电机组，都是采用压水反应堆，我国自己研制的 30 万 kW 级已并网发电，60 万 kW 级正在建设，百万千瓦级也在申请立项。从国外引进的百万级核电站已成功建造和并网运行，为我国研制当代大型核电站做了准备。为了提高核电的安全性，降低发生堆芯熔化和放射性外溢事故概率，要尽快发展先进轻水堆技术。为了充分利用铀资源，也需要加强力量研究和开发快中子增值反应堆。

2）水电是一种可再生的清洁能源，我国尚有很大的发展潜力。我国水能理论蕴藏量是 6.8 亿 kW，可开发水电装机容量 3.78 亿 kW，每年可发电 1.92 亿 kW · h，相当于电厂每年消耗 10 亿 t 煤。我国水能资源仅次于煤炭，多于石油、天然气，是第二大能源资源。目前，我国开发利用的水能仅占总水能资源的 10%，开发潜力十分广阔。要尽快加强我国水能资源的开发，早开发一年就先得利一年，迟开发一年就白白浪费一年。我国水能资源的 70% 集中在西南地区，水电的开发对于西南以及整个西部地区的开发都具有重大意义。如果在 2030 年，我国水能资源的开发达到 70%，那么水电在国家能源结构中就可以从目前的 5% 提高到 9%。

3）太阳能、风能、地热能等可再生能源，在我国是一个弱项，亟待发展。

太阳能、风能、地热能、海洋能等可再生能源，是目前世界能源的热点。

它们之所以被重视，一是因为它们是一种基本上不污染环境的能源，二是它们的资源是可再生的。美国节能联合会等组织在 1997 年提出了一份研究报告，预测 2030 年，美国可再生能源（不包括生物质能）将占全国一次能源的 1/3。

太阳能是世界最大的能源资源，目前能被人类有效利用的还很少。太阳能的利用主要在两个方面，一是将太阳能转化为电能，二是将太阳能转化为热能。光伏电池是将太阳能转化为电能的一种装置。1990 年以来，世界光伏电池发展极快，销售量平均每年增长 16%。美国是最大的光伏电池生产国，1998 年的产量达 54MW。其次是日本、欧洲、澳大利亚。1998 年，日本安装了 6800 套屋顶光伏电池发电系统，随后美国、欧盟国家都有庞大的屋顶光伏电池系统计划。屋顶光伏电池系统对于民居具有重要意义。在我国西藏、青海、宁夏等日照时间长的地区，适合开发光伏电池技术。目前在我国，这种技术还处于待开发阶段，关键在于寻找价廉、性能稳定的光电转换材料。

在可再生能源技术中，目前最值得称道的是风力电场。20 世纪最后 20 年来，世界风力发电事业有了惊人的增长，1998 年世界风力发电已达到 9600MW。德国风力发电在全国电力总量中已占到 1%。其次，美国、丹麦、西班牙等国都有重要的发展。风力场是世界能源界的新景观。更大的风力发电机组、更好的制造技术，加上适当的选址，使风力发电造价逐步下跌，目前已经能与燃煤电站相互竞争，有可能成为一些国家最经济的电源。我国东南沿海、新疆、内蒙古等风力稳定的地区，都有发展风力发电的优势，全国目前已有小型风力电场 14 个，但总的看来，势单力薄，还没有形成规模。目前，我国尚没有自行开发制造 300kW 以上大型风力发电机组的能力。风力发电机组产业化要上新台阶，关键技术是研制 500 ~ 1000kW 大型风电机组，并形成自行设计和自己制造的能力。

其他可再生能源，如地热能、海洋能以及生物质能，在我国虽然都有一定的资源优势，尤其是生物质能在我国农村中广泛利用，但总体说来，在技术上都缺乏大的突破，产业规模和商业价值都不大。

4）要高度重视能源技术新的生长点，它们有可能形成新的替代能源。从目前能源技术的发展趋势观察，有如下几点值得注意。

氢能技术。氢作为一种清洁能源已为许多国家所重视，氢能在航天事业中早有应用，它是我国长江 3 号火箭燃料的一种。氢燃料电池，可作为汽车动力，达到无污染的“零排放”，这项技术已有突破性进展，氢燃料电池动力汽车样机已陆续上市，从而有力地推进了该项技术的发展。氢能技术实现的关键在于氢的来源和氢的储存，前者要有备制氢的能力，后者因为氢是易燃易爆气体，可采用储氢材料来解决，这是当前材料科学的热点之一，最新进展是采用纳米碳储氢。

核聚变技术。目前世界各国的核电均来源于原子裂变，它们要受原料的制约。而由原子聚变产生的核能——受控核聚变，则是人类理想追求的一种永久能源，它利用的是海水中取之不尽的氚。美国和欧洲在受控核聚变反应堆科研方面已作出了许多业绩，可望在技术上有重大突破，预料在 21 世纪下半叶能够建成原型示范的可控核聚变反应堆。

生物质能源技术。生物质能是目前我国农村利用的主要能源，每年有大约 6 亿 t 农作物秸秆作为能源利用，利用的新技术主要是沼气技术。目前，在美国、欧洲国家，发展了沼气发电技术、生物质气化发电技术、生物质液体燃料技术等，预料生物质能源技术将有更大的突破，它对解决农村能源会有重大作用。

能源发展的一个重要特点是替代周期长，重大能源新技术从概念设计到商品化，一般需要二三十年或更长。为此，从现在起就应该着手我国能源中长期能源战略的考虑。着眼发展我国的清洁能源，用以替代煤炭、石油等矿物能源。寻找发展清洁能源技术的突破口，实现我国能源的战略转变。

新能源的崛起和在中国的发展①

一、新能源的崛起

让我们返回20世纪80年代初期，有两件大事与能源直接相关。第一件事，邓小平同志1980年对一个能源形势报告的批示中指出："能源是经济的首要问题"，从而揭开了中国能源发展的新篇章。第二件事，中国出版界出版了美国未来学家阿尔温·托夫勒先生的《第三次浪潮》，虽然是内部发行，但不久就成为当时国内的畅销书，该书一个很重要的内容，就是鼓吹以太阳能为代表的新能源，将太阳能电池、垃圾燃料、海浪发电、地热发电等作为世界第三次浪潮的能源基础。

《第三次浪潮》出版时，类似太阳能等新能源，还是一个新生儿。在世界能源消费结构中，几乎不占据任何地位。托夫勒先生提到的几种新能源，有些刚刚开始，有些则仅是计划。例如，"苏联计划在对流层顶使用风力气球，将电通过电缆定点导向地球。"纽约市已与一家私人公司签订合同，利用焚烧垃圾作为燃料。" 20余年过去了，以太阳能、风能为代表的新能源在世界能源中有了长足的发展。如果将水力发电包括在内，那么新能源在目前能源消费结构中已经占到13%以上，大于核电，成为人类能源不可或缺的组成部分（表1-9）。特别是在21世纪来临时，由于保卫全球环境的需要，发展新能源成为许多国家努力追求的目标。例如，美国可再生能源在21世纪中叶计划要达到整个能源的1/3。

表1-9　2000年世界能源消费比重

能源	消费量/Mtoe*	比重/%
煤炭	2355	23.3
石油	3604	35.7
燃气	2085	20.7
核电	674	6.7

① 有关全球气候变化与能源发展内容的文章，被中国科学院2002年"高技术发展报告"取用后，同年4月29日学习时报整版刊登作者署名文章"全球气候变化与中国能源开发"（图1-12）。2004年4月26日和5月10日，《学习时报》连载作者本文。

续表

能源	消费量/Mtoe*	比重/%
可再生能源	1370	13.6
其中：水电	228	2.3
生物质能	909	9.0
其他	233	2.3
总计	10088	100

*为百万吨油当量。

资料来源：IEA，China Energy outlook 2002.

新能源具有两大特点：①资源的可再生性。新能源一般是指可再生能源，它们不像煤、石油、天然气等矿物能源那样，资源是不可再生的，即用一点少一点，最后总要告罄。②新能源一般是非碳能源，即它们是由不含有碳的物质组成，在消耗时不向空气中排放二氧化碳，不增加温室效应。这一特点，使新能源有了广阔的发展空间。自从20世纪70年代到现今，科学研究揭示了地球变暖与矿物燃料（煤、石油、天然气）的利用直接关联，人类开发非碳物质的新能源成了新目标。

太阳能、风能、地热能、海洋能和生物质能为代表的新能源在世界上迅速崛起，在我国也取得了显著的进展。所谓新能源，是指区别于煤炭、石油等常规能源的新的一类能源。

二、能源中的一颗新星——太阳能

太阳能具有当今世界最大的能源资源，太阳辐射到地球表面的能量相当于人类目前生产能源的万倍。光伏电池是将太阳能转换为电能的一种装置。1990年以来，世界光伏电池发展极快，销售量平均每年增长16%，1996年以来，更以平均33%的速度增长。太阳能光伏发电将和核电一样成为一种电力能源，有资料预测，到2040年，光伏发电将占全球电力需求的26%。20世纪90年代的美国是最大的光伏电池生产国，1998年的产量达54MW，其次是日本、欧洲、澳大利亚。光电池广泛用于家庭取暖、制冷和电器，也用于公路信号、收音机、计算机和建筑物发电。1998年，日本安装了6800套屋顶光伏电池发电系统，随后美国、欧盟国家都有庞大的屋顶电池系统计划。2004年初，发展中国家有100多万个家庭第一次使用光伏电池用上电。

德国于1999年将屋顶光伏电池计划扩大到10万户，并为安装光伏电池的用户提供10年低息贷款。2001年底，德国太阳能光伏电池装机容量为192MW，首次超过了美国。2002年，日本光伏电池装机容量更上升至251MW，占世界总量

全球气候变化与中国能源开发

气候变化的真实性和不确定性

矿物能源消费和温室气体

图 1-12 《学习时报》2002 年 4 月 29 日刊登的作者“全球气候变化与中国能源开发”文章

44%，跃居世界第一。

我国华北、西北地区和西藏日照时间长；适合发展光伏发电。在其他地区，开发能源稳定、价格低廉的光电转换材料，装置屋顶光伏电池系统，也将有极好的前景。在农业上使用塑料大棚利用太阳能，或使用屋顶吸收太阳能装置提供热能，是太阳能利用的另一种方法。当前我国是使用被动式太阳房最多的国家，2002 年面积达 2660 万 m^2。

三、发展最快的能源 ——风能发电

在可再生能源中，目前最值得称道的是风力电场。20 世纪最后 20 年，世界风力发电有了惊人的发展。从 1998 年以来，世界风能发电能力猛增了 3 倍。2001 年世界风力发电总装机容量已经达到 18450MW，年销售额达几十亿美元，是世界产业界的新星。2002 年底德国创造了世界一个奇迹，风力发电装机容量增加了 325MW，总容量超过 12000MW（全世界为 31080MW）。世界 38% 风能发电集中在德国，成为世界最大的风力发电国家。风力发电在德国已占全国总发电量的 4.7%，其次是美国、西班牙、丹麦、印度、荷兰等国。

我国在风力资源强大的东南沿海、西部广大地区都有发展风力发电的优势，1995 年在内蒙古安装的小型风力发电机已有 14 万台，1998 年从荷兰引进的 24MW 风力电场投入运行后，目前全国已建风力电场 14 个。位于达坂城附近的新疆风电二场，单机上百台，装机容量达60MW，是目前国内最大风力电场。2002年全国风力发电已达到470MW。正在开发的风能发电超过1800MW。世界风能专家预测，“目前，海上风能发电成本可以与许多常规能源竞争，因此，日本和中国风能发电的未来增长预测是很迅速的。”

更大的风力发电机组，更好的制造技术，加上适当的选址，使风力电场的造价从1981年的2600美元/kW下降到1998年的800美元/kW。目前，风力电场的造价已经能与燃煤电站相争，有可能成为许多国家经济的电源。

四、地热能

地球内部蕴藏的热能称为地热能。地热能通过火山爆发、地震、间隙喷泉、温泉等形式，不断地把内部的热能带到地面上来。据估计，每年从地球内部喷出或爆发出的热量大约相当于1000亿桶石油燃烧所放出的热量。地球上所有的能源中，地热能仅次于太阳辐射能，排在第二位。仅地球表层10km厚的一层，总储热量就有1.05×10^{26}J，相当于9.95×10^{15}tce。如此巨大的能源，可满足人类近百万年能量的需要。

地热资源按存在形式可分为五大类型：蒸气型、热水型、地压型、干热岩型和岩浆型。其中，能为人类开发利用的目前还仅限于地热蒸气和地热水两类。地压热和干热岩的开发利用处于实验阶段，而岩浆热的利用尚处于基础研究阶段。

地热资源的分布与各类矿产资源分布一样，主要受地质构造的制约。20世纪50年代后，板块构造的观点被地质界广泛承认，它认为岩石圈是由六大主要板块和一些小板块组成。世界四大地热带都沿着板块边缘分布：环太平洋地热带、大西洋中脊地热带、红海-亚丁湾-东非裂谷地热带及地中海-喜马拉雅地热带。上述四个地热带中有两个通过中国。环太平洋地热带西经中国台湾省，而地中海-喜马拉雅地热带东端就是藏滇地热带的主体。根据大地构造特征，中国地热资源可分成东部、西部和西北三区。中国的地热出露点（包括天然及人工的）约有3000多处。

地热能有多种用途，如可以用来发电，也可以直接用于供热、医疗、地热养鱼及水生饲料、温室种植、灌溉、皮革加工、食品加工、造纸、晒盐制碱以及矿泉饮料等。目前，世界上有20多个国家建有地热发电站，总装机容量超过8438MW。我国从20世纪70年代开始发展地热电站，至1996年，全国地热电站总装机容量为32MW（包括台湾省）。其中，最大的是西藏羊八井地热电站(25MW)。冰岛是利用地热的典型国家，已有一半家庭取暖靠地下热水。法国、日本等国也早已采用地热水采暖。近年来，我国的地热水直接利用总量已超过日本而跃居世界首位。

地热能因价廉、清洁而被称为“21 世纪能源”，利用前景十分广阔。

五、海洋能

海洋能包括潮汐能、波浪能以及海洋热能等。它是一种新能源，资源可以再生，利用后不污染环境。但是，这种能源资源的分布只是近海地区，它们的利用和发展都受到了限制。近二三十年来，世界以及我国在海洋能方面都没有显著的进展。20 世纪 50 年代后，我国在东南沿海陆续兴建了一些小型潮汐电站。浙江沿海是著名的潮汐区域，80 年代初，在浙江乐清湾建设了江厦潮汐电站，装机容量 10MW。世界上最大的潮汐电站是法国朗斯电站，装机容量 240MW，位于法国布列塔尼海岸，河口潮水高 14m。

利用海浪发电在理论上具有很大的潜力。日本、加拿大、英国等国家对开发波浪能很有兴趣，英国人曾估算，海浪发电可以提供目前国家电力需求的 25%。这是一个诱人的计划。但海浪能的开发一般要在离岸 20km 左右的海面，发电塔类似风力场的电机列阵，成本相当高。这种发电至今尚没听到实质性进展的报道。

海洋温差发电是利用海洋热能发电的一种。20 世纪 80 年代初，美国太平洋脑鲁岛兴建了世界上最大的海水温差电站，功率 100kW。随后，日本、欧洲以及印度都有兴办利用海水温差发电的计划，但至今未有大的进展。

据联合国教育、科学及文化组织统计，全球潮汐能的理论资源有 30 亿 kW，波浪能理论资源也有 30 亿 kW，海洋温差能的理论资源可高达 400 亿 kW。从资源潜力来看，海洋能的开发利用具有大的前景。

六、一种古老又年轻的能源——生物质能

薪柴是生物质能源的主要种类。薪柴自古以来就是我国居民尤其是农民的传统生活能源。在我国，薪柴加上农作物秸秆，构成农村主要的生活能源。生物秸秆和薪柴不是商品能源，但它的消费量十分巨大，20 世纪 80 年代中期的一次统计，全国 25 个省、市、自治区农村生物质能消耗量达 2.70 亿 t，高于国家当年商品能源消费的 1/3。

20 世纪最后 30 年，包括薪柴在内的生物质能的利用发生了本质的变化。生物质能作为一种新能源，具有三大优点：①它是一种可再生能源，资源丰富又可以再生；②利用后对环境的污染比煤炭、石油要小得多；③它的资源分布广泛，到处可以获得，是能源分散供给体系的一种极佳能源。

生物质能在利用技术上有很大进展，在我国农村广大地区，发展了以生物沼气技术为主的利用方式，1990 年代初，全国沼气池约 600 万个，沼气动力站

2000座。近年沼气池得到进一步发展，2002年全国沼气用户有1110万户，大中型沼气池1300多处。技术适合于南方地区，在北方寒冷地区不易推广。

生物质能在世界的发展主要集中于发展中国家，它们有丰富的生物质原料，分布广而易于利用。其中，印度在沼气技术方面有其特点，主要致力大中型沼气池的事业。巴西利用甘蔗制造乙醇，有30年的历史，目前已有成品和技术出口。生物质能用于发电是目前世界生物质能的一个重要方面。1999年统计，美国达到63.5TWh（万亿瓦小时），总量虽然很小，但对于利用生物质形成的废渣，如生物垃圾，有其独特功能。

七、氢能、核聚变能及其他

当前，人们更多地在谈论氢能和核聚变能，它们被称为人类的终极能源或永久能源。氢能是把氢及其同位素作为原料的能源。氢能的大规模利用与核聚变反应有密切联系。核聚变能是人类至今发现的最大规模能源。早在1933年，科学家就发现了核聚变现象，它具有的主要优点是：①资源丰富，经济性好。核聚变的燃料主要是氘和氚，氘可以从海水中直接提取，氚可以通过中子辐照锂而得到。这两种物质来源广，而且成本比核裂变材料（即通常说的核电站材料）低廉。②核聚变反应时释放的能量大。聚变物质的单位质量放出的热量比核裂变反应高4倍。要实现核聚变反应，温度要高达1亿度以上，所以又叫热核聚变反应。物质在这样高的温度下呈现等离子状态。

早在20世纪50年代，苏联科学家就采用封闭磁场作约束高温等离子体的“容器”，用这种方法实现的核聚变反应，习惯称为磁约束核聚变。“托卡马克”装置就是一种典型的磁约束核聚变反应堆。尽管核聚变有很多优点，但是由于难度大，这项研究持续了50年，走过十分曲折的道路，反映了人类对高温等离子体运动的复杂性还不够了解。目前，受控核聚变研究的基本状况是，物理可行性几乎解决，而工程技术可行性及商业可行性还需要相当长时间才能解决，最乐观的估计是在21世纪中下叶，人类有望用上聚变能源。

但是，开发氢能电池，将是近10年有望实现商品化的事。氢能电池作为汽车动力，它不排放废气仅排放水，将十分有利于城市空气的净化。

在人类文明史上，能源技术领域中的每一次重大突破都对社会和经济的发展产生深远的影响。21世纪的能源技术不会沿袭20世纪传统的方式无限制地发展下去，可持续发展的概念正在成为当今能源技术发展的指导思想。最近，美国学者提出了“新能源经济”的概念，认为发展信息产业是解决能源危机的有效途径之一。世界包括中国将积极地推进新能源的发展，这不仅可以有效地控制温室气体排放，也将有力地支持经济社会发展对能源的需求。

亚太地区能源发展的方向①

亚太经济合作组织（APEC）2007 年 9 月在美丽的都市悉尼召开会议，时任国家主席胡锦涛出席会议并发表了重要报告。9 月 9 日会议通过了《亚太经合组织领导人关于气候变化、能源安全和清洁发展的悉尼宣言》，提出了亚太地区能源发展的中长期目标，这一目标的最重要内容，是在 2030 年将亚太地区能源强度在 2005 年的基础上至少降低 25%。

无疑这是自 1997 年《京都议定书》以后，国际社会关于气候问题的最重要的国际性协定。它再次向世界表达了气候变化对人类生存与发展的极端重要性。20 世纪 80 年代，科学家在《自然》杂志上刊登论文，阐述地球表面温度在上升，地球均衡气温被打破。随后，在联合国的框架内，成立了政府间气候变化专门委员会（IPCC），经过许多国家（包括中国）科学家的共同努力，在科学界达成了这样的共识：人类活动排放的结果导致空气中温室气体浓度上升，是全球变暖的主因。

在 2030 年将亚太地区能源强度降低 25%，距今 23 年，只要坚持不懈努力，坚持技术进步和科技创新，坚持能源结构优化，我们就可以实现理想的目标。能源强度是指单位 GDP 的耗能量，通常以百万美元产值消耗的能源量（吨标煤，tce）来计量。20 世纪末（1999 年），世界能源强度为 386，美国为 379，略低于世界均值；OECD 更低，为 283；中国则高达 1297。上推 25 年（以 1973 ~ 1999 年世界各国能源强度计算），全世界降低 22%，APEC 降低 25.6%，OECD 降低 29.8%。

中国政府提倡的“节能减排”和降低能源强度作为指标，受到了国际社会的广泛关注。美国国家能源政策委员会代表性的观点是：“与中国相同但与欧洲不同的是，美国的经济在不断增长，这使得《京都议定书》所提出的目标难以实现。《京都议定书》对美国提出的目标是在 2010 年减少 30% 的温室气体排放量，这是一个很不切实际而无法实现的目标。”

全球变暖的不确定性，起源于近百年地球表面气温的变化幅度尚没有超出地

① 本文是作者以笔名微木发表在《科学对社会的影响》2007 年第 3 期的短文。作者多年担任该杂志主编，2010 年年底辞去主编职务，杂志现改名《科学与社会》。

球气温历史变化的自然幅度，因此不能断言近百年地球变暖就是由于人类活动，如能源消耗、森林砍伐、百年工业化等引发的。我国著名科学家刘东生院士认为：在全球气候变化研究中的主要不确定因素是气候变化的机制和原因。具体说来有如下过程。

1）温室气体产生和释放的机理，它们在空气中的化学作用以及如何影响气候变化。

2）云的基本构成、消散和放射特性，以及如何影响大气中的温室效力。

3）海洋的作用机制，它们在控制全球气候变化率和区域气候变化的模式方面极为重要。

4）极地冰层的作用，在影响海平面升高方面的影响。

纵观最近 10 年世界科学研究的进展，尚未完满解决这些方面的不确定性。但是，全球变暖的不确定性，并不动摇由于人类活动导致全球变暖这一结论，而在人类诸多活动中，矿物能源消费列居首位。

具有卓识远见的政治家，不能等所有的科学问题都解决了，再采取行动。为此，节能减排，降低国家能源强度，以及营造森林等，在缓解全球变暖这一人类共同目标中具有实在意义的行动，为有头脑的政治领袖们所接受，为 APEC 国家的领袖们所采纳。未来二三十年，APEC 将对世界产生越来越大的作用和影响。当然，在消除和缓解全球变暖这一共同目标中，并不排除多种方法和更加广泛的行动。能源的发展不但要提供国家经济和社会生活的保障，而且要保护全球环境。这一目标同样是 APEC 未来的追求。

不可忽略的另类世界第一[①]

1991年，美国著名学者、卡内基·梅隆大学工程与公共政策系主任M·Granger教授，向我推荐了一本有关世界能源的书。其中作者对中国能源的未来有两点预测，一直不能忘却：①未来20年，中国煤炭产量将达到20亿t；②未来30年，中国CO_2的排放量将达到或超过美国。对于第一点，我相信；对于第二点，我深表怀疑。按照当时（1990年）发表的世界CO_2排放的前10名国家，美国第一，占世界总排放量的22.3%；我国居第三，占世界的10.9%；第二名是苏联，占世界的17.4%。为了验证自己的推测，通过模型计算，2010年CO_2排放量中国距离美国尚远。

然而，中国的快速发展远远地超出了人们的预测。不到20年，2006年中国煤炭消费已占世界总消费量的38.6%，原煤产量高达23.7亿t，稳居世界第一。日前，荷兰环境评估机构统计表明，中国CO_2排放量名列世界榜首，首次超越美国成为全球最大的CO_2排放国。

世界CO_2排放第一，这可不像刚刚结束的北京奥运金牌那样，是国人的荣耀和骄傲，这是另类“金牌”。由于CO_2作为最主要的温室气体而导致全球变暖，已广为世界共同关注。“京都协议”开辟了全球减排CO_2的国际制约。今年召开的八国集团（G8）峰会，也同意在未来10～20年内大幅度减少温室气体的排放量，并在2050年前减排一半。从而又一次对经济兴起的中国、印度等国构成压力。展望未来，这种压力愈来愈大，且有不可承重之势。

进入21世纪以来，国家能源形势趋于严峻。不少省区缺油缺电，全国能源利用效率低下的状况始终未有根本改观。能源的中长期战略一个接着一个，始终未能把国家能源引出困境。要害是对世界能源的新格局缺乏了解。殊不知，从20世纪80年代开始，世界能源的战略取向已从单纯追求经济增长的目标，转向除满足经济发展需求外，更多地要符合人类生态环境的保护。任何一个地域性的矿物能源项目都已演变为全球性问题。

自然界充满变机。全球增温，最近一百年来，地表温度升高0.3～0.6℃，海平面上升10～20cm。空气中CO_2的浓度，公元1000～1800年间为270～

---

① 本篇短文作者发表在《科学对社会的影响》2008年第3期。

290ppmv，1800 ~ 1900 年仅上升了 15ppmv，1990 年却达到 354ppmv。有许多预测，2030 年大气中的 CO_2浓度将推至 450ppmv。这种无形的增长可能是致命的。前美国副总统戈尔著书认为：为防止全球变暖，人类只剩下 10 年的时间。

增量并非就是发展。依作者浅见，不符合为世界众多国家接纳的可持续发展的任何增量或所谓发展，都是有害的。难道说，消耗巨量能源的 GDP 的高速增长能持久吗？用天文数字的水泥堆积成的城市真的是宜居吗？由大量农药、化肥维持的农业增产还有必要继续吗？对于正在发展中的我们，亡羊而补牢，未为迟也！

第二部分　水 资 源

中国水资源的困境与对策①

水资源对于人类来说是不可缺少的。中国水资源的现状不容乐观。从全球意义上来说，我国是一个水资源贫乏的国家，加上许多水资源被污染以及没有合理地利用水资源，使得我国水资源缺乏的状况更为严重。如何来解决这一问题？

一、水是地球上一种有限的资源

自20世纪70年代初以来，水资源短缺和水体污染问题开始引起人们越来越多的关注，从全世界和我国的情况看，水资源的保护与合理利用，已经成为人类社会发展过程中的一个值得重视的问题。水资源的问题从来没有像今天这样影响着人类社会。

从总体来看，全球有大约14亿km^3的水量，其中97%以上是不适于人类使用的海水，就是在可使用的3%的那部分淡水中，又有77.2%被冷储在冰帽和冰川中，约22.4%是地下水和土壤水，只有0.35%的淡水储存在湖泊和沼泽中，河水比重不及0.01%，可见，淡水是地球上一种非常有限的资源。

随着社会经济、文化的发展，特别是人口的增长，人类的用水量不断增加。其中，农业灌溉用水和全球人口增长是两个主要原因。从1950年至1970年，世界总灌溉面积增长了一倍，农业用水占目前淡水使用量的73%。目前，全世界有100多个国家缺水。人口的增长（尤其是人口密度的增大）更使得水的需求量大大增加，导致更多的人争夺有限的水资源，尤其是当涉及相邻国家共享的水资源问题时，情况就更为严峻和复杂。

随着工业的发展，水体污染的情况日趋严重，这就更加深了水资源短缺的危机。20世纪80年代中期，全世界每年排出的工业废、污水达6000亿～7000亿m^3。从全球的角度看，发展中国家的水体污染成为越来越突出的问题，已成为限制经济发展的重要因素。发展中国家缺乏发达国家所具备的资金、技术、人才和管理体制，所以水体污染的治理要困难得多。

① 为了研究资源、环境对社会发展的影响，1989年10月由中国科学院学部委员刘东生、副秘书长张云岗牵头成立了环境与发展课题组，开展了资源、环境与发展的政策研究。刘东生、张云岗担任课题组组长，朱斌为副组长，成员有蒋世和、宋江华、张利华、曹艾莉、祝燕、田洺、高源。这里发表的“中国水资源的困境与对策”，由作者和田洺、高源根据课题研究报告撰写，发表在《科学》1991年第2期（图2-1）。

二、中国人均水资源处于贫困线

我国（不包括台湾省）的地理位置、社会经济及人口状况，决定了水资源有以下几个特点。

1）人均水资源占有量低。

我国每年平均降水量均为 61900 亿 m^3，折合降水深度为 648mm，低于全球陆地平均降水深度约 20%，全国河川每年平均径流量为 27100 亿 m^3，其中包括地下水补给量约 6780 亿 m^3，冰川融雪补给量 560 亿 m^3。平均每年流入海洋和流出国境的水量为 24560 亿 m^3，占河川径流量的 90%。

我国的水资源居世界第六位，但若按人均、亩均看，我国的水资源则是比较贫乏的，是世界上 13 个贫水国之一。加上河、湖水量和已知地下水量，我国人均占有水量不足 2500m^3，相当于世界人均水量的 1/4，美国的 1/5，苏联、印度的 1/7，加拿大的 1/50，日本的 3/4，亩均占有水量只有世界平均的 3/4。

2）水资源空间分布极不平衡。

我国降水量的分布由东南沿海向西北内陆递减，降水量和径流量在地区上的分布极不均匀，而且人口、耕地以及产业布局与水资源的分布不相适应。

全国水资源 81% 集中分布在长江及其以南地区，那里的耕地仅占全国的 36%，流域径流量约占全国的 37%；黄、淮河流域及淮河以北地区，耕地面积占全国的 64%，水资源仅占全国的 19%；黄、淮、海、辽四河流域内耕地占全国的 42%，而水资源仅占全国的 9%。我国东部的外流流域，面积占国土总面积的 64%，径流量占全国径流量的 96%；内陆河流域占国土面积的 36%，而地表水资源只占全国的 4%。这样就形成了我国东部、南部地区水资源相对丰富，西部、北部水资源严重缺乏的地域分布不均衡状况。而且人口、产业布局不合理的状况又进一步导致水资源分布不均衡的问题更加严重。

3）水资源供需时间上的不均衡，年际变化很大，连丰、连枯年份交替出现。

受季风的影响，我国大部分地区的降水量在年内和年际之间有很大的变化。每年汛期的 4 个月（6、7、8、9 月）降水量和径流量占全年的 60% ~80%，年径流量历年最大和最小的比值，长江、珠江和松花江为 2 ~3 倍，黄河为 4 倍，淮河、海河则高达 15 ~20 倍。我国的主要河流都出现过连续枯水年和连续丰水年的现象，而且从近几十年的情况看，北方的枯水期出现较为频繁，持续时间也更长久。这样就决定了我国历史上水旱灾害频繁、交替出现，农业极不稳定的局面。

4）长期不适当地开发，导致保护水资源的生态环境遭到了严重破坏。

我国农用耕地的扩大主要来自林区的开垦，我国已有几千年持续垦荒的历史。新中国成立后，森林覆盖率最高时为13%，目前估计实际只有11.5%。森林的破坏导致严重的水土流失，水土流失已由解放初期的116万km^2，扩大到153万km^2。

由于缺乏生态观点，一些水利工程的建设、水资源的开采以及人口的过快增长，造成了很多生态问题。这不仅导致水环境原有状态的改变，而且已经对气候、土壤等环境因素产生了一系列不良影响。例如，人口的过快增长，城市的扩大，工业的发展，使得水资源短缺和污染状况愈加严重。1979年全国154个城市缺水，1984年上升为196个，每年缺水50亿m^3，预计到2000年，全国缺水500亿~700亿m^2。

5）北方缺水状况日趋严重。

北方地区水资源短缺主要体现在以下几个方面：①水资源总量不足，供需难以平衡。北方缺水区总面积178.7万m^3，占全国总面积的18.7%，人口占全国总人口的38.4%，耕地面积占全国的45.2%，水资源总量为2700亿m^3，人均占有量为660m^3/（人・a），亩均水资源量为400m^3/（亩・a），由于本地区水资源的年际和年内变化很大，地表径流集中于汛期，河川径流总量2178亿m^3中约有1/3最终难以利用。随着人口的增长，北方缺水现象会更加严重，到2000年，人均占有水量将低于400m^3/a。②水资源质量较差。具体表现在：水资源年际变化很大，供水能力不稳定，该地区有限的水库库容无法有效地调节丰水年与枯水年之间水量的差别；水资源年内分布很不均匀，汛期集中了全年总水量的70%~80%，使该地区防洪与抗旱之间形成了明显的矛盾；北方缺水地区的河流普遍多沙，河流上游水土流失严重，北方地区近些年地下水采大于补，而且出现地表水的节约使用与地下水补给之间的矛盾，地下水得不到及时补充，导致一些城市地面沉降；该地区工业化程度较高，重工业与易造成污染的工业较多，使水体出现严重的污染，主要河流的污染普遍高于全国其他河流，这不仅减少了可利用水的量，而且增加了水资源开发利用的难度。③本地区水资源的开采利用程度已经很高，进一步开发利用要付出很高的代价。开源和节流所需费用都比较昂贵。北方地区主要河流的地表径流利用率都在40%以上，可见在该地区开源节流代价很大。

6）南方水资源问题应引起足够的重视。

南方水资源前景不容盲目乐观的依据是：①涵养水资源的生态环境遭到破坏。南方一些林区，由于长期重采轻造，使得森林和植被遭到严重的破坏。森林的破坏，使一些地区抵御自然灾害的能力下降，水资源涵养条件恶化，水土流失更重。②湖泊面积的缩小。从全国来看，长江流域地区湖泊面积的缩小是比较严重的。湖泊数量、面积的减少，不仅使蓄水量减少，排涝抗洪的能力减弱，而且还破坏了原有地区的水分平衡，使旱灾增加。另一方面，现存的湖泊不仅受到无机物的污染，而且受到有机物的污染，即湖泊的富氧化。湖泊的减少，湖泊水体的污染，将给南方经济发展、人民生活所需水量的供给，带来越来越多的困难。③对于节水问题重视不够。由于南方水资源条件相对较好，所以节水问题并没有引起普遍的重视，农田基本上都是自流灌溉系统，工业浪费水现象也很严重，重复用水率很低。南方除个别城市外，工业用水重复率明显低于北方城市。农田的自流灌溉和工业重复用水率低，不仅造成水资源的浪费，而且造成水资源的污染。

开栏的话

孙鸿烈

国情研究

中国水资源的困境与对策

水是地球上一种有限的资源

中国人均水资源处于贫困线

图 2-1 《科学》杂志 1991 年第 2 期开辟国情研究专栏，特请时任中国科学院副院长孙鸿烈书写“开栏的话”，发表的首篇论文就是作者和田洺、高源共同署名的“中国水资源的困境与对策”

7）水资源尚有一些潜力。

综上所述，我国水资源问题从总体上是严峻的，但我国水资源的分布尚有一些有利因素。

我国水资源可利用性较高，主要的大江大河多分布在人口稠密、工农业较为发达的地区，这使得河流的径流利用率较高。我国众多河流随着流域面积和径流的增长，流域的下游比上游的经济愈趋发达。上游地段使用过的水在下游地区可得到重复利用，这实际上是对水资源总量不足的一种补偿。

我国北方地表水虽然较少，但地下水条件较好，开采条件也较好。我国地下水可开采量约有 2900 亿 m^3/a，其中 60% 分布在北方。如果增加人工补蓄地下水，地下水的使用量还会大大提高。目前不少国家人工补给地下水占总开采量的25%以上，而我国则很低，目前还没有专门补给地下水的水库。

我国的海岸线很长，有取之不尽的海水资源，而且沿海地区是全国经济最发达的地区，利用海水具有技术和资金的优势。

三、水体污染使我国水资源短缺雪上加霜

水体污染是造成水资源危机的重要原因之一。我国的污水排放量很大。1985年全国污水排放总量达842亿t，工业污水处理率只有22%左右，处理能力赶不上污水增加的速度。目前约有80%的工业污水未经处理直接排入水域。“六五”期间城市水体污染的现象非常严重，城市地表水的污染范围已达80%以上。城市的饮用水质普遍下降。长江、黄河、松花江、珠江等七大河流的干流在接近城市段已出现污染情况，并且逐年加重。江河污染的特点是支流污染重于干流，流经城市的河段重于非流经城市的河段，北方河流的污染重于南方河流。此外，一些流经城市的小河流的污染情况则更加严重（表2-1）。

水体污染加重了水资源短缺的危机。据估计，到2000年，华北地区工业、生活污水排放量将达75亿m^3/a，相当于那时工业、生活用水量的47%和57%，目前，华北地区的废污水除少量通过汛期排出区外，绝大部分消耗在区内，这使得城市一方面严重缺水，一方面又排放出大量的废污水，形成恶性循环。同时，由于北方地下水的超采，改变了水的动力条件，使未经处理的生活污水，通过不同途径进入含水层，污染了地下水源。

表2-1　我国需水量情况　（单位：亿m^3）

项目	1980年	2000年
总需水量	4767	6470
农业用水量	4195	5147
其中：灌溉用水	4001	4800
农村生活用水	80	134
大牲畜用水	57	83
牧业用水	57	130
工业用水量	523	1091
其中：一般工业用水	268	731
火力发电用水	260	360
城镇生活用水	49	240

南方城市的水质污染也十分严重。据1985年统计，南方12城市的城市供水水源取水量为243.3亿m^3/a，其中80%受到污染。

图 2-2　中国科学院资环局在石家庄农业现代化研究所举行工作会议，前排右 4 为资环局局长秦大河院士，右 6 为刘昌明所长，后排左 7 为作者。会议重点讨论了我国水资源的发展态势

尽管 20 世纪 80 年代以来，各地区采取了一些措施，以控制水体污染的进一步加剧，但全国各种废污水的排放量还是由 1981 年的 303 亿 t 增加到 1989 年的 367 亿 t。据预测，到 2000 年，水体污染情况会更加严重。

城市污水处理能力低，是造成我国废污水量大的一个重要原因。我国城市下水管道网普及率低，约 40%。污水处理缺乏必要的基础设施。尽管从 1978 到 1988 年，全国城市排水设施排放的污水量由 4095 万 m^3 发展到 6822.6 万 m^3，增加了 0.67 倍，排水管道总长从 1955.6km 发展到 3796.0km，增长了 0.9 倍，污水处理厂从 37 座发展到 73 座，日处理污水能力从 63.5 万 m^3 发展到 198 万 m^3，但离所需数量的差距还很大，与发达国家相比还有很大差距。西方主要发达国家下水道普及率就高达 75% 以上。另外，我国现在设施的使用率也是不高的。从 1973 年到 1988 年，城市建设废水处理设施的投资为 98 亿元。但由于多种原因，在投资的 67 亿元设施中就有约 2/3 没有发挥效益。

农村的水体污染近年来也出现日益恶化的趋势。农村水体污染一方面来自于农药，另一方面来自化肥。

农村水体污染的另一重要来源是乡镇企业的污染。由于乡镇企业工艺陈旧，管理水平落后，布局不合理，加上城市污染重的小型工业向农村转移，从而使水体污染开始在农村中蔓延。

由于水体污染，1989年在全国造成的经济损失超过300亿元，大约为当年商业总产值的50%以上。据估计，到2000年，工农业年总产值增长7.8%，全国城市污水量年平均增长5.4%。如果现在不采取有力措施，到了那时，即使每年拿出上百亿元的投资用于污水处理，最多也只能使城市的废污水处理率达到30%，而那时，全国未经处理的污水还要比现在增加60%左右。

水体的严重污染，将为原本就已经难以解决的水资源短缺问题带来更大的困难。我国水资源缺乏和水体污染已成了社会经济发展的重要制约因素，解决水资源问题刻不容缓。根据中外历史的经验，解决水资源问题，要抱有长远的设想，应该与社会、经济、文化、人口、自然资源以及生态平衡综合考虑，急功近利的方法可能造成严重失误。

水资源短缺的解决，归纳起来有两条：一是开源，二是节流。以往人们比较注重或只强调水的开发，在有源可开的情况下，无疑是正确的。今天，在水资源趋于紧张的情况下，如果仍然只注重开源，把解决水资源短缺仅局限于开源的话，势必会加剧水资源的紧张，致使要解决的问题愈来愈复杂，愈来愈严重。现在是大力提倡节流的时候了，应该把水资源的节约放在战略地位上来考虑，并且在国民经济和生活的各个方面加以实施，从工农业节水走向节水型社会。

四、农业节水是发展节水型经济的关键

我国用水量的80%在农业上，工业用水和城市民用水仅占20%，因此农业节水是关键。参阅表2-1和图2-2。

农业节水是农田节水保水技术与农业合理种植的结合。节水农业的核心问题是单位水量创造出多少农业经济价值，万斤农作物产量耗水量和农用水效益可以作为衡量这个价值的指标。目前，全国平均生产1斤（0.5kg）粮食，需要补充1.23m^3水，而加拿大、苏联、美国生产1斤粮食分别需要补充0.7m^3、0.66m^3和0.93m^3水量。

1. 建立合理灌溉体系

新中国成立以来，全国农田的灌溉面积由2.4亿亩发展到了7.2亿亩，占全国耕地的48%，生产全国74%的粮食。但是，农村的灌溉体系主要是自流灌溉区渠系，灌溉方法主要是大水漫灌，水的有效利用率大部分只有40%左右，有的地方由于灌溉系统设备陈旧，管理不当，水的有效利用率更低。

改变农田自流灌区渠系是农村节水的主要步骤。大水漫灌不仅造成水资源的浪费，而且使大量农药、化肥等污染物质渗入地下，降低了土壤的肥力，又造成了地下水的污染和土壤的盐碱化。考虑目前我国的经济状况，还很难在全国，尤其是在北方迅速推广先进的滴灌、喷灌技术，但因地制宜采用一些简单的节水方法仍然切实可行。例如，井渠并灌的地面灌溉，将地表水与地下水相互转化，这种方法易于推行。

建立节水型农业除推广具有地方特色的节水方法外，还应做好以下几方面工作。

1）抓紧水利工程设施的维护和更新改造。因为我国现在农村渠道的输水效率仍很低，普遍使用的是未砌衬的明渠输水道，河水损失高达40%～50%。采用衬砌渠道输水或建设新的灌溉设施可大大提高用水效率。在我国，尤其是北方，大力提倡将明渠输水系统改为暗渠输水，可节省大量渠道建筑材料，减少输水损失，便于管理，而且可扩大耕地面积。

2）要改变旧的治水观念。从近几十年的情况看，旱灾多于水灾，所以应建立新的治水观念，改变以排为主的方针，实行科学调节、蓄水补源的水利方针。

蓄水补源包括拦蓄地区汛期降水径流和引蓄河流上游下泄的洪水。各地区可根据自然、经济的条件采用多种蓄水补源的方法。

3）完善农村灌溉体系的管理制度。自 1986 年起，国家重新采取了重农政策，水利设施建设得到加强，但在水利设施的管理和投资者与受益者的利益分配上并没有什么根本的改变，而且农民对于水利设施的破坏还相当严重。问题的关键在于要使农民把农田基础设施的建设维护当成自觉的事情。除了在宣传、教育、法律上加强工作外，我们认为更可行的是使农民自觉成为农村水利设施的投资者，这样农民才会真正维护水利设施。

2. 改变农作物布局，开发抗旱品种

调整农作物种植的结构，适水种植，合理布局，是改变水资源短缺的一项措施。过去由于错误的农业政策，有些地区不适当地扩大不适宜作物的耕种，极大深化了水资源短缺的危机。过去，培养高产、抗病害的农作物是农作物研究的主要方向，现在还应该把低耗水品种的培育和推广放在重要位置上，在评价品种优劣时应注重其综合经济效益。

3. 增加用水途径

北方受季风气候的影响，雨季比较集中，因而在北方修建拦蓄雨水洪水的设施，可以蓄积汛期雨水，为旱季服务。天空水资源的开发利用也大有潜力。再

者，努力实现农村用水和城市用水的结合，提高废污水的综合利用。这就是将工业和生活废水经适当处理，使之既不会污染水源又对农作物无害，并将之用于农业灌溉，而将农业节省下来的清水转让给城市，以实现农业用水向工业和城市居民用水的转让。

4. 乡镇企业节水

乡镇企业节水问题越来越重要。乡镇企业的迅速发展使我们必须把它的节水、防治水体污染、保护农村水资源，特别是饮用水资源放到战略高度来认识。切实制订有关法律、法规和产业政策，以防患于未然。

五、城市节水和水体污染防治

截至1987年底，全国共有城市381个，面积占国土面积的10.1%，人口占12.01%，工业总产值占70.3%。预计到20世纪末，全国将有城市640个，人口2.2亿，占全国的18.33%。1987年全国城市供水总能力为11363.6万m^3/d，其中工业用水占72.05%。到2000年，我国城市和工业用水量将达1387亿m^3/a，其中工业用水1260亿m^3/a。可见，城市节水工作已成为建立节水型经济的重要环节。

1. 调整产业结构，提高产业素质

在过去很长一段时期，产业布局倾向于关注某种工业与某地区已有工业是否配套，忽视了该产业是否适合当地的自然资源，包括水资源问题。建立合理的产业结构就是使当地的产业布局与当地的资源、社会经济、人口、生态环境相互协调起来。

我国多数产业正处于工业化和现代化中期的起始阶段，工艺落后，水的重复利用以及综合利用程度还不高。据1986年对78个城市工业用水重复率的统计，北方城市较南方城市为好。例如，北京、天津、石家庄、大同分别为72%、70.5%、78.9%、92.89%，上海、南京、无锡、杭州分别为29.5%、29.3%、39.2%、37.5%。在钢铁、化工、机械、纺织、食品、造纸行业，分别为72%、56%、40%、30%和29%，而同期国内同行业较先进的重复利用率分别为87%、89%、70%、80%、64%和50%。而较先进的国家，钢铁、化工、造纸行业的水重复利用率已达98%、92%、85%。我国工业水的重复利用次数一般只有两次，而发达国家中高的则达到6次。

提高水的重复利用率与企业素质的提高密切相关。目前条件下，有必要搞好定额配水工作，以水定厂，以水定产。

工业用水的重复利用应该纳入城市废污水处理利用的管理体制中。污染水体中绝大部分含有工艺过程中流失的有用原料，发达国家严禁将未经处理的废污水排放出去，这样既防止了污染，又实现了污水资源化。

在提高工业用水重复利用率方面，除加强法律建设、技术改造外，还应利用价格手段，实行定额配水和奖罚制度，同时应该大力兴建废污水重复利用与防污的设施。

2. 城市节水与水资源综合利用

我国城市水资源利用存在着严重的问题。一方面存在严重的浪费现象；另一方面，城市供水设施和污水处理设施则严重不足。我国人均自来水管道 0. 49m，下水道 0. 24m，下水管的普及率仅 44% 。

建立科学的供排水网络是改变城市供水、节水、废污水处理状况的可靠保证。长期以来，我们比较注重地表上的建设，而忽视地下设施的建设。建立健全供水排水网络才能使以供定需成为可能，一个地区有多少水，就建多少用水单位。在水的利用方面要区别对待，一个单位需要什么水质的水，就提供什么样的水，改变“不问水质一律供给质量好的饮用水”的状况。废污水作为可再生资源，具有水量和水质稳定、不受季节影响、保证供给率高等优点，它经过处理后可用作工业用水、农业灌溉、地下水回灌以及娱乐用水等。

在城市建设中，居民饮用水的水质必须得到特别的保证。现在许多城市，一方面饮用水质下降；另一方面许多优质水被不适当地滥用。例如，北京许多工厂的冷却水、洗涤水都用水质较好的地下水；许多大饭店、单位的娱乐用水也用地下水；而北京的饮用水中很大一部分是经过处理的地表水。

城市水的综合利用应成为城市规划建设时重视的问题。即使因财力等原因无法全面更新现有不合理的水道，但也应该作出远景规划，并在城市未来的建设中照章办事。

六、水价调整势在必行

水是自然之物，但它本身是有价值的，因此，也应该遵守价值规律进行合理收费。如果仅仅通过宣传、教育，而不通过价格手段来达到合理利用，水资源浪费的现象永远难以改变。合理收费指的就是水费至少应反映出供水成本的高低，在这样的基础上，按量收费、定额配水、超收加价才能起到应有的作用。供水成本包括寻找、开采、输送水的费用，维修水利设施的费用、管理费用、废水处理费用及税金等。

我国目前的水价偏低。过去，工业用水费仅为其成本的 0. 1% ~1% ，居民生活用水也仅占其支出的 0.5% ~1%，农业地表水的价格一般每立方米只有几厘钱。尽管在 1985 年，国务院提出按成本定价，但各地重新制订的现行水价一般仍只相当于供水成本的 1/3 ~1/2。按水利部门对全国 20 个省区的测算，农业供水综合成本每立方米水价 25 厘，工业供水为每立方米 61 厘。过低的水价不能导致水资源利用的良性循环，而且是一种鼓励浪费的做法。水价太低使供水部门的效益无偿地转让给用水部门，这不仅使供水成本得不到补偿，而且使新辟水资和维修的费用都难解决。没有合理的水价，开源节流都只会落为一句空话。

我国农业用水量占全国用水量的 80%，而农村水价又是最低的。农村水价问题十分复杂，它是历史造成的。我国整个农产品价格太低，根本反映不出实际的价值，水价问题与农产品价格问题密切相关，这时如果一味强调迅速使农村水价完全反映出供水成本，必定对农村的生产、农民的日常生活或城市农产品价格以及居民日常生活产生不良的影响。再者，我国的大部分水利工程建设中都含有农民劳动所体现的价值，这些价值都计入供水成本中，以低价或无偿供给农业用水作为对农民工时的支付。所以，虽然强调用价格手段来限制用水，但又不可能向农民索取由他们无偿劳动建设的供水设施的成本费用。这里显然存在矛盾。

可见，在农村调整水价必须是一件非常慎重的工作。应该把农业水价的调整与农产品价格调整结合起来，逐步改变农业水费过低的状况。同时，对于农村工、商、旅游等行业，水费要与农产品种植的水费区别开来，对前者要尽量按供水成本收费。

下面我们从更大的范围来看水价过低所导致的结果。水价过低与我国整个价格体系不合理密切相关，同时，人们的意识中还未形成水资源同样也是商品的观念，这就导致了许多不良的后果。

其一，难以筹集资金，水资源工程建设无法顺利进行。对于规模比较大的水利工程，一般都是国家投资，而受益地区的受益与其投入情况并不一致，这样依靠国家大规模投资很难长期维持。“七五”期间国家共拿出 83 亿元用于主要农田水利工程的建设，虽然 1989 年底以来地方集资兴修水利就达 32 亿元，但是“靠国家”的思想还没有根本改变。

其二，水价过低，使节水难以开展下去。按成本收费就是要利用价格杠杆作动力，促进全民节水。水价太低既降低了这种动力作用，也使得节水设施建设的成本很高。

其三，水价太低，使得地下水超采和水体污染得不到有效控制，并造成现有供排水及污水处理设施老化，难以更新，而且无法稳定水资源开发研究和技术发展。

不合理的水价还日益加重了各级政府的财政补贴，从而阻碍了社会经济发展。水价问题的解决势在必行。

对于水价调整，应注意以下几个问题。

1）应逐渐提高水价。水费的增加面临一个社会承受能力问题，目前工农业都无法消化符合供水成本的水价调整。大幅度地调价会造成物价上涨和群众的不满。逐渐增加水费可以使国家的负担逐渐减轻，水价逐渐理顺，促进工农业向节水型经济转化，同时强化人们的节水意识。这几年来，我国对于节水和防止水污染的宣传工作做得比较出色，但如果没有水价调整作配合，会使人的节水意识逐渐淡化。

2）水价要有地区、水质、季节差价。全国水价不可能、也不应该统一，因为供水成本不同。这种因地区不同而产生的不同水价，既有利于产业的合理布局，又有利于供水部门的合理竞争，从而降低供水成本，从根本上促使缺水地区节水。不同水质的水价应该明显拉开，即地下水、地表水和经处理的污水之间的差价不可太小，这样既有利于保护优质水，又可以鼓励废污水的处理和再利用。同样，不同季节的水价也应该不同。一方面可以在枯水期进一步指导节水，另一方面也可以促进农作物的合理布局。此外，还可以带动工农业产品市场价格随季节上涨、下落，缓解社会的压力。

3）不同行业的水价应有所不同。对于旅游部门和外资企业，过低的水价不仅造成水资源的大量浪费，而且减少了国家的收入。对于涉外部门，国家应该取消水价补贴。

实行合理的水价，是实现水资源保护和有效利用的最重要的措施。我国水价的调整势在必行。

走向节水型社会[①]

自20世纪70年代以来，水资源短缺和水体污染的问题开始引起人们越来越多的关注。1977年，联合国的官员曾发出郑重的警告："水不久将成为一个深刻的社会危机"。从20世纪70年代初中期开始，我国部分地区因水资源短缺所带来的严重问题，深深地影响了社会经济文化的发展。现在，有种种迹象表明，水资源的缺乏和水体污染将成为我国社会经济发展及人民物质文化生活改善的一个重要制约因素。从全世界和我国的情况看，水资源的保护与合理利用，已经成为人类社会发展过程中的一个值得重视的问题。在人类社会的发展过程中，水资源短缺，从来没有像今天这样影响着我们的社会。

一、北方缺水严重

所谓北方，一般指长江流域以北，包括西部内陆河在内的广大地区。这一地区的总面积占全国的63.5%，人口占全国的45.6%，而水资源仅占全国的19%。

在整个北方地区，由于人口、社会经济、自然条件等因素，致使有的地区的水资源相对而言要好些。例如，西北内陆河流域，总面积占全国的35.3%，人口占全国的2.1%，人均占有水量是全国平均的2.3倍，近期合理开发，是可以得到满足的。又如黑龙江水系，水资源比较丰富，农业用水相对较少。北方缺水区指社会经济的发展对用水的需求超过了当地水资源所能承载的能力的地区，主要集中在辽河、海滦河、黄河、淮河诸流域及其下游的滨海地区。这一地区人口稠密、土地利用率很高，城市工业人口比重大；水资源缺乏，供水紧张，污染严重。

北方地区水资源短缺主要体现在以下几个方面。

1）水资源总量不足，供需难以平衡。

北方缺水区总面积178.7万km^2，占全国总面积的18.7%，人口占全国总人口的38.4%，耕地面积占全国的45.2%，水资源总量为2700亿m^3，人均占有水资源量为660m^3/（人·a），亩均水资源量约为400m^3/（亩·a）。其中海滦河流

① 本文是作者和中国科学院自然科学史研究所田洺先生共同完成，发表在《科学对社会的影响》1994年第1期（图2-3），署名朱斌、田洺，田洺对文章作了重要贡献。

域人均水量只有430m^3/a，为全国均值的1.6%；亩均占有水量仅250m^3/a，为全国均值的14%；人均水量低于世界干旱的阿拉伯半岛的人均水资源占有量。黄、淮、海流域的径流量只占全国总径流量的5.5%，而耕地却占全国的50%左右。

由于本地区水资源的年际和年内变化很大，地表径流集中于汛期，河川径流总量的2178亿m^3中约有1/3最终难以利用。例如，华北地区水资源总量有945亿m^3，其中70%以上由洪水组成。北方地区可利用的地下水主要在浅层，由于开采利用条件的限制以及部分地区的咸淡水混杂，实际上可能长期开采利用的地下水部分不会超过地下水蕴藏的80%。随着人口的增长，北方缺水地区的水资源短缺现象会更加严重，到2000年，人均占有水量将降低于400m^3/a。

2）水资源质量较差。

这主要体现在：①水资源年际变化很大，供水能力不稳定。本地区河流的最大年径流量与最小年径流量的比值一般为3～5倍，最大可超过10倍。许多河流出现连续丰水年和连续枯水年，一般持续3～6年，部分地区长达10年以上。这一地区的水库库容量有限，无法有效地调节丰水年与枯水年之间的水量差别。②水资源年内分布很不均匀，汛期集中了全年总水量的70%～80%，使该地区防洪与抗旱之间形成明显的矛盾。③北方缺水地区的河流普遍多砂，河流上游水土流失严重。黄土高原全区总面积约54万km^2，水土流失的面积已达45万km^2，占79%；京、津、冀、鲁、豫五省市水土流失面积占该地区土地面积的50%，辽宁水土流失面积已占全省土地面积的38%。水土流失不仅极大地降低了土壤的肥力，而且使河流中下游兴建的水库出现严重淤积现象。例如，黄河干流的7个大型水库总体库容已被淤积40%，个别的被淤积75%。④北方地区虽然有丰富的地下水资源，但近些年地下水出现采大于补的现象，而且出现地表水的节约使用与地下水补给之间的矛盾。提高对降水量的利用和节水灌溉技术，以及城市的扩大、难渗地面的增加，都减少了地下水的补给。地下水超采导致一些城市地面沉降。⑤这些地区工业化程度比较高，而且重工业及其他易造成污染的工业较多，使水体出现严重的污染。不仅地表水，而且地下水也受到不同程度的污染。本地区主要河流的污染普遍高于全国其他河流（关于污染问题，第五部分将专门论述）。这样不仅减少了可利用水的量，而且增加了水资源开发利用的难度。

3）本地区水资源的开发利用程度已相当高，进一步增加供水，开发水源，必然要付出很高的代价。

长江以南河川径流量的利用率多在16%以下，其中西南诸河的利用率还不到1%，地下水的利用率就更低了。而北方地区主要河流的地表径流利用率都在40%以上，其中海河和辽河：流域利用率已达60%～85%，海滦河平原区浅层地下水利用率甚至高达90%左右。

而且，因为种种原因，开源和节流所需费用都比较昂贵。例如，有一些工程，每增加 $1m^3$ 年供水量，其基本建设投资在 1 ~ 5 元，每立方米的水量供应成本在 0.1 ~ 0.5 元之间。又如，天津市的污水处理，投资为 1.37 元/（m^3·a），污水处理运行成本为 0.15 ~ 0.17 元/（m^3·a）。再如，太原市节水措施每立方米水的投资与成本分别达到 2.5 元和 0.23 元。可见，在北方农村采取节水灌溉技术，同样需要大量资金。

二、南方水资源问题加剧

相比之下，现在看来，长江流域及其以南地区的水资源状况要比北方好些。南方降水丰富，水资源的利用率不高，尤其是地下水的开采，尚有很大的潜力。但是，由于水体严重污染，湖泊面积急剧缩小，以及社会经济和人口的发展，加上考虑南水北调等因素。因而，从长远的角度看，如果不对南方水资源问题予以足够而全面的认识，不预先对南方水资源可能发生的变化进行充分考虑、研究和提早解决，那么，南方地区有可能在将来，甚至几十年以后，重蹈北方地区缺水的覆辙。如果真到了那一步，那样对于整个中国的水资源短缺问题，会真的束手无策了。

1. 涵养水资源的生态环境遭到破坏

南方一些林区，由于长期重采轻造，以及人口增长和经济的发展，使得森林和植被遭到严重的破坏。四川曾是我国主要林区，解放初期森林覆盖率为 20%，川西地区达 40% 以上。到 20 世纪 70 年代末，四川森林覆盖率骤减为 12.5%，川西仅剩 14.1%，新中国成立 30 多年的采伐速度远远超过前几百年。又如云南西双版纳地区，解放初期森林覆盖率达 60%，1957 年为 50%，1978 年为 33%，目前已降至 30% 以下。此外，江西、河南、湖北、广东、广西、福建、海南岛和贵州等省的森林都遭到不同程度的破坏。

森林的破坏，使一些地区抵御自然灾害的能力下降、水资源涵养条件恶化，水土流失严重。原是江水清清的长江，每年通过宜昌段下泄的泥沙量已高达 6 亿 t之多了，因而有人发出“长江会变成第二条黄河”的警告。森林和植被的破坏，还使降水量减少，进而江河水量减少，旱灾愈加频繁。例如，四川已有 46 个县年降雨量减少 15% ~ 20%，在四川盆地，50 年伏旱是三年一遇，现在是三年遇雨，而且旱期由 15 ~ 20d 延长到 40 ~ 50d，有的地区旱期长达 100d。又如，过去“天无三日晴”的贵州，现在也是“三年有二干”。

应该记住，现在的一些干旱地区，在历史上都是雨水充裕的地区，如陕北、华北、东北。所以，不重视生态环境的保护和自然资源的合理开发，现在是雨水充裕的地区，将来也有可能成为干旱的地区。

2. 湖泊面积缩小

新中国成立初期，我国大于和等于1km^2 的湖泊约有2800多个，湖泊面积为89627km^2。长期以来，为生产更多的粮食以满足人口迅速增长之需，以及错误的农业政策，许多地区曾经过度地围垦湖泽，排水造田。新中国成立后，长江流域一度开展大规模围湖造田。例如，鄱阳湖被围垦130万亩，相当于1957年湖面的18%，曾经是我国最大淡水湖的“八百里”洞庭，30多年被围垦2/5，水面由新中国成立初期4350km^2 萎缩为2500km^2 左右，其中仅国家重点围垦的就28处，面积约90万亩，现在整个洞庭湖的湖容比解放初期减少了115亿m^3 的水量。如此下去，再有三五十年，洞庭湖将有被淤灭的可能。又如，1949年，湖北省有大小湖泊1066个，现在只剩下326个，水面减少了3/4以上。

据不完全统计，到20世纪70年代后期，我国的湖泊已减少到2300余个，湖泊面积减少为70988km^2。经过30年，湖泊减少了500多个，面积减少了18639km^2，占现在湖泊面积的26.3%，湖泊储存量由原来的7590亿m^3 减少到现在的7077亿m^3，其中淡水储量由2590亿m^3 减少到2250亿m^3，实减340亿m^3，占现在湖泊淡水储量的15.1%。从全国来看，长江流域地区的湖泊面积的缩小是比较严重的（表2-2）。

表2-2　长江中下游围湖垦殖统计　（单位：km^2）

湖北	6000
安徽	1363
江苏	1129
鄱阳湖	1840
洞庭湖	1659
总计	11911

湖泊数量、面积的减少，不仅使蓄水量减少，排涝抗洪的调蓄能力减弱，而且，破坏了原有地区的水分平衡，使降水量降低，旱灾增加。

即使现在的一些湖泊，不仅受到无机化学物质的严重污染（如武汉的东湖、杭州的西湖和南京的玄武湖等），而且受到有机物的污染，即湖泊的富营养化。在对全国35个湖泊的调查中（其中大部分是南方的湖泊），年平均水质在4～5级的有17个，占调查湖泊数量的48.6%；化学耗氧量平均值超过了三级水质标准的湖泊有10个，占调查湖泊总数的24%。据预测，在18个有代表性的湖泊中，到2000年，湖泊水质超过了三级标准的将由1980年的7个增加到10个，受污染的面积将由 1980 年的 593km^2 增加到 3357km^2，湖泊水质化学耗氧量达标率将由 1980 年的 97.5% 下降到 77.5%。

随着湖区经济的发展、人口的增加、人民生活的提高导致每年排入湖泊中的营养物质会不断增加，湖泊富氧化趋势会日益严重。到 20 世纪末，诸如玄武湖、蘑菇湖、五星湖、巢湖的施口湖区等富氧化会更加严重。

湖泊的减少、湖泊水体的污染将会给南方经济发展、人民生活所需水量的供给，带来越来越多的困难。

3. 一些河流的干流和支流被严重污染

关于水体污染，第三部分将专门论述。

4. 对于节水问题重视不够

由于南方水资源条件相对好些，所以节水问题并没有引起普遍的重视，农田基本上都是自流灌溉系统，而工业的浪费水现象还很严重，重复用水率很低。

南方除个别城市外，工业用水重复率普遍低于北方的城市。农田的自流灌溉和工业重复用水率低，不仅造成水资源的浪费，而且造成水资源的严重污染。

此外，恐怕更重要的是，人们意识中没有认识到南方水资源潜在的危机。

三、我国水体污染

水体污染是造成水资源危机的重要原因之一。

我国的污水排放量很大。1985 年全国污水排放总量达 342 亿 t，工业污水处理率只有 22% 左右，处理能力赶不上污水增加的速度。我国目前约有 80% 的工业污水未经处理直接排入水域。“六五”期间城市水体污染的现象非常严重，城市地表水的污染范围已达 80% 以上。1983 年对 42 个城市 55 条河流的监测表明，氨氮超标的河段占 58.5%，亚硝态氮超标的占 23.4%。挥发酚超标的占 33.3%，悬浮物超标的占 41.9%。

城市饮用水的水质普遍下降。1985 年统计 44 座城市的 95 个水源地，其中 51 个水源地都有不同程度的水质污染超标，超过水标准三项以上的水源有 17 个。受污染的水源中，除了有大量无机化学物质外，还有大量的微生物、氨氮等。福州某水厂细菌超出饮用水标准的 4172 倍。北京、天津、上海、沈阳、西安、太原等大城市的地下水中，硝酸盐、硬度、矿化度普遍升高，不少指标超过饮用水标准。

长江、黄河、松花江、珠江等七大河流的干流在接近城市段已出现污染情况，而且污染有逐年加重的趋势，部分城市河段有岸边污染段，并有变宽变长的趋势，黄河兰州段、淮河蚌埠段、长江重庆、武汉南京段水质污染呈加重趋势。黄浦江污染逐渐加重，使上海的自来水厂被迫上移，仅此耗资达 10 亿。辽河水系的浑河、太子河中、下游污染严重，实际上已成为排污河。江河污染的特点是支流污染重于干流，流经城市的河段重于非流经城市的河段，北方河流的污染重于南方河流。

一些流经城市的小河流的污染情况则更加严重。

水体污染加重了水资源短缺的危机、华北地区的城市和生活废污水排放量已超过 30 亿 m^3/a，据估计到 2000 年，华北地区工业、生活污水的排放量将达 75 亿 m^3/a，相当于那时工业、生活用水量的 47% 和 57%。目前，华北地区的废污水除少量通过汛期排出区外（同时污染了近海水域），绝大部分都消耗在区内。整个北方地区的水体污染，尤以太原、石家庄等工业城市发展最快，北京、天津、沈阳的城市也较为严重。例如，北京城区严重缺水，但同时工厂废水和生活废污水排放量达 $20km^3/s$，年排放量达 6 亿 ~ 8 亿 m^3，至今仍有 30 多个排放口直接排入市区河湖水系。

北方城市地下水的超采，改变了水的动力条件，使未经处理的生活污水，通过各种不同的途径进入含水层。如北京，地下水总硬度及硝酸盐超标范围已达 $250km^2$，城区的 6 个水源厂，除第 5 水厂外，其余的硝酸盐全部超标，只有两个水厂的水质硬度接近标准。

南方城市的水源污染问题也是严重的。据 1985 年统计，南方 12 省市的城市供水水源取水量 243.3 亿 m^3/a，共 80% 受到污染。素与天堂齐名的苏州，大部分水域已变黑变混。太湖、西湖的水体污染现象也日益严重。柳州、南宁的水域不仅含沙量比解放初多出几倍，污染程度也相当严重。

尽管 20 世纪 80 年代以来，各地区采取了一些措施，以控制水体污染的进一步加剧，但全国各种废污水的排放量由 1981 年的 303 亿 t，增加到 1989 年的 367 亿 t，平均年增长约 3%。而且据预测，到 2000 年，水体污染情况会更加严重（表 2-3）。

表 2-3　全国城市污水趋势预测

项目	1981 年/亿 t	1990 年/亿 t	2000 年/亿 t
工业污水	238	402	666
生活污水	43	71	117

城市污水处理能力低，是造成我国废污水量大的一个重要原因。我国在 1985 年工业废水处理率仅占 15% ~37%，而全国对于废污水的处理量仅占废污水总量的 2%，英、法、瑞典、瑞士、意大利等西方发达国家，在 20 世纪 80 年代初，

废污水的处理率已超过80%。

我国城市地下水管道网普及率低（约40%），因而污水处理缺乏必要的基础设施作保证，尽管从1978～1988年，全国城市排水设施日排放污水量由4005万m^3发展到8822.6万m^3，增加了0.67倍，排水管道总长度从19556km发展到37960km，增长了0.94倍，日处理污水能力从63.5万m^3发展到198万m^3，但离所需数量的差距还很大，而且与发达国家相比还有很大差距。目前，发达国家以及第三世界中经济发展较好的国家的下水道普及率大多在50%以上。美国、欧洲、日本高达75%以上；瑞典、法国平均每5000人就有一座污水处理厂。另外，我国现在设施的使用率也不高。城市工矿企事业单位从1973年到1988年底，累计投资93亿元，建设废水处理设施3.19万套，排水管道0.19万km，实际全年可处理废污水量99.85亿m^3，占应处理废污水量的76.66%；但由于多种原因，在投资67亿元的设施中就约有2/3没有发挥效益。

农村的水体污染近年来也出现日益恶化的趋势。

农村水体污染一方面来自农药，其中主要是有机氯、磷农药。到1983年底，我国累计农药总产量达815万t，每亩耕地年平均使用量在140g左右，其中有机氯农药占60%。有机氯、磷等农药的排污总量将从1985年的32万～33万t增加到2000年的39万～48万t。这样不仅污染了人类的食品，而且造成地表水地下水的污染。

农村水体污染另一方面来自于化肥，1980年流失到环境中的氯肥为560万t，2000年约为800万t；到2000年流失的磷肥达7.6万t，从而将大大增加水体的富氧化。而且由于人畜粪便的使用率越来越低，也将成为重要的水体污染源。

农村水体污染的另一重要来源是乡镇企业的污染。

1978年我国乡镇企业152.42万个，到1988年为1888.16万个；1978年的总产值为493.07亿元，1988年为6495.66亿元，增加了12.2倍，占全国社会总产值的24%。但由于乡镇企业工艺陈旧，管理水平落后，规模小，变化大，数量多，初期没有长远的总体规划和方针，缺乏适当的产业政策，布局也不合理。不少地方急功近利，办企业不顾环境效益。而且由于随着城市环境保护要求的提高，有些污染重的小型工业（如电镀行业）也纷纷转到无污染防治措施的乡镇中去，从而使水体污染开始在农村蔓延。1984年乡镇工业的用水占全国工业用水排放量的10%。一些污染严重的行业到处布点，并且往往一个厂就污染一条河，毁掉一个饮用水源，危害一个区域。例如，1986年江苏因乡镇企业污染，43个市县监测发现37个城镇地区的河流出现黑臭水体，总径长约575km。又如，浙江有乡镇企业（1985年）78000多家，其中污染比较严重的有1900家；绍兴100多家乡村印染厂排出的废污水污染了周围的水体，使水质变黑，不能饮用、养鱼和灌溉，连绍兴黄酒的质量也受到严重影响。再如，山东招远县因淘金使全县9条河流、6座水库、50多座塘坝，1000多眼井水受到污染，不能饮用。据预测，到2000年，我国乡镇企业的废污水排放量将由20世纪80年代后期的26.6亿m^3增加到120亿~220亿m^3。仅污染一项造成的直接或间接经济损失就达约270亿元。

乡镇工业的水体污染直接影响到农业的生态环境，而农业生态环境一旦遭到严重污染而失去平衡，就会极大破坏农业资源，进而威胁整个社会经济发展和人民健康。此外，乡镇企业排出的废气，还会以降水形式对其他区的水体产生恶劣影响。

由于水体污染，1989年在全国造成的经济损失超过300亿元，大约为当年商业总产值的50%以上。全国每年由于水体污染和缺水造成的经济损失共约占同期国民生产总值的12.6%。据估计，2000年，工农业年总产值增长7.8%，全国城市污水量年平均增长5.4%，为1985年的两倍。如果现在不采取有力措施，到2000年，即使每年拿出上百亿元（问题是能否拿得出来）的投资用于污水处理，最多也只能使城市的废污水处理率达30%。这样，到2000年，全国未经处理的污水要比现在增加60%左右。

水体的严重污染，将为原本就难以解决的水资源短缺的问题带来更大的困难。

我国水资源缺乏和水体污染已成了社会经济发展的重要制约因素，解决水资源问题是刻不容缓的。

根据中外历史的经验，解决水资源问题，要抱有长远的设想，应该与社会、经济、文化，人口、资源、生态平衡综合起来考虑，不能使用短见的、急功近利的方法。对于一些与国家经济发展和人民生活有密切关系或有重大影响的措施与政策，更应慎重地、全面地、深入地、有预见性地予以考虑。

对于水资源短缺问题的解决，从根本上讲，办法有两个：开源与节流。从整体上看，长期以来，人们比较注重开源。地表无水就到地下去找，本地水量不足，就到外地寻找。现在仍有不少人，特别是有些高级领导人，把北方水资源短缺问题的解决，过多地依赖于南水北调。以开源为主，满足要求至上，是造成用水多的原因之一。过多依靠开源是一种对未来不负责的态度，是对子孙自然资源的滥用。从前面介绍的水资源状况看，继续以开源为主既不容易，后果也不堪设想。我们倾向于“以节流为主，适当开源”的办法。只有这样才是从根本上解决水资源短缺和水体污染的办法。

四、农业节水

陈俊生提出：“发展节水型经济是摆脱我国水资源危机的唯一出路。”而且，

“首先要抓好节水型农业”，这是很有道理的，因为农业用水占全国用水量的80%。

农业节水是农田节水保水技术与农业合理种植的结合和统一。包括建立适当的灌溉体系，开发和应用有效的灌溉技术、农田水分保蓄技术、节水栽培技术，进行适水种植的作物布局，相关的节水材料、节水制剂、抗旱作物品种的开发和节水管理体制的建立，有关的节水技术、管理人员的培训等。节水农业的核心问题是单位水量创造出多少农业经济价值，万斤农作物产量耗水量和农用水效益可以作为衡量这个价值的标准。目前，全国平均生产1斤粮食，需要补充1.23m^3水，而加拿大、苏联、美国生产1斤粮食分别需补充灌溉0.7m^3、0.66m^3和0.93m^3水量。

1. 建立合理灌溉体系

新中国成立以后，中央政府大力抓水利设施的建设，全国农田的灌溉面积由解放初的2.4亿亩发展到7.2亿亩，占全国耕地48%的农田有了灌溉设施，生产全国74%的粮食。

但是，现在北方（当然还有南方）农村的灌溉体系主要是自流灌溉区渠系，灌溉方式主要是大水漫灌。即使在北方农村灌溉体系比较发达（也许是最发达的）的北京郊区，较先进的滴灌和喷灌系统，到1989年底，只占灌溉体系的1/6。全国大部分农村所采用的自流灌区渠系的水的有效利用率则更低，有的地区大水漫灌一亩地，高达1000m^3以上。

大水漫灌不仅造成水资源的浪费，而且随着水的大量渗漏，大量农药化肥等污染物质渗入到地下，既降低了土壤的肥力，又造成了地下水的污染。大水漫灌也造成了土壤的盐渍化。华北平原在20世纪60年代，大规模引黄灌溉后，曾出现大面积的土壤盐碱化；后来又走向另一个极端，弃河从井，而且利用机械、电力和打井技术，较深的机井逐渐发展起来，盐碱化虽然得到控制，但又出现大面积地下水水位下降的问题，而且使得所有大井口、筒井几乎全部报废，使表层潜水未能很好利用。

改变农田自流灌区渠系，是农村节水的必要步骤。考虑目前我国的经济实体和体制、人员等方面的问题，还很难在全国，尤其是在北方迅速大力推广先进的滴灌、喷灌技术。

目前，北方一些缺水地区因地制宜采用了一些简单节水方法。比较普遍使用的是井渠并灌、井渠结合的地面灌溉，就是回收利用损失水量，进行重复利用，适应于地表水、地下水相互转化的规律，把地表水、地下水作为统一的水体开发利用。这种方法对于防止农药、化肥污染深层地下水源和防治盐碱化具有一定的效果，造价也比较低廉，易于推广。黄淮海地区现在渠灌和井灌面积约占总耕地面积的55%，增加井渠并灌，并将现有节水潜力充分利用，那么，即使不增加水源，农用水效益也可提高20%，或扩大灌溉面积20%。

井渠并灌使水的有效利用率达到85%。又如甘肃、宁夏部分地区搞小流域治理的办法，在山上栽树，山腰修梯田，山下修建沟坝地来蓄水保护。

若使得北方缺水地区以及南方部分地区建立节水型农业，除了推广具有地方特色的节水方法，还应该下大力气，在不太长的时期内，做好以下几项工作。

1）抓紧水利工程设施的维修和更新改造。

我国农业灌溉发展的基本策略应该是依靠技术改造提高供水数量和质量，使现有灌溉农田成为稳定持续高产的农作物生产基地，并且逐步将过去建成的落后的灌溉体系改建成先进的节水型灌溉体系。

我国农田灌溉工程许多是20世纪50年代和60年代修建的。50～60年代农村灌溉系统的修建是与排涝防洪结合起来考虑的，70年代以后开始注意节水灌溉问题。灌溉设施有的已经老化，有的破损失效。从总体上看，自60年代中期以来农村水利建设的质量呈下降趋势。进入80年代以后，随着农村集体经济的逐渐解体，使本来就弱的农田水利基础建设，产生出更多的问题。1980年全国灌溉面积曾达到7.33亿亩，自1980年以来开始明显下降。1981～1984年全国累计新增灌溉面积4136万亩，减24867万亩，净减731万亩。1984年的灌溉面积为7.26亿亩，停留在1978年的水平。1986年国家重新采取重农政策后，情况开始有所好转。考虑到中国是个农业国，因而在很长一段时间，都要不断地采取重农政策。

国家在改建提高农村水利设施的同时，应该注意将提高现有农村水利设施的利用率与发展更为合理的、对未来农业发展具有战略意义的水利设施结合起来，使投资更有效地得到利用，有计划、逐步地建立新的农业灌溉体系。

现在我国农村渠道的输水效率仍很低，普遍使用的是未衬砌的明渠输水道，这种输水道的输水损失高达40%～50%，高的达60%。而衬砌渠道输水损失一般都在20%以下。渠道衬砌所使用的材料，在目前中国的条件下，无需也不可能建造与发达国家相同标准的设施，而是应当鼓励和推广有地区特色的廉价、简易、节约、有效的衬砌材料。有条件的地区还可以将渠道改建与建设新的灌溉设施结合起来。据有关研究表明，目前渠道衬砌每亩投资约100元，可节水50m^3左右，软管灌溉（俗称小白龙）每亩投资20～30元，可节水100m^3左右。在北方及我国其他地方大力地将农业明渠输水系统改造成为暗渠输水。这样可以节省大量渠道建筑物，便于管理，减少因蒸腾、渗漏而造成的输水损失，而且可以扩大耕地面积。

为了充分利用缺水地区有限的水资源，应建立新的治水观念，改变以排为主的方针。从近几十年的情况看，旱灾多于水灾（表2-4）。

表2-4　全国20世纪不同年代平均每年水旱灾害受灾面积统计（单位：亿亩）

年代	水灾	旱灾	水旱灾害
50	1.050	1.740	2.845
60 *	1.414	3.247	4.661
70	0.804	3.918	4.722
80 * *	1.575	3.180	4.755

* 为1960～1966年的平均值；* * 为1981～1985年的平均值。

现在及将来一段时间，应该实行科学调节、蓄水补源的水利方针。蓄水补源包括拦蓄地区汛期降水径流和引蓄河流上游下泄的洪水。黄河每年有300亿m^3水量入海，假如运用正确的治黄策略，把水输向黄淮平原，则北方缺水情况就可以大为改善。各个地区可以根据自然、经济条件，采用多种蓄水补源办法。例如，在山区利用地形筑坝修库，调蓄水流；在开阔的平原和山麓下广开截水沟，挖蓄水池，拦蓄地面径流，辅以渗水井，使水蓄在地下，预备灌溉时汲取；在春灌时尽量抽取浅层地下水，使浅层留出空间，蓄积雨季入渗的雨水；更重要的是尽可能多地造林植草，涵养水源。华北平原地表水和地下水经多年开发，利用程度已经很高，地表水在70%以上，地下水多已超采。采取蓄水补源是解决华北水资源短缺的途径之一。华北地区可以地表水、地下水联合开发，相互调剂，利用汛期水量对地下水进行人工调补，这样可以扩大水资源并解决地下水超采带来的问题。发达国家地下水开采量中有20%～40%是靠人工调蓄补给的。

2）完善农村灌溉体系的管理制度。

虽然从1986年起国家重新采取了重农政策，水利设施的建设得到加强。但是我们应该看到，直到1990年春，国家的重农、加强水利建设的措施，主要是增加农业投入，每年国家和地方政府投入几百个亿来大兴农田水利基本建设，但是在水利设施的管理和投资者与受益者的利益分配上并没有什么根本的改变。

从目前的情况看，国家持续每年拿出数百亿元的资金改建农村基础水利设施的做法，恐怕难以持久。而且农民对于水利设施的破坏还是相当严重的。关键在于要使农民把农田基础设施（包括水利设施）的建设维护看作自觉的事情。换句话说，要协调好个体的农业经济（承包制）与集体的农村基础设施建设这一矛盾。这个问题应该成为农村深化改革着重予以考虑的问题。我们认为，除了在宣传、教育、法律上做相应的工作外，更重要的是使农民自觉成为农村水利基础设施的投资者。这样作为投资者和利益享有者的农民才会真正维护水利设施。

现在还应该把农村承利设施管理体制的建立放在重要的地位来考虑。新的管理体系既要防止20世纪50～70年代统得过死的弊病，又要防止80年代一度出现过的部分农村无政府状态，并且要纳入整个国家水资源管理系统（见后文），使农村灌溉体系的管理相对统一。

2. 改变农作物布局，开发抗旱品种，改进农田灌溉方式

调整农作物种植的结构，适水种植，合理布局，是改变水资源短缺的一项措施。长期以来，由于一味强调以粮为纲，忽视综合发展，毁林造田、围湖造田、毁草场造田，不仅严重地破坏了农村生态平衡，而且未能从根本上解决缺粮问题。有些地区不适当地扩大不适宜作物的耕种，极大地加深了水资源短缺的危机。例如，北方地区自20世纪60年代以来，水田发展速度惊人。1980～1986年，辽宁全省水田面积由602万亩上升到800万亩（实际上可能超过1000万亩），年用水净增25万m^3，相当于辽宁全省工业与城市用水的总量；京津唐地区60年代水田面积只有几十万亩，80年代达300多万亩，只水田一项，用水量相当于全区工业、城市的用水量。

国家和地区在进行农业规划时，应该把水资源状况作为重要的参数。适水种植是保持农村生态平衡的保证。对于毁林造田、围湖开垦、毁草造田的现象必须严厉禁止。合理的种植布局应该与人民饮食结构的调整结合起来，并大力发展粮食加工业。

北方一些地区开发了一些抗旱作物品种，如旱种水稻等。培养高产、抗病害的农作物品种长期以来一直是我们农作物培育所重视的方面。以后还应该把低耗品种的培育和推广放在重要位置上，而且评价品种优劣不能单单看是否高产，还应注重其综合经济效益。

现在农村还可以进一步更改耕作方式，提高水的有效利用率。例如，平整土地，改大畦为小畦，实行蓄水保墒的耕作技术，推广地膜覆盖技术。另外，有条件的地区可以逐步推广目前最节水的喷灌、滴灌技术，根据北京市顺义县的经验，在90%的农田采用滴灌、喷灌后，增产37%，节水50%，增加土地实际播种率20%，4年多还本，每亩省电2kW·h。

此外，重要的是要根据不同作物，确定作物最适水量，进行定额配水，浇好关键水，适当减少灌溉次数。在以色列，农业用水量是根据农民所种的不同作物，按其供水标准和最大耗水量，由年度特许取水系统提供所分配的水量由相应标准和种植面积为依据来提供的；供水标准是基于用水经济性与有效性来确定的；如果农民大量浪费用水，他就会发现所得的年水量不能维持他们的农业生产；这样，定量配水对于提高用水效率就有刺激作用了，过量耗水要罚款或减少灌溉面积。以色列的经验很值得我们借鉴。

3. 增加用水途径

北方地区一方面严重缺水，另一方面许多可以利用的水资源没有得到充分的利用。

北方受季风气候的影响，雨季比较集中，作物生长与雨量供给时间不太一致，因而在北方应抓紧拦蓄雨水洪水的水利设施。除了适当地修建一些小水库外，还应尽量利用农村荒地，修建蓄水池，蓄积汛期雨水，为旱季服务。

天空水资源的开发利用也是农业节水的一个重要方面。天空水资源的开发在我国尚未引起普遍的重视。例如，北京开发利用的年水量为40亿~42亿m^3，年降水量626亿m^3，即105亿t，每年流经北京上空的总水量6900亿t，云中液态水约800亿t。在合适的条件下，人工催化可以增加降水10%~20%。

再者，就是将工业废水经过适当的处理，把一些工业、居民无法饮用但对于农作物无害，而且会污染水资源的工业废水应用到农田。尤其考虑到现在乡镇企业的日益发展，浪费水严重这一点，更应该重视这方面的工作。

应该鼓励农村与城市结合，提高废污水的综合利用。由城市在资金、技术、人员和设备予以支援，发展农业节水和废污水的利用，农村以转让节约下来的清水作代偿，从而实现农业用水向工业和城市居民的用水转让。

4. 乡镇企业节水

乡镇企业的节水问题以及水体污染问题会变得越来越严重，现在若不予以足够的重视并采取有力的措施，后果将非常严重。必须把乡镇企业的节水、防治水体污染、保护农村水资源，特别是保护饮用水资源提到战略高度来认识，制订并贯彻实施一系列有关法规、法律和产业政策，以防患于未然。

要正确引导乡镇企业的发展方向，按有计划的商品经济方针发展乡镇企业。乡镇企业的发展，首先要就地取材，多发展以农副产品加工为主的产业，对农副产品实行深度加工，多次增值，实行农工副一体化。还可以因地制宜兴办无污染或少污染的工业，或与城市联营，承担一部分城市工业的加工任务。坚决制止城市易污染工业的随便转移。乡镇企业发展易污染工业必须具备节水和防治污染的能力，否则要坚决制止。要逐渐建立乡镇企业审核检查制度和相应的法律，在乡镇企业的布局上也要考虑生态因素，以水定厂，以水定产。

5. 农村的水价问题

农村的水价问题相比之下是非常复杂的问题，所以有必要予以论述。

从根本上讲，把灌溉建立在国家大量补贴的基础上是不能长久发展、保护农村水利建设设施的，农民没有买水观念，农村的节水问题就无法根本得到解决。

合理地收取水费不仅是水利开发管理单位以水养水、维持简单再生产的根本，而且合理的价格手段可以推动农民节水。过于低廉的水费不仅不能促进水利建设与水资源消耗的良性循环，而且是一种鼓励农民浪费用水的做法。

现在部分省市已经对水价进行了调整，但标准太低，一般只相当于供水成本的1/3～1/2。供水成本包括水利工程的运行管理费、修理费、折旧费、水源开采费、污水处理费以及其他按规定应计入成本的费用。合理收费指的就是把水费提高到至少反映出供水成本的程度。只有在这样的水费基础上，按量收费（至少要尽快在北方及其他地区改变仍然实行的按亩收费的做法）、定额配水、超用加价才起到应有的作用。

我国农村水价太低是历史造成的。一个原因是整个农产品价格太低，根本反映不出实际的价值。若不恰当、稳妥地增加水资源费，而是一味强调迅速使农村水价完全反映出供水成本，必定对农村的农作物生产、农民的日常生活或城市农产品价格以及居民日常生活产生不良的影响，进而严重影响社会经济的发展和社会的政治稳定。再者，我国的大部分水利工程建设中，都含有农民的劳动所体现的价值，这些价值一般都计入供水成本中，以低价或无偿供给农业用水作为对于农民工时的支付。所以，向农民索取由他们无偿劳动建设的供水设施的成本费用，既不合乎情理，也难以行得通。

可见，在农村调整水费必须是一件非常慎重的工作。应该从战略角度着想，把农业水费的调整与农产品价格调整结合起来，逐步改变农业水费过于低廉的做法，使农民逐渐具备向水利建设投入的能力。同时对于农村工商或旅游业的水费要明显与农产品种植的水费区别开来，对前者要尽快按供水成本收费。各级政府从现在起，在进行农村水利的建设时，明确区分各方面利益。对于有条件的地区，要按工时付给农村民工的工时费用，以便以后按供水成本收取农用水的费用，对于没有条件的地区，要向农村民工申明其所耗工时如何转入供水成本，并以一定的低廉供水作代偿，当代偿已毕，便逐渐开始按供水成本收费。这样，农民才会珍惜和保护水利建设的设施，并愿意向水利建设投入。

有些专家学者认为，北方缺水地区已经或至少将要进入丰水期。在这种情况下，一定要注意不要因为丰水期的到来，而对抗旱节水灌溉体系的建设有任何松懈，尤其思想上松懈，而是要利用丰水期的有利条件，分地区地重点投资、规划、建设一批先进的节水水利工程。并且结合丰水期、枯水期北方地区的水文地理特点，建设好抗旱与防涝相结合的多功能农田水利设施。

五、城市节水和水体污染防治

截至1987年底，全国共有城市381个，面积占国土的10.1%，人口占

12.01%，就业职工占全国总职工人数的60.8%，全民所有制固定资产占全国的70.5%，工业总产值占70.3%，全民所有制实现利税占79.3%。预计到20世纪末，全国将有城市640个，城市人口2.2亿，占全国的18.33%。1987年，全国城市供水总能力为11363.6万m^3/d，工业用水占72.05%，生活及市政用水占27.92%。到2000年，我国城市和工业用水量将达1387亿m^3/a，其中工业为1260亿m^3/a，城市生活用水为123亿m^3/a。可见，如何做好城市节水工作已成为刻不容缓的问题。

1. 合理调整产业结构和提高产业素质是工业节水的重要环节

新中国成立以来，我国随着社会经济的发展和人口的增长，用水量增加速度很快。到20世纪70年代末，全国年用水总量达到4700亿m^3/a，其中工业用水量由1949年的49亿m^3/a增加到1979年的263亿m^3/a，增加了4.4倍，城市生活用水由1949年的6亿m^3/a增加到1979年的49亿m^3/a。预计到1990年，总需水量约为5400亿m^3/a以上，工业用水量660亿m^3/a，城市生活用水量达84亿m^3/a。工业用水增长过快的主要原因之一是产业布局不合理，还有产业素质差。

在过去很长一段时期，产业布局倾向于关注某种工业与某地区已有工业是否配套，以及能否为某地区政府带来收益，忽视了某种产业是否适应于当地的自然资源，包括水资源的问题。例如北京，在能源、资源短缺的条件下，建设了耗能大、费水多、污染严重的首钢和燕山石化等大中型企业。又如，京津唐地区长期以来集聚了大量的工厂和人口，使该地区的能源、资源、用水、交通、用地、环境污染等问题越来越集中。再如辽宁中部的阳、鞍山、本溪等地区、在不到10000km^2的范围内集中了钢铁、炼油、化工、建材、电力等耗水多、污染重的大型企业。

建立合理的产业结构就是使当地的产业布局与当地的资源、社会经济、人口、生态环境相互协调起来。像北京这一城市，可利用其政治、文化、科学技术、旅游等优势，建成全国的政治、文化、贸易、金融、自然科学、应用科学（主要是高技术）及社会和人文科学研究与开发的中心和旅游胜地，并从中获得城市所需的财政收入。在北京还应大力倡导发展耗能少、耗水少、附加价值高的新兴产业和部分无污染、低消耗的轻工业及加工、服务行业。整个京津唐地区结合现在企业的改造，合理地重新调整产业布局，利用临海的条件，利用水这一丰富的资源，建立以大港、塘沽、王滩港为中心的能源、石化、钢铁、建材等综合经济体。京津唐地区因产业布局重新调整而节省下来的水资源可以进一步用来发展大城市的轻工业、技术密集型产业和服务业。国外一些发达国家对于利用海水资源是相当重视的。美国的火力电站每年消耗海水 45km^3，占工业需水总量的 1/5；日本在 1965 年就已有 30% 的工业生产利用海水。我国从整体上看海水利用量还是很低的，但有些地区的发展速度已经很快。大连海水利用量占用水量的70% ~ 80%；青岛电厂用海水占全部用水量的 85%；天津大港军粮城电厂用海水节约了淡水 90%。

国家应尽早制订相应的政策和法规，鼓励地区协作，打破地区界限。地方保护主义对我国现代化的发展具有严重的阻碍作用。它使产业布局的更加不合理，导致投资膨胀，经济效益降低，产品质量下降，限制了企业间的公平竞争。建立跨地区的经济联合体是发展我国经济的必由之路。

同时，滨海地带的综合开发切忌盲目性。要总结国内外的教训，使港口建设、城市建设、水源建设与环境工程建设相互协调，防止对新的地区及海洋造成大范围的难以治理的污染。海水淡化还应考虑综合利用，与碱厂、盐场横向联系，这可以更好地解决费用与效益问题。

对于那些资源条件较好的地区，像辽宁中部，要适当限制产业结构的扩大，立足于产业内部挖潜，利用对旧企业的改造，建设水资源合理利用与水体污染防治、利用的设施。

我国多数产业正处于工业化和现代化中期的起始阶段，工艺落后，管理水平低，原材料和能源的利用率低，单位产品的污染物排放量过多，水的重复利用以及综合利用程度还不高。

自 20 世纪 80 年代以后，不少企业都抓了水的重复利用问题。这方面北方的城市普遍比南方的城市要好些。例如，1984 年京、津、冀、晋工业取水量 44.4 亿 m^3，与 1979 年相比，工业产值增长了 43.6%，工业用水量增加了 8.64%，工业取水量则减少了 13.8%，重复利用率从 61.6% 提高到 69.6%。据 1986 年对于 78 个城市工业用水重复率的统计，在钢铁、化工、机械、纺织、食品和造纸行业，分别为 72%、72%、56%、40%、30% 和 29%，而同时期国内同行业中较先进的重复利用率分别为 87%、89%、70%、80%、64% 和 50%，但仍有很大的潜力。国外较先进的国家，钢铁、化工和造纸行业的水重复利用率已达到 98%、92% 和 85%。而且我国工业水的重复利用次数一般只有两次，在发达国家，高的则达 6 次。

提高水的重复利用率与企业素质的提高密切相关。目前的条件下，有必要搞好定额配水工作，以水定厂，以水定产。在以色列，政府已建立了各个行业每个产品单位用水量标准。这些标准被用来依据、预测的产量为每个工厂设置用水定额，这些定额刺激着工厂管理者少用水；在过去 20 年，以色列已经把每个工业产品产值单元的用水量削减了 70%。

工业用水的重复利用应该严格纳入城市废污水处理利用的管理体制。污染水体中绝大部分含有工艺过程中流失的有用原料，排放了就成为污染源，收回去就是有用的原料。城市废污水中绝大部分来自工厂。国外发达国家对城市污水的处理和管理十分重视，未经处理之前，严禁任意排放。这样既防止了污染，又实现了污水资源化。英国沿泰晤士河有472座污水处理厂，日处理能力360万m^3，其中大部分储进地下水库，加以重复利用；苏联715个企业废污水净化总能力500万m^3，其中400万m^3投入循环利用；目前纽约、洛杉矶、旧金山污水90%以上被净化利用。而我国目前有154个城市缺水，每天缺水1000万m^3，而每天排放的废污水总量达7258万m^3，1984年京津两市污水排放量380万m^3/d，处理率仅为14%。

在提高工业用水重复利用率方面，除了加强法律建设，加强管理、技术改造外，还应利用价格手段，将定额配水、超用多罚与污水排放奖罚制度结合起来。而且应该大力兴建废污水重复利用与防污设施。当前污水处理进展缓慢，主要是资金财政问题，必须进行经济体制与运营管理费用调整，以使得污水处理厂自我良性循环。

2. 城市节水与水资源综合利用

我国城市水资源利用存在着严重的问题。一方面，城市用水存在着浪费现象，尤其是公共用水的浪费更加严重，如北京市大专院校师生员工人数不足城区的1%，而用水量却占全市生活用水的11%，人均日用水443L（我国220个城市人均生活用水111L/d，即使一些发达国家，人均生活用水才409～500L/d）；有些高级宾馆人均日用水量高达2000L。另一方面，城市供水设施和污水处理设施则严重不足。我国人均自来水管道0.49m、下水道0.24m，下水管的普及率为44%。

建立科学的供排水网络是改变城市供水、节水、废污水状况的可靠保证。长期以来，许多城镇都比较重视地表水的建设，而忽视了地下设施——基础设施的建设。现在这种问题依然比较严重，如北京亚运村建设中，竟没有建设下水道。

在城市建设和改建中，规划部门一方面要以供定需，一个地区有多少水，就建多少用水单位。另一方面要实行供排水和污水处理设施的有偿建设，在近期无法使之纳入供水费用中，但可以采取使用各单位有偿使用的方法。

城市建设中，尤其在北方，应该把水资源短缺和水体污染问题放在极为重要的地位来考虑，水资源管理部门应该对于城建工程具有审核批准权力。而且要通过城市改建逐步使现有水道网络现代化，增加中水道建设，增加废污水处理厂的建设。在水的利用方面要区分对待，一个单位需要什么水质的水，就提供什么样的。抓紧对于废污水处理利用的工作。废污水作为可再生利用的水源，具有水量和水质稳定，不受季节气候影响，不与邻地抢水，就地可取以及保证率高等优点，废污水经过处理后可用作工业用水、农业灌溉、市政用水、地下水回灌、娱乐用水等。

现在城市用地面积不断扩大，使接收降水入渗的地表面积大大减少。在城市附近建设地下水回灌设施也成为不容忽视的问题。地下水超采已经带来了许多环境问题，如水源枯竭，水质污染，海水入侵，地面沉降和塌陷等。

城市建设中，居民饮用水的水质必须得到特别的保证。现在许多城市，一方面饮用水质下降，另一方面许多优质水被不适当地滥用。如北京许多工厂的冷却水、洗涤水都用水质较好的地下水；许多大饭店、单位的娱乐用水（如装饰用的喷泉）也用地下水；而北京的饮用水中很大一部分是经处理后的地表水。

现在对于城市用水浪费现象的处罚，多是以单位作为处罚对象，从根本上讲，还是国家罚国家。浪费是人造成的，受处罚的对象也应该是人。

城市水的综合利用，应成为城市规划改建时重视的问题。即使因财力等原因无法全面更新现在不合理的水道，但也应该作出远景规划，并在城市的局部建设中，依照该规划进行。

六、水价问题

无论是寻找水源、农业节水、工业节水、城市居民节水，还是废污水处理，都需要投资和管理费用。

水是自然之物，但它本身是有价值的，尤其供水是有成本的，因而也该遵守价值规律。供水成本包括寻找、开采、输送水的费用，维修水利设施的费用，管理费用，废水处理设施费用以及税金等。我国目前的水价太低，所反映的仅仅是部分来自自来水厂运作的费用、部分地下水资源费用及部分排放污水费。城市工业用水费仅占其成本的0.1%～1%，居民生活用水费仅占其成本的0.5%～1%，农业地表水的价格每立方米远低于1分钱。1985年，国务院发布了《水利工程水费核定计收和管理办法》，提出了按成本核定水费的办法，促进了水费改革的深化；但是各地重新制订的现行水费仍然低于成本。按水利部门对全国20个省区的测算，农业供水综合成本每立方米水价2.5分，工业供水综合成本为3.2分，加上规定的盈余，工业供水每立方米价为6.1分，但现行工业水价平均只0.3分。目前，我国从根本上看，还是无偿供水或抵偿供水。缺乏合适的水价是对浪费用水的鼓励。水费太低使供水部门的效益无偿地转让给用水部门。这样不仅使供水成本得不到补偿，而且使新辟水源，甚至管理员的费用及维修费用都有困难。简而言之，没有合理的水价，开源和节流都是空话。

水价太低有很复杂的原因。这与我国整个价格体系不合理密切相关。再者，人们意识中还未形成水是商品的观念。

由于目前开发利用水资源不按经济规律办事，因而造成了许多不良的后果。

其一，难以筹集资金，使水资源工程建设无法顺利进行。例如，南水北调(关于这项工程对长江流域用水及生态的影响暂且不谈)，沿线地区若不负担建设费用，且用水量又很大，这样不仅成本很大，而且水很可能难以到达天津或华北地区，另外沿线的污水很可能排放到输水系统中，进而又增加了国家用以排污处理废水的费用。

其二，水价太低，使节约用水难以开展下去。收水费的目的是运用价格杠杆作动力，促进全民节水；价格太低，反映不出供水的实际价值，则这种动力作用则无效或低效。另外，节水需要节水设施，需要投资，水费太低，节水设施建设的成本则会很高，因而难以投资。在一些发达国家，工业用水正在减少，部分原因是有合理的水价。例如，美国西部，水价提高 5 倍，用水则减少 50 倍。提高水费既节水又省钱。国外的经验表明，居民用水计量比不计量减少用水 1/3，水价由 4 加仑 43 美分提高到 86 美分，用水则从人均 216×10^3ml 降至 163×10^3ml，减少用量 1/4。

其三，水价太低，致使地下水超采现象和地表水、地下水污染得不到有效控制，不能鼓励产业部门主动控制水污染或重复利用工业废水。并且无法有效地控制乡镇企业的用水浪费和水体污染严重的现象。

其四，造成现有供排水及污水处理设施日益老化，难以更新，而且无法稳定水资源开发管理人员的队伍；水资源开发、利用的科学研究、技术发展和全民节水防污宣传也难以顺利进行。

此外，不合理的水价还日益加重各级政府的财政补贴，从而严重阻碍社会经济发展和城镇现代化建设进程。

对于水价调整，应注意以下几个方面。

1）应逐渐增加水费。水费的增加面临着工农业及其他行业和居民承受能力的问题。增长过快并试图一次或很快使水费达到供水成本或略有盈余的程度，是不现实的。这样，一方面会造成物价上涨，价格体系紊乱，因为目前无论从体制上还是技术上工农业都无法消化符合供水成本的水费调整。另一方面会引起民众的不满。逐渐增加水费可以使国家的负担逐渐减轻，水价逐渐理顺，又可以不断促进工农业向节水和少污染经济转化，以及不断强化农民和城镇居民的节水意识。这两年，我国对于节水和防止水污染的宣传工作做的还是比较好的，但如果没有水价调整作配合，会使人们的节水意识逐渐淡化。

2）水价要有地区、水质、季节差价。不仅在全国，即使在北方缺水地区，水价不可能也不应该统一，因为供水成本是不同的。这种因地区不同而产生的不同水价，既有利于产业的合理布局，使之与自然资源的状况真正协调起来，又有利于供水部门合理竞争，降低供水。从而根本上促进缺水地区节水。

不同水质的水价应该明显拉开，即地下水、地表水、经过处理的污水之间的差价不可太低。这样既有利于保护好优质水，又可以用水价来鼓励废水的处理和利用。

不同季节的水价应该不同。一方面可以在枯水期进一步指导节水，另一面也可以促进农作物的合理布局。此外，还可以带动工农业产品的季节上涨和下落，有利于减缓社会的张力。

3）不同行业部门的水应有所不同，对于旅游部门和外资企业，过低的水价不仅造成水资源的大量浪费，而且减少了国家的收入。对于涉外部门，国家应该而且必须取消水的补贴。

七、建立水资源统一管理体系

我国因为水业管理分散，造成了水资源管理混乱。这是开源节流及水体污染防治难以有效进行的一个重要原因。

根据我国目前的体制，地表水的开发利用属水利部，地下水属地质矿产部，海水属海洋局，大气水属气象局，水污染防治归环保局，城市和工业用水归建设局和各个有关的工业部，农林牧渔业供水属农业部和林业部，矿井排水归煤炭部、冶金部等，注水采油属石油部，地下水质的利用属轻工业部（饮用）、卫生部（医疗）和石化部（工业原料），水的利用基础科学研究归科学院，此外，许多部门都设有相应的水资源开发利用研究部门。

国家虽然设有水资源管理委员会，但实力和实权都有限。而且《水法》中又规定水利部是水资源的协调单位。然而，水利部只是与建设部、农业部、轻工业部平级的单位，能否担当起协调的责任，恐怕还难下结论。根据过去的情况看，水利部对于水资源的管理控制能力相当有限。

由于缺乏对水资源统一管理有力的部门，长期以来，致使各个部门各自为战。开源是国家投资，用水却是无政府状态。从体制上造成了用水浪费、水体污染严重、产业布局极不合理现象。有些地区出于本地社会经济发展的需要，盲目上某些项目，却不顾水资源状况如何。例如，山西大同兴建一个火力发电厂，不是适水而建，结果为引水冷却又要追加新的投资。缺乏水资源的统一管理，会使水资源分配不合理。上蓄、中疏、下排很容易造成上蓄上用。例如，按河北资料统计，河北境内大清、子牙、漳卫三大水系山前冲积扇占平原面积的33.7%，占用水量达66.2%，而占总面积66.3%的冲积平原和滨海平原用水量仅占33.8%；

这种情况在我国很多地区都普遍存在。水资源分配不合理还加重了一些地区的地下水超采现象。

我国建立统一水资源管理机构可以使水资源开发利用协调起来，使全国水资源真正得到合理的利用；可以使开源与节流得到所需的一定费用；可以使产业布局趋于合理，凡是产业建设，至少是大中型项目，如果没有得到水资源管理机构的论证、审核与批准，则不能兴建；可以统一水资源研究机构（我国目前地表水与地下水的研究也是脱节的，国外有些专家提出："发展中国家地表水与地下水研究的脱节是一种精神分裂症"），节约人力、物力和财力。

建立全国统一水资源管理体制，要处理好地方与中央之间的关系，既不要统得过死，也不要放得过松。使地方一级水资源管理部门隶属于中央，地方是中央不可分割的一部分，地方向中央负责，地方从中央分益，并获得自身应有的权利。

即使目前在全国范围内不能成立强有力的水资源统一管理机构，也应该尽快尽早根据地区，最好是根据流域建立水资源管理部门。这是改变目前水业管理混乱的应急措施，也为将来建立全国管理机构奠定基础。

八、走向节水型社会

北方地区的缺水问题日益严重，现在南方的丰水地区，如果再像过去那样不注意水资源环境的保护，不注意防治水体污染，将来也有可能成为缺水地区，或者成为水资源虽然丰富，可用水短缺的地区，如果南方、北方都成为水资源短缺的地区，那么中国的水资源问题将会极为严重，会使我国的社会经济发展付出沉重的代价。

解决水资源短缺问题，再也不应该也不可能以开源为主了。新中国成立初期，每一方水的一次性投资和运行费仅几分钱，现在每一方水一次性投资高达3~5元，运行费高达几角钱甚至1元钱以上，今后水资源的投资费用必将愈来愈高。而且，可供选择开发的大型水源也越来越少。从现在开始，水资源合理利用的战略应该是，全面节约、适当开源，防治污染，统一规划，强化管理。我国大部分地区，尤其是北方地区，要立即开始，逐步建成一个节水型的社会，这是符合我国基本国情的抉择。

节水型社会应注重使有限的水资源发挥更大的社会经济效益，创造更多的物质财富和良好的生态环境，即以最小的人力、物力、资金投入以及最少水量，来满足人类的生活、社会经济的发展和生态环境的保护。

建立节水型社会的途径是深化经济体制（包括价格体系）和政治体制改革，改变水资源开发、利用、管理的现状；将水资源及管理制度充分一体化，并置于强有力的控制下，同时这种制度并不应该是僵化的，而是具有一定的可变性，并能随着外界条件的变化而变化（通过对华北地区目前水资源供需矛盾日益尖锐的现象进行分析可以看出，主要原因在于对水资源的开发利用缺乏严格的科学管理、合理利用和保护，人为地加剧了水资源的供需矛盾）。

在我国大部分地区建立节水型社会，是与在我国倡导推行节约型经济相一致的。我国国民经济建设中存在着严重的浪费和经济效益不高的现象。我们几乎所有工业部门，单位产品的耗能平均比西方高出30%～50%。每生产1美元国民生产总值所耗费的能源为法国的5倍，美国的2.1倍，巴西的3.8倍，印度的1.6倍，日本的4.4倍；我国年消耗能量与日本相当，总产值却只有日本的1/6，据1979～1980年的资料，我国取水量与美国相当（分别为4761亿m^3与4720亿m^3），为苏联（2260亿m^3）的两倍，但我国的总产值（4438亿美元）只有美国（19261亿美元）的23%，苏联（6402亿美元的）69%，人均产值比则更低。发达国家炼一吨钢，耗水5～10t，我国则需60～70t；炼一吨原油，国外耗水0.3～1.2t，我国则需2～32t；生产一吨纸浆和纸，国外耗水30t左右，我国则需270～1000t。再如，以色列与北京面积差不多，人口略少，水资源消耗量为北京的一半，GNP却是北京的两倍。从根本上讲，节水型社会是我国节约型经济社会的一个重要部分。

建立节水型社会，必须按有计划的商品经济规律办事，合理调整水价使水资源的价值真正体现出来，以带动整个节水工作。

建立节水型社会，必须根据国情和地区特点来立法，建立有关的机构，既要学习外国的经验，又不能简单地照搬。

建立节水型社会必须把产业布局、城镇建设、技术改造、国土整治、环境改造结合起来考虑。要使各行各业（特别对于缺水地区）都适应节水型社会的要求。

建设节水型社会本身要本着节约精神。节水一定要讲经济效益，要深入进行投入、产出的研究。例如，对于重复利用水的合理性评价，从节水成本与耗能角度来评价；在水量一定的条件下，从节水增加水资源保证率的角度来评；从废水处理与原料回收利用角度来评价；从治理污染，改善生态环境方面来评价。

建设节水型社会并不能忽视对于洪涝的防御。不能把节水型社会单纯地建成一个抗旱社会，而是抗旱排涝、旱涝相辅的社会。

建设节水型社会必须注重全民的节水教育宣传工作，尤其注重对青少年的教育宣传，使他们从小就真正认识到我国人均占有资源量并不高。

建设节水型社会也必须适当开源。一般说来，当节流的费用接近或等于开源的费用时，节水便达到了极限，不过，对于节流还是开源，不能单单从费用上考虑，还要综合地、长远地考虑。对于建立新的水源工程，要科学论证和规划，不能从长官意志决定；要慎重、稳妥，要留有余地，要考虑生态影响，考虑特殊干旱年的应急。

随着人口的增长，社会经济的发展，我国宝贵的水资源会日益贫乏。我们必须珍惜、爱护、合理利用水资源，只有这样，我们人类才能繁衍、生存、发展下去。

图 2-3 1994 年《科学对社会的影响》第一期以环境、资源和发展为主题，其中包括“走向节水型社会”一文

21 世纪中国水资源的管理①

水资源管理是人类通过自己的活动，对水资源进行的一种干预和组织。管理的目的是为了保证水资源对人类生活与生产的需求。21 世纪水管理的最主要宗旨，是保证有限的水资源对不断增长的人口和社会经济的水的供给。

由于人口的不断增加，经济的不断增长，对水资源量的要求会越来越大；另外，主要由于人类活动对水资源污染的加剧，水资源面临着遭受破坏的局面；双重事实使地球上有限的水资源问题变得越来越严峻，迫使水资源管理的作用更为重要，也面临更大的挑战。

一、水资源短缺在 21 世纪仍然困扰着中国。因此实施节水政策，强迫推进节水措施，是未来世纪中国的国策之一

将排涝改为蓄水是最大的节水政策和措施。我国历史上长期以来治水的方针是排涝，洪水来了后将其排入大河大海，这在当时是唯一正确的方针。但是，随着水资源短缺这一事实的出现，排涝的方针有必要向蓄水转变。这种措施的巨大潜力是显而易见的。单就洪水一项而言就十分浩大。

一定要把农业用水量降下来。农业用水是我国水消费的最大户，约占全国总用水量的 80% 以上。我国农业用水方法落后。灌溉基本上是一种漫灌，全国平均灌水利用系数为 0.5，意味着农业用水有一半以上没有发挥作用。未来世纪农业要上几个台阶，农田灌溉面积要扩大，其需水量不应该再增加，而应该从技术进步中求得解决；届时，依靠农业节水措施和全国用水结构的调整，在 21 世纪内，农业用水的 80% 大比例要降下来。

工业用水的主要问题是提高我国王业用水的效率。我国王业用水的效率和发达国家相比，有很大差距，显然是一种水资源浪费型的工业体系。例如，炼钢的新水耗用量，国外的先进指数是每吨钢耗水 4 ~ 10m^3，我国除宝钢达到耗水 10m^3 外，较好的企业是 20 ~ 50m^3，一般都在 50m^3 上下。生产原油的耗水量，发达国

① 由中国高等科学技术中心、中国科学院水问题研究中心联合举办的“中国 21 世纪水资源方略”研讨会，1995 年 10 月中旬在高等科技中心举行（图 2-6），来自国家计委、水利部、城建部、中国科学院、各流域机构、高等院校等单位的 37 位专家参与。会后高等科技中心发布研究报告集：《中国水资源持续开发利用研究》，汇集会议论文 23 篇。本文是其中一篇，为作者的会议报告。

家为0.3～1.2m^3水，我国大多数企业为5m^3水以上。生产一吨纸，国外先进水平耗水为30m^3，我国企业一般在100m^3以上，乡镇造纸厂可高达500m^3。未来世纪内，我国工业还会有大幅度增长，一是依靠改进工业的用水效率，二是把我国城市工业用水重复利用率从目前的50%再提高上去。

二、水污染正在中国加剧，如果不采取断然措施，2010年中国水体的总体污染将进一步恶化。为此，在21世纪，水质的管理上升到更加重要的地位，有可能超过水量的管理。水污染防治和保护水环境，是21世纪水资源管理的重要特征

随着我国工业的发展，尤其是20世纪后10年来乡镇工业的迅速增长，无论是南方或北方的水体都不同程度地遭受到工业排废和城市居民排废的污染。在部分地区水体污染的情况已十分严重。根据国家环保局公布的1992年全国环境状况数字，全国七大水系和内陆河流水质评价总河长38372km，其中符合《地面水环境质量标准》1、2类标准的水体，仅占被评价总河长的41%。说明被评价总河长的59%的水已不能供人饮用。堪称华北明珠的白洋淀，符合3级水质的水体仅占15%。1995年6月中旬因水体污染发生严重的死鱼事件。淮河流域和江浙两省部分水域被污染的情况更为严重。

保护水环境、防治水体污染的关键在于对工业废水的治理。工业排污仍然是我国目前水体污染的主要源泉。根据国家环保局公布的1992年全国环境状况数字，乡镇企业除外，全国废水排放总量为366.5亿t，其中工业废水233.9亿t，占废水总排放量的69%。1993年我国城市废水的处理率为5.5%，大量的废水注入河流湖泊。尤其是乡镇工业的高速增加，由乡镇工业排出的污水基本上没有处理，使得部分地区水体的污染到了不可容忍的程度。针对这种状况，有如下对策，一是必须对我国工业排废实行最严厉的政策措施，真正做到谁污染谁治理，对那些严重污染环境的企业立即实行关停并转。实行这些政策措施时，采取行政手段和经济处罚相结合的办法。二是对工业排废集中的城镇普遍推行初级（即一级）污水处理，充分利用自然土地对工业污染进行处理。这样做的好处至少有两点：一是效果广，可以普及到整个流域、整个地区；二是和建立二级污水处理厂比较起来，投资要少得多。三是严禁在城市不合格的污染工业转入农村。最近了解到，保定市停产对环境有严重影响的造纸厂2座，减少年排放COD 2万t，差不多同时在保定郊区农村新出现了小造纸厂89座，增加年排放COD 8万t。类似情况在全国许多地方都有。随着目前纸张价格的继续飞扬，小造纸厂有在全国遍地“开花”之势，必然成为我国水体污染的灾星。

三、确定持续发展的水资源管理思想，即将水的管理和生态环境保护、社会经济发展密切结合起来，取得共同的协调持续发展

21 世纪关于水资源的开发和管理，将受到世界环境与发展这一主题的影响。也就是说，21 世纪 80 年代兴起的“环境与发展”这一思潮和它建立起来的理论框架将推进水资源的开发和管理，并以此构建未来世纪关于水资源管理的理论思想。

联合国世界环境与发展委员会在广泛调查研究的基础上，于 1987 年 4 月发表了《我们共同的未来》报告。这份报告强调指出：今天的世界已经陷入了深刻的全球性环境危机之中，要使地球上的人类生存繁衍下去，必须解决保护环境和生产持续发展的矛盾。因此，为了保护全球环境，各国的经济发展必须坚持“持续发展”的方针，即寻求一种“既满足人类目前需要和追求，又不对未来的需要和追求造成危害”的方法。

环境与发展这一主题的一个重要方面是探求它们之间的相互影响。一方面是发展对环境的影响，如工业发展对环境的污染，农牧业发展对土地的影响，人口增长和经济发展与水资源的关系；另一方面是环境对发展的作用，如水资源短缺对农业灌溉、工业发展的作用，城市生态环境对城市人口和布局的影响，大气污染对煤炭工业和其他工业的要求，等等。

在过去的环境与发展研究中，出现了多种理论，概括起来主要有三种：①限制发展理论，②协调发展理论，③持续发展理论。限制发展理论以罗马俱乐部为其代表，兴起于 20 世纪 70 年代，它有许多惊世代表作。在《增长的极限》一书中所表达的零增长理论，是罗马俱乐部当时的有代表性的经济学观点，为了保护人类的生存和发展，主张对社会经济发展实施全面的限制。推向极端，“零增长”就是不增长。在环境与发展中，限制发展理论是一种有影响的观点，曾在世界风靡一时，到目前还有市场，因为它包含了部分真理。

协调发展理论和持续发展理论有许多共同点，本质上是一致的，都起源于 20 世纪 70 年代，区别在于侧重点不一样。前者主张，不能为了社会经济发展不顾环境，也不能为了保持自然环境去阻碍社会经济发展，必须把环境保护和社会经济发展结合起来，使它们处于一种相互协调的状态。后者主张，为了确保人类的持续生存和发展，必须把环境保护和社会经济活动全面、有机地结合起来，并按照生态持续性、经济持续性和社会持续性的基本原则来组织和规范人类的一切活动。

无论是限制发展理论，还是协调发展理论或持续发展理论，它们有一个共同的前提，就是资源有限的假定。而资源有限的含义应该这样理解，即“一定质量

的某种资源的数量是有限的”。三种理论关于自然资源在资源有限的假定上有区别。“零增长”理论中的“资源有限”，是不区别资源的种类，认为所有的自然资源都是有限的。在限制发展理论中关于自然资源也考虑到实际上分为两大类：可再生资源和不可再生资源。事实上，“资源有限”的假定应该有更深层的含义，它不仅与资源的性质和种类有关，而且还与社会经济发展的具体过程有关，与社会发展中某种资源的消耗率和代替它的另种资源有关。协调发展理论和持续发展理论正是考虑了这两层意思，增加了这样两个条件：①不可再生资源的消耗率超过了人类发现的新的替代资源的能力；②可再生资源的消耗率超过了它的再生速度。在这两个条件下，“资源有限”的假定才告成立。

“资源有限”的假定，在环境与发展的理论模式中至关重要。由这点出发导出了处理环境与发展之间关系的一系列基本原则，大体有如下内容。

1）必须把对人类对生态环境的冲击限制在其承载力（这种承载力即环境向人类提供资源和同化废物的能力）以内。

2）对于那些严重影响生活环境、危害人体健康的污染行为或经济活动作严格的限制。

3）保护那些不能再复原的生态环境免受经济发展的影响。

4）在那些对生活环境和人体健康不会造成太大影响，而所影响和破坏的生态环境以后又可复原的地方，环境保护可以降低要求，允许经济优先发展。

5）可再生资源的消耗率应保持在再生速度的限度之内，不可再生资源的消耗率不应超过人类发现的替代资源的能力。

6）必须改变自然资源使用和废物排放的“免费”或“不计成本”的现状，确定环境资源的价值，使环境成本反映在商品的价格中。

7）资源利用和环境保护的收益和费用应该公开地分配和负担。

8）鼓励发展节约资源、减少污染的技术。

9）必须把环境保护与经济发展在政策、法律、信息和统计等方面有机地结合起来，使两者的运行机制和决策过程融为一体。

10）促进尊重自然、保护自然和对后代负责的文化意识。

关于水资源的新的管理思想基于水是一种有价值的有限资源。这种资源并且具有不可替代性，到目前为止，人类还没有找到一种物质可以替代水的功用。地球对于人类只有一个。水是构成地球的重要因素，也是构成地球生态系统的主要因素之一。水资源的利用形成了人类现在的文明，推进了社会经济的发展，也成了社会经济发展的制约因素。因此，水资源管理的生态-经济学的概念应运而生。它是运用经济学和生态学的一些概念来构建水资源的管理。新的水资源管理战略的要旨，是通过加强用水管理，提高水利用率，实现节水型经济。

四、建立国家统一的水资源管理组织机构，实现水资源开发利用和治理保护的权力统一，是21世纪水管理的一种必然走向

各区域的水是相通的。无论海洋、大气、大陆地表、地下还是生物圈中的水，都处于一个自然系统中。从战略上讲，改善水资源环境，保护水源、维护自然界的生态平衡，并在此基础上开发利用水资源，是根本克服水危机的唯一出路。水资源的综合利用，必须从全局出发，从社会总经济效益出发，把水的开发利用环境保护、维持生态平衡结合起来；把供水、灌溉、抗旱、水土保持、旅游结合起来。所以有必要尽快建立、健全有力的水资源统一管理体制，将现在各部门及各省市地区与水资源管理有关的部门统筹起来，以进行综合管理。

在一些发达国家，水资源的管理是相对统一的。例如，英国和德国根据流域建立国家水资源管理机构。又如，在以色列，全国输水系统高度统一集中，各方面供水需求在政府一级由农业部长负主要责任，行政管理权归水利局，与水有关系的其他各部门予以合作或履行有关职责；这样有可能规划一种能够确保数量上及质量上最优的管水体系；把全国输水系统联成一个供水网络系统，实行统一调度，并用计算机进行管理，使全国整个水资源得到充分利用。

强化流域水资源管理是未来世纪的重要特征。发达国家在流域管理方面已取得成功经验，如美国田纳西河流域的管理，法国按照河流的自然流向在全国设立六大流域管理的办法，等等。可以作为我们的借鉴。我国长江、黄河、淮河、海河等七大流域的分级管理，在我国水资源管理中具有重要特色。我国目前七大流域管理组织体系和国家水资源管理体系参见图2-4、图2-5和表2-5。它的管理不但具有区域水资源管理的特点，而且保证了流域的整体性，对于管理流域的水资源和协调发展流域社会经济有重要作用。展望将来，流域管理的模式应该得到加强。在全国范围内，除已建立的七大流域管理组织外，可望建立更多的流域管理组织。与此同时，赋予流域管理组织以更大的权力，从水资源利用到水资源保护，从投资决策到征税原则，适当、适时地统一起来。建立流域管理的基础之一，是科学地划分流域的边界，这是21世纪水资源全国管理的基础工作之一。

五、水是有价值的，在未来10年内，建立水价的合理体系，实现以市场为导向的水资源管理

水是自然之物，但它本身是有价值的，尤其供水是有成本的，因而也该遵守价值规律。供水成本包括寻找、开采、输送水的费用，维修水利设施的费用，管理费用，废水处理设施费用以及税金等。我国目前的水价太低，所反映的仅仅是部分来自自来水厂运作的费用、部分地下水资源费用及部分排放污水费。城市工

业用水费仅占其成本的0.1%～1%，居民生活用水费仅占其成本的0.5%～1%，农业地表水的价格低到每立方米只有几厘钱。在1985年，国务院发布了《水利工程水费核定计收和管理办法》，提出了按成本核定水费的办法，促进了水费改革的深化；但是各地重新制订的现行水费仍然低于成本，按水利部门对全国20个省区的计算，农业供水综合成本每立方米水价25厘，工业供水综合成本为每立方米32厘，加上规定的盈余，工业供水每立方米水价为61厘，但现行工业水价平均每立方米只3厘左右。目前我国从根本上看，还是无偿供水或抵偿供水。没有合适的水价，是对浪费用水的鼓励。水费太低是使供水部门的效益无偿地转让给用水部门。这样不仅使供水成本得不到补偿，而且使新辟水源，甚至管理费用及维修费用都有困难。简而言之，没有合理的水价，节约水资源是句空话。

由于目前开发利用水资源不按经济规律办事，因而造成了许多不良的后果。其一，难以筹集资金，使水资源工程建设无法顺利进行。其二，水价太低，使节约用水难以开展下去。在一些发达国家，工业用水正在减少，部分原因是有合理的水价。例如，美国西部，水价提高5倍，工业用水则减少50倍。其三，水价太低，致使地下水超采现象和地表水、地下水污染得不到有效控制，不能鼓励产业部门主动控制水污染或重复利用工业废水，并且无法有效地控制乡镇企业的用水浪费。

六、21世纪的中国应是节水型社会

北方地区的缺水问题日益严重，现在南方的丰水地区，如果再像过去那样不注意水资源环境的保护，不注意防治水体污染，将来也有可能成为缺水地区，或者成为水资源虽然丰富，可用水短缺的地区。如果南方北方都成为水资源短缺的地区，那么中国的水资源问题将会极为严重，会使我国的社会经济发展付出沉重的代价。

解决水资源短缺问题，再也不应该也不可能以开源为主了。新中国成立初期，开发每一立方水的一次性投资和运行费仅几分钱，现在每一立方水一次性投资高达3～5元，运行费高达几角钱甚至1元钱以上，今后水资源的投资费用必将越来越高。而且可供选择开发的大型水源也愈来愈少。从现在开始，水资源合理利用的战略应该是：全面节约，适当开源，防治污染，统一规划，强化管理。我国大部分地区，尤其是北方地区，要立即开始，逐步建成一个节水型的社会。这是符合我国基本国情的抉择。

节水型社会应注重使有限的水资源发挥更大的社会经济效益，创造更多的物质财富和良好的生态环境，即以最小的人力、物力、资金投入以及最少水量，来满足人类的生活、社会经济的发展和生态环境的保护。

在我国大部分地区建立节水型社会，是与在我国倡导推行节约型经济相一致的。我国国民经济建设中存在着严重的浪费和经济效益不高的现象。我们几乎所有工业部门，单位产品的能耗平均比西方高出30% ~50%。单位产品的水耗也比发达国家高得多。以色列与北京面积差不多，人口略少，水资源消耗量为北京的一半，GNP却是北京的两倍。从根本上讲，节水型社会是我国节约型经济社会的一个重要部分。建立节水型社会，必须按商品经济规律办事，合理调整水价，使水资源的价值真正体现出来，以带动整个节水工作。

建立节水型社会必须把产业布局、城镇建设、技术改造、国土整治、环境改造结合起来考虑。要使各行各业都适应节水型社会的要求。建设节水型社会并不能忽视对于洪涝的防御。不能把节水型社会单纯地建成一个抗旱社会，而是抗旱排涝、旱涝相辅的社会。

建设节水型社会必须注重全民的节水教育宣传工作，尤其是注重对青少年的教育宣传，使他们从小就真正认识到节水的重要性。实现节水型社会，需要利用先进的技术手段，包括计算机和各种数学模型，建立GIS和MIS等辅助系统，对水资源实施科学的管理。

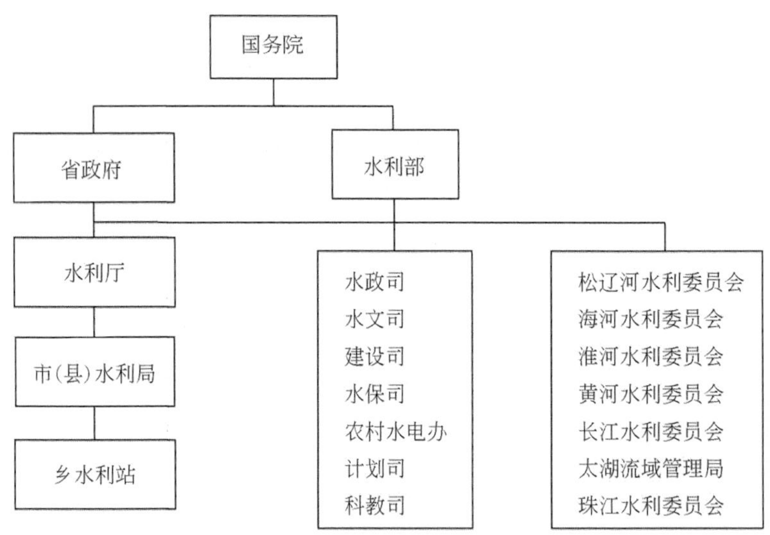

图2-4　中国水资源管理体系：水利部系统

表 2-5 中国水资源管理体系：国务院部门

部门	主要职能
水利部	负责地表水管理
国家环保局	水环境保护
地矿部	管理地下水
建设部	有关城市水资源开发与保护的建设
农业部	有关农业用水的管理
能源部	管理水电建设
林业部	保护流域森林
国家土地管理局	管理保护流域的工程项目
国家计委	批准水资源工程项目
交通部	管理内陆航运
卫生部	监测与保护饮用水
财政部	批准防洪资金
国家科委	管理水资源科学研究
国家气象局	预报与管理降水预报

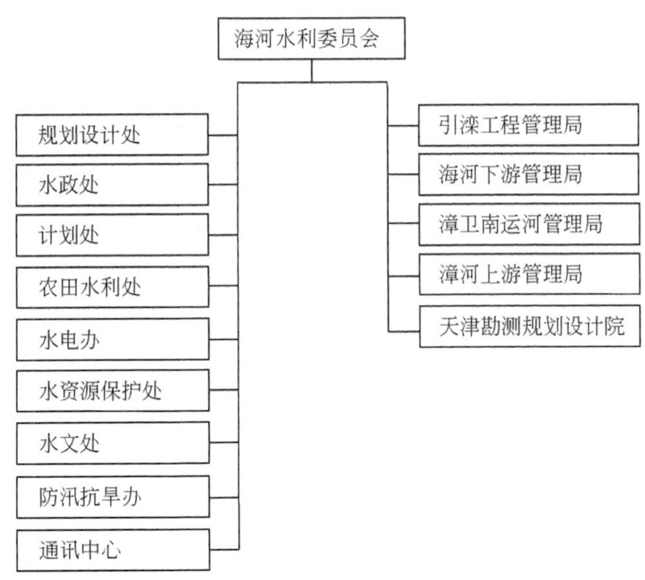

图 2-5 中国流域水利管理委员会组织体系——以海河水利委员会为例

图 2-6　中国高等科学技术中心位于北京中关村东路 55 号，和中国科学院理论物理所同处一楼

盐城水污染的警示[①]

2月20日清晨，江苏盐城城区发生饮用水污染，至少20万居民生活用水受到影响。直到23日供水方才恢复。原因是化工企业向水源河流排废。由于居民及时举报，幸免伤亡。但无人伤亡并不说明这一事件不具有严重性。

盐城地处苏北平原，拥有800万人口，为江苏重镇，正在大力推进工业化和城市化。地区工业产值已超过农业，居三产业首位，2006年达到45%。地区政府全力招商引资。不但有世界500强大企业落户，也有被淘汰或正在被淘汰的中小企业进入盐城地区。工业发展的双重格局——地区GDP的增长和生态环境污染的加剧同时并存。虽然，江苏省当局明令禁止苏南地区落后的企业和技术向苏北地区转移。但漏网之鱼在所难免，更何况政策的疏漏是个无底洞。人们（包括苏北地区的老百姓）极不希望看到落后的污染工业在这片土地上生根滋长。这是其一。其二是当地政府管理上的弊端。记得4年前，即2004年10月中旬，作者随江苏省经济贸易委员会调研组访问盐城，在座谈会中曾有过如下场合。某某官员在列举地区发展项目时说，一是沿宿淮高速公路沿线重点发展纺织服装、木材加工等工业项目；二是在新沂河沿线重点发展化肥、农药、印染、造纸等工业项目。作者询问，为什么要沿河发展？地方官员答，便于运输。作者继续问，企业的废水如何排放？官员答，直接排放到河里。作者大惊，那么这条河不就完了！联系如今盐城市区饮用水污染事件，不难看出实非一日之寒。这次发生水体污染的蟒蛇河沿岸，除偷排废水的标新化工有限公司外，少则还分布10家化工企业。如果缺乏科学的、严格的管理，向河中排废的，不是化工厂就是冶金厂，不在今日就在明天。

“盐城市位于蟒蛇河下游，上游化工企业众多。蟒蛇何和新洋港还是一条黄金水道，不少运输化学物品的船来往穿梭，近年来，盐城曾连续发生了多起水污染事故（《北京晚报》，2009年2月21日）。”水污染问题，盐城地方当局也曾引起重视，并采取了措施，诸如对排污企业罚款10万元的惩治，但这种小打小闹哪能止住那些违法的暴发户！更何况中国到目前为止尚没有一部严格的有法可依的“饮用水安全法”，美国人称为“净水法”（Clean Water Act，1972年制定，

① 本文刊登于《科学对社会的影响》2009年第1期，笔名微木。

1977 年修正)。我国也有“水污染防治法,(1996 年)”,正如美国水环境专家开根森(Kai Gensen)先生指出的:“与美国净水法的一个显著区别是,中国的目标强调水资源为经济建设所用,而美国的目标则是经济建设不得干扰、污染水域。”结合盐城饮用水污染的情况,就惩罚而言,在美国“罚款可以达到每违规条例 2.5 万美元/d,对于特别严重的、有意的违犯也可提出刑事诉讼……如果违法是一个机构而不是个人,可将罚款提高到 100 万美元。如果第二次再犯,罚款和监禁可以再翻一倍。”开根森先生感慨:“与中国的相关措施比较,可以看到中国的执法措施对排污户何其怜悯!”

30 年前,我们曾信誓旦旦:绝不能走先建设、后治理的弯路,要在建设的同时就解决环境污染的问题。但实际情况仍然是边建设边污染,我们没有免俗,更没有创新,仍然走了一条经济增长、环境污染的老路。依据最近国家环保部公布的我国水环境污染状况,态势依然十分严峻。中国正在工业化的道路上前进,还没有走出重化工业污染生态环境的困境,江苏省也是如此,盐城和整个苏北更是如此。

第三部分　资源环境与可持续发展

世界面临的资源环境问题[①]

一、大气污染与温室效应

当今世界，全球环境问题是国际社会必须优先考虑的课题之一。各种污染物质和各种不同类型的污染基本都不受工厂界、地区界、省界和国界的限制。地球上方的大气正在遭受到空前的污染，其中 CO_2 含量的上升与“温室效应”是对地球影响的最大，也许是最为深远的问题，因此引起了世界各国的普遍关注。

随着能源和工业生产的日益发展，由于大量矿物燃料的燃烧致使 CO_2 越来越多地排入大气层。科学家对冰川样品的分析表明，1860 年大气中 CO_2 的浓度为 260 ppmv，1985 年的浓度为 346 ppmv，增加了近 30%。20 世纪 60 年代后期到 90 年代，大气中 CO_2 浓度的增加尤为显著。CO_2 在大气层中含量的增多是导致“温室效应”的主要原因。

“温室效应”是由 CO_2 的性质决定的。CO_2 一般最易吸收波长范围在4 ~ 5μm 之间和 14μm 以下的短波光。从地球反射到宇宙空间的反射热波长范围在 4 ~ 20μm。因此，随着二氧化碳在大气中的增加，地球表面的热损失就会减少，就像地球表面被包上一层“热的屏障”。CO_2 这种不妨碍太阳辐射到达地面，但却阻止地球反射热扩散到宇宙空间的作用，叫做“温室效应”。

产生温室效应的物质，除 CO_2 外，还有甲烷（CH_4），一氧化二氮（N_2O）以及其他气体。它们都与能源的生产和利用有密切联系。1990 年4 月，在加拿大多伦多召开的政府间气候变化委员会（IPCC），能源与工业分组的报告指出：能源生产和利用是温室气体的主要排放源，20 世纪 80 年代约占总排放量的 57%，其中主要是化石矿物燃料燃烧产生的二氧化碳，以及煤矿和石油、天然气设备产生的甲烷。1985 年，化石燃料燃烧产生的 CO_2 为 5300Mtc，化石燃料生产和消费过程中产生的甲烷约为 50 ~ 95Mtc。报告给出了 20 世纪 80 年代温室气体的构成（表 3-1）。

① 本文是根据研究课题书写而成，发表在《科学对社会的影响》1994 年 1 期。本文的 8 个问题，于 1994 年夏，作者应邀在全国政协资源环境人口委员会上作过报告。

表 3-1 20 世纪 80 年代温室气体构成（%）

温室气体	在全部中比重	能源占的比重
CO_2	49	76
CFC	17	0
CH_4	19	7
N_2O	5	3
其他	10	14
总计	100	100

美国橡树岭国家实验室的科学家 1990 年 10 月在《煤与合成燃料技术》杂志上发表文章，认为温室效应是确实存在的，目前 24 个国家化石燃料排放的 CO_2 占全球的 80%。美国 1950 年排放的 CO_2 占全球的 40%，1987 年已下降到 21%。到 2001 年，发展中国家 CO_2 的排放量将超过发达国家。日本《能源经济》1990 年第 12 期，有关于分地区的 CO_2 排放量（表 3-2）。

表 3-2 全球 CO_2 的排放量

项目	1971 年		1988 年	
	排放量/10 亿 tc	占比/%	排放量/10 亿 tc	占比/%
工业发达国家：	2.49	60.0	2.84	47.3
北美		32.5		26.8
西欧		20.7		14.5
日本、澳大利亚		6.8		6.0
苏联和东欧：	0.95	22.8	1.43	23.9
苏联		15.3		16.6
东欧		7.5		7.3
发展中国家：	0.72	17.2	1.72	28.8
亚洲非计划经济国家		3.0		6.1
亚洲计划经济国家		6.7		11.3
中东、非洲		3.9		6.9
拉美		3.6		4.5
世界总计	4.16	100.0	5.99	100.0

资料来源：日本《能源经济》1990 年第 12 期。

从排放 CO_2 的国家名次来看，美国是目前世界上最大的排放国，苏联第二，中国第三，印度第四。这与它们大量使用煤炭有直接联系。中国未来煤炭的利用量有可能大幅度上升，因此，可能导致 CO_2 排放量的上升。

由于矿物燃料仍然是今后世界的常规能源，并且有进一步发展的前景，从

1985 年开始到 2025 年，世界一次能源消费的年增长率估计在 2% 以上。因此，有证据认为，未来 CO_2 排放量的年增长率大概也要维持在 2% 的水平上。1990 年政府间气候变化委员会能源和工业分组，给出了世界 CO_2 排放量的预测（表 3-3）。

表 3-3　世界 CO_2 排放量预测　　（单位：10 亿吨碳）

地区	1985 年/10 亿 tc	2000 年/10 亿 tc	2010 年/10 亿 tc	2025 年/10 亿 tc	1985～2025 年增长率/%
全世界	5. 15	7. 30	9. 08	12. 42	2. 2
北美	1. 33	1. 71	1. 92	2. 37	1. 4
西欧	0. 85	0. 98	1. 06	1. 19	0. 8
苏联和东欧	1. 33	1. 78	2. 17	2. 77	1. 9
非洲	0. 17	0. 28	0. 45	0. 80	4. 0
亚洲计划经济国家	0. 54	0. 88	1. 19	1. 80	3. 1
拉丁美洲	0. 22	0. 31	0. 42	0. 65	2. 7
东南亚	0. 27	0. 56	0. 89	1. 55	4. 5

全球温度只需升高几摄氏度即会对全球气候产生深远的影响。根据一些科学家的估计，按照目前 CO_2 含量上升的速率，今后 40～50 年内形成的“温室效应”，可能导致如下严重结果：气温的上升会导致南极的冰层滑动，从而使世界海洋面提高 20 英尺①，将淹没许多沿海城市。气温的上升使蒸发速度加快，导致全球降水量增加 7%～11%；气温的上升使冬季缩短，炎热的夏季延长，全年平均温差会缩小。这种气候的变化对农业将会产生很大的影响，总的来看是害多利少。气候变化的直接影响将会因 CO_2 浓度升高促进植物生长而变得复杂起来，世界农业处在未知数之中。

当然，也有一些科学家对“温室效应”持怀疑态度，认为生物圈有吸收和储存 CO_2 的巨大能力，只要停止大规模滥伐森林，就可以保持 CO_2 在大气层中的平衡；人类在燃烧化学燃料释放 CO_2 的同时还会把大量烟尘和固体尘粒释放到大气中，使大气含尘量增加，它们有反射太阳辐射作用，导致地球气温下降。美国《底特律新闻》曾列举了 1000 多名有影响的气象学家在各种科学刊物上发表的对“气候灾难”表示异议的文章目录，列出了怀疑全球变暖的 50 个理由，如“虽然温室气体已经增加了将近 1 倍，但北半球尚无变暖的记录”，“CO_2 保护树木免受 SO_2 沉积，可避免酸雨”，“断言海平面已在上升是不确实的，某些海域甚

① 1 英尺 $=3.048\times10^{-1}$ m。

至正在下降”等等。但总体上说，大气层中 CO_2 的日益增多，从而导致全球气候的变化，对自然和社会带来的影响是很大的，尽管其中仍有很多问题尚待进一步研究，但总的结果令人忧虑。

全球变暖问题是一个长期未解决的课题，对此最为热心的美国，于 1978 年制订了“国家气候规划法”，将有关政府部门联合起来进行有组织的研究，1985 年 10 月由联合国环境规划署、世界卫生组织及国际科学理事会共同发起，在奥地利菲拉赫召开的科学家会议上，对温室气候与气候变化之间关系的认识取得了一致的看法。20 世纪 80 年代开始，各国科技工作者对温室效应可能会使全球气候变暖的问题给予了极大的关注，普遍要求清洁大气层，限制矿物燃料的燃烧，制止大量砍伐森林，同时进一步加强对“温室效应”这一课题的研究，做好对全球变暖的各种预测工作。

目前，主要的发达国家已同意缔结一项国际公约。为此，可能在 1995 年左右制订出某些国际法规，诸如限定 CO_2 的排放量，这将对世界许多国家产生重要影响。

二、森林遭受破坏

森林是地球上功能最完善、最强有力的陆地生态系统。全世界密生林的总面积近 30 亿 hm^2，非密生林地（包括灌木林）占 23 亿 hm^2，加在一起，林地覆盖面积大约为 53 亿 hm^2（表 3-4）。这一数字相当于世界耕地面积的三倍还要多。然而，20 世纪以来，特别是 50 年代以来，森林被毁的速度空前加快，现在世界上每年减少 1800 万～2000 万 hm^2，意味着森林正以每分钟 300 亩、每天 43 万亩、每年 1.576 亿亩的速度逐渐消失。

表 3-4　1980 年全球森林资源　　（单位：百万 hm^2）

地区	密生林	开放林	休闲林与灌木林	总计
亚洲（不包括中国）	237	61	62	360
非洲	236	508	608	1350
拉丁美洲	739	248	313	1300
北美洲	459	275		734
欧洲	137	22		159
大洋洲	223	76	47	346
苏联	792	137		929
中国	122	15		137
世界总计	2945	1342	1030	5317

资料来源：联合国粮食及农业组织（欧洲经济委员会）《World Forest Resources 1980》；中国数字引自中国科学技术情报研究所，《2000 年的中国》，北京科学技术文献出版社，1984 年。

在国际粮食及农业组织的评估报告中，最令人担忧的一个发现是热带雨林的砍伐速度远远高于其自然或人工造林的补充速度。在整个热带地区，20 世纪 80 年代初每年砍伐森林 1130 万 hm^2，而同期植树面积仅为 110 万 hm^2。这就意味着，当人们植树 $1hm^2$ 时，有 $10hm^2$ 的森林被砍伐，是 1∶10。在非洲，这个比例是 1∶29，在亚洲，是 1∶5。该组织在 1982 年给出了一个预见性的毁林数字统计。联合国粮食及农业组织使用毁林一词的准确含义是：使土地改作其他用途，森林被完全砍光（表 3-5）。

表 3-5　1981～1985 年热带地区预计年毁林面积　（单位：百万 hm^2）

热带地区	密生林与稀疏林
美洲	6.61
非洲	3.68
亚洲	2.02
总计	10.31

资料来源：联合国粮食及农业组织《热带森林资源——林业报告 30》（罗马 1982）。

把林地转换为农田是毁林现象最主要的直接原因。人口的增长、不平等的土地分配制度以及出口农产品的增加，大大减少了用于维护当地人民生存所必需的农田数量，迫使许多农民不得不砍掉原始森林来种植粮食。某些国家为了减轻人口压力，正在砍伐森林以鼓励人们向人口稀少的地区移民。在中美洲，人们为了换取更多的外汇，大量毁林营造牧场，开展养牛业。1961～1978 年，牧场的面积增长了一倍多，而森林面积却减少了 39%。印度科学院的一项研究估计，1951～1976 年间，印度森林的损失，有一半以上是由于森林改为耕地，主要原因是无地农民的毁林开荒。巴西拥有世界上面积最大的热带雨林，达 2.8 亿～3.0 亿 hm^2，为了还债，1966～1978 年，巴西将 800 万 hm^2 的亚马孙热带森林变为养牛场。此外，世界上有 1/3 的人口把薪柴作为炊事的主要燃料，农民砍柴虽然与森林变为耕地和牧场不同，很少能直接造成大面积的森林损失，但这会使稀疏林逐渐退化，最终变成实际上的荒地。

随着世界工业化生产的高速发展，大气污染对森林的破坏日趋严重。来自酸雨对森林的破坏的研究报告愈来愈引起世界的关注，这在欧洲尤为重要：1982 年，联邦德国有 56 万 hm^2 的森林受害；捷克斯洛伐克有 50 万 hm^2 的森林同期受害；波兰现有的工业化计划如果继续执行，到 1990 年将有 300 万 hm^2 的森林毁于酸雨。科学家们的研究还证明，湖泊死亡地区将很快面临森林枯死的危险。

森林的破坏不仅影响了自然生态系统，同时也影响着世界经济和社会系统。森林的减少，使得水、旱、风沙等自然灾害日益频繁，范围日益扩大，后果愈来愈严重。同时薪柴短缺正在成为地球森林资源的掘墓人。面对如此严峻的形势，我们不得不惊呼：保护森林，还我自然！

三、沙漠化对人类构成严重威胁

在地球陆地为人类可以利用的土地面积中，已经被耕种的土地占10.8%，草地、放牧地占22.3%。人类的前途与命运和可以利用的土地密切相关。

但是，近几十年来，土地的严重退化、耕地面积的迅速减少困扰着人类，特别是土地严重的沙漠化问题更使人深感不安。

土地沙漠化主要是对地球上的干旱与半干旱地区的影响较大。然而只是干旱并不能导致土地的全面沙漠化，尽管干旱可以加快土地沙漠化的进程。应当认识到，一个国家内的土地沙漠化主要还是由于人类不适当的行为造成的。这些包括破坏森林、过度放牧和耕作、开垦不适宜种植粮食的山坡用作农田、对水资源管理不善、灌溉地的盐碱化、过早地在草原上定居牧民等。同时，土地沙漠化是社会、经济与文化不发达的一种象征。

尽管在防止沙漠化，但问题继续恶化。现在世界1/3的陆地和大约8.5亿的人口正在面临沙漠化的威胁。全世界每年有35亿 hm^2 土地受到沙漠的不良影响，其中，每年有600万 hm^2 的土地完全成为沙漠，有2100万 hm^2 变成半沙漠状态，不适宜种植粮食作物。农村中受沙漠化严重危害的村民已由1977年的5700万人增加到1984年的1.35亿人。全世界每年由于沙漠化造成的经济损失达260亿美元。目前，全世界有90多个国家不同程度地受到沙漠化危害。1977年联合国沙漠化会议以后，绘制了一套全球沙漠化地图。受沙漠化危害的地区在各大洲占陆地面积的百分比是：欧洲，2%；非洲，34%；澳大利亚，75%；美国19%；受沙漠化严重威胁的地区有：智利、阿根廷、伊拉克、巴基斯坦、西班牙、土耳其和美国加利福尼亚州的一部分，以及澳大利亚的西北部。我国也是受沙漠化严重威胁的国家之一。沙漠占我国国土面积的1/7，而且正以每天四百多公顷的速度扩展。一千多年来，横亘在我国西北的沙漠已经向南推进了一百多千米，有文字可查的二十多座历史名城，如楼兰、尼雅等，统统被掩埋在沙漠之中。

值得注意的是，沙漠化和水资源的紧张戚戚相关，干旱会加剧沙漠化的进程。例如，非洲大陆萨赫勒地区在20世纪，1910~1915年、1944~1948年、1968~1973年、1982~1984年，经历了四次大旱灾。在最后两次大旱灾中，这一块土地上的居民和牲畜大批死亡，沙漠化的影响波及非洲20个国家，1.5亿人口。

自从1977年联合国沙漠化会议，与会国签署了一项与沙漠化作斗争的行动计划以来，各国在控制沙漠化方面并没有取得多大的进展。这主要是由于各国政府没有在这方面投入足够的资金。按原定计划，全世界每年拿出45亿美元用于控制沙漠化，20年的总投入为900亿美元，可是十几年来，全世界总共才投入了60亿美元，相差甚远。沙漠化既然是人类的不适当活动造成的，人类同样就有能力来控制沙漠化，其基本方法是改善土地的利用办法，形成良好的农业系统，停止过度放牧与过度种植，固定沙立，建造防护林，改善对土地、水资源的管理与植树造林、防止水土流失等。只要各国政府重视，沙漠化问题一定会出现转机。

四、世界水面临困境

通常认为地球上的水资源有97%是在海洋中，3%在陆地上。陆地上的水资源中有77%储存于冰川中。22%属于地下水，只有很少部分是在湖泊、河流和溪流中。尽管人们常常会认为水在地球上占有的面积最大，然而并不是所有地方的水和所有形态的水都可以称为资源的。根据联合国1977年统计资料表明，在地球的整个水圈中，包括海洋、河流、湖泊、地下水、冰川等，水的总储量约有13.86亿$km^3$①，其中淡水储量仅有0.35亿km^3。在淡水储量中，只有0.13%即47万亿$m^3$②的淡水是可能被人类所利用的。

亚洲和非洲大陆是水资源紧张地区。亚洲人均水量仅占全球平均值的一半，而且在稳定径流所占的比重也是各大陆中最低的。崇山峻岭和季风气候使降雨和径流极不稳定。例如，中国的黄河在历史上有过上百次的改道；印度全年降雨量的90%集中在6~9月份。非洲国家中有2/3的河流年径流量要比全球平均值低1/3。近年来，旷日持久的干旱威胁着这个大陆。

就国家而言，淡水资源的分布很不平均，加拿大人均径流量超过10万m^3，埃及还不足$100m^3$。我国是$2800m^3$，处于低水平。

现在，很多工业发达国家要求废水在排放前应达到制订的质量标准，但是，在大多数发展中国家里，污染控制问题根本没能得到解决。以我国为例，每年排放废水280亿m^3，其中只有2%左右得到了处理。

来自世界观察研究所的报告认为：到20世纪末，全球人均水量将下降24%，其中稳定可靠的水量将由每人$3000m^3$减少到$2280m^3$。在某些严重的缺水地区，由于人口的迅速增长，人均水量将大幅度下跌，如肯尼亚将减少50%，尼日利亚减少42%，孟加拉国和埃及减少1/3，印度将减少1/4。

目前，世界水资源的利用可以分为三大类：农业用水、工业用水和公共生活

---

① 1立方公里（水）=10亿立方米=1万亿升。

② 根据《Water development and Management》一书中的数字计算。

用水。农业用水是水资源消耗的第一大户，约占73%；工业用水占到21%，为第二大户；其他是公共生活用水，占6%。在发展中国家，农业用水比重还要加大，大致在80%上下，主要用于农业灌溉；工业用水在工业发达国家中所占的比例比发展中国家要高出许多，在60%以上，发电站是最大的工业用水部门。

虽然，目前全球每年的用水量约相当于可再生水量的1/10和稳定可供水量的1/4，但是由于水资源地理分布和时间分布的不均，以及用水管理不善和水体污染等原因，致使世界面临着水的紧张。美洲的大多数国家中，城市污水和工业废水都不加处理就排入附近的江河，水资源的破坏相当严重。苏联也存在类似的情况。在伏尔加格勒，工业废水占伏尔加河水平均流量的10%。

目前，地下水资源被污染的问题在一些国家和地区也相当严重。在丹麦，由于农业中大量使用化肥和粪肥，在20世纪70～90年代内地下水中氮化物的浓度已经增加了三倍。20世纪80年代早期，在美国加利福尼亚、纽约等地都发现了由于农田使用农药造成地下水污染的事故。

水体的污染完全是人为的，人类不能自己毁灭自己生存的条件。

五、海洋污染问题

海洋污染主要发生在大多数工业发达国家的沿海地区，其污染源主要来自陆地。由于城市生活中的污水和工业废水大量排入海洋，并向海洋中倾倒垃圾废物，致使海洋污染问题日趋严重。来自海洋本身污染的另一个主要原因是航运。据估计，每年由于航运排入海洋的石油有160万t，其中有110万t是由油轮排放压舱水和洗舱水等正常排入海洋的。其余50万t石油则是油轮在海上发生事故而排入大海中的。

值得注意的是，在过去的10年中，向海洋中大量倾倒放射性废物的现象不断增加。例如，许多欧洲国家向大西洋的4000m深海底倾倒放射性废物。在1967年至1982年间，大约有9400t核废物倾入海洋。1987年在北卡罗来纳海岸的河口区，1988年在斯堪的纳维亚南面的海洋区，藻类的急剧增殖，愈加引起各国政府对保护海洋环境的关注。藻类繁殖是在气候因素的激发下，海洋生态系统受到了干扰，但污染严重加速了这种情况。此外，海上焚烧化学废物致使海洋严重污染也多次发生。1981年至1984年间，欧洲国家在海上大约焚烧了62.4万t废物。

战争是加剧海洋污染的突发事件。例如，海湾战争使海洋国家饱受了沉重的苦难。为了阻挡多国部队的进攻，萨达姆命令伊拉克军队向海湾倾倒大量石油。漂浮在海湾水域的原油油膜长50km，宽11km，以每天约24km的速度迅速向外扩展。由于油膜的持续燃烧，伊朗南部地区5d之内就下了两次黑色的雨，每次时间长达15min之久，某些省份上空被黑雾笼罩。伊军撤离科威特前，点燃了许多油井。这场战争给生态环境造成了难以估计的破坏。

在保护海洋环境方面，最值得一提的也许是世界海洋渔业问题。海洋渔业在世界动物蛋白质总量中占有显著的地位，是人类重要的食物。但是由于过度捕捞和海洋环境遭受的破坏，世界渔业自1970年开始转入逆境。1950～1970年，世界渔业的捕获量每年递增6%，以后降到不足1%；人均捕渔获量，由20世纪50～60年代每年递增4%转为递减1%。70年代初期，曾经驰名于世的南太平洋渔业已告衰落，并且至今未能恢复；80年代初，11种主要海洋渔业品种面临崩溃，其中包括秘鲁的鱼和阿拉斯加的大螃蟹。有理由认为，向海洋排废、海洋化学物理的变化以及烧煤引起的酸雨，都会给世界海洋渔业带来灾难。了解海洋环境状况和变化，许多国家都建立了有关海水水质、海洋生物和海洋沉积物的海洋监测系统，并且不断地强化对海洋环境的保护和治理。但是，海洋环境被污染的现象却是有增无减，在局部区域已经造成海洋生物的大批死亡。长此下去，可能最终影响到人类赖以生存的地球上最大的生态系统——海洋。

六、生物物种的灭绝

地球上的生物特征在距今6亿年的时间内经历了多次突变。化石可以告诉我们在这些大规模物种灭绝事件中，由于自然进化使许多的动物物种消失了。最近的一次全球性物种灭绝事件，其中包括毛茸茸的猛犸象和长着锐利牙齿的猫科动物在内的哺乳动物的灭绝，也是发生在人类文明萌芽前数千年的事情。

令人震惊的是，目前地球将再一次面临全球性的灭种危机，而这一次却是由人类活动的本身所引起的。其中只有两个原因是主要的，一是人口的增长，二是森林的破坏。现在世界人口的总数已超过50亿，预计这一数字在今后的40年里将再增加一倍。这众多增加的人口，大多数出生在发展中国家。

在许多国家和地区中，人口本身的增加就是对物种保护努力的一个主要威胁。当地的农民为了生存而不断地扩大农业耕地，从而使农业生产延伸到所有野生生物环境中，破坏了野生物种的原始生息条件，严重地损坏了物种的自然生存。大量砍伐森林，从而使得生物生存的空间越来越小或被分割切片。科学试验证明，一旦成片的草原、森林被缩小为一些孤立的地带，每一块小牧场、小林区就会开始失去物种。

热带森林的保存和恢复，是防止大规模生物物种灭绝的关键，这是由于地球上大量的动物物种生存在热带森林。到目前为止，地球上森林的破坏已经相当严重，从滥伐热带干林，已发展到热带雨林。中美洲的部分原始森林以及南亚和西非的原始森林90%以上已被砍伐。世界环境和发展委员会最近估计，除每年彻底砍伐760万~1000万 hm^2 的热带森林外，还有1000万 hm^2 森林遭到“滥伐的破坏”。在那些地区，数以千计的动植物物种已告绝迹，数以万计的物种正面临绝种的危险，美国佛罗里达州立大学的科学研究发现，如果到20世纪末拉丁美洲的森林面积缩小到原来的25%，那么在达到新的生态平衡之前，占该森林植物物种15%的13600种植物会绝迹，亚马孙河流域的鸟类物种将减少12%。这是一般的估计，如果情况发展到只有公园和保护区拥有森林的话，那么拉丁美洲热带植物物种的66%和亚马孙河流域鸟类物种的70%，最终将难逃灭绝的命运。

20世纪的最后10年将是特别关键的10年，它将决定由我们人类所引起的生物灭绝最终的严重程度。如果由于各种工程项目而进一步非森林化，如果掠夺性地使用生物质的行为不受到制止，如果人类人口再增加一倍，那么，未来的前景将是十分暗淡的。为了避免大规模物种的灭绝，保持大自然生态平衡，保护生物物种问题应引起各国政府高度重视。联合国1982年10月通过的《世界自然宪章》，朝着这一目标前进了一步。国际社会也采取了一系列保护措施，加强全球性物种普查，加强研究热带生态系统，保护热带森林的完整性使其尽可能少受破坏，等等。

世界在保护物种的认识上也前进了一大步，正如世界银行通过长期的观察所得到的结论那样：未经触动的自然地区正受到严重的威胁，保留野地的自然状态要比改为他用对经济发展的贡献更大。新的政策旨在“大大降低目前物种的灭绝率，使之下降到很低的水平，而不减缓经济进步的步伐”。

七、一个值得引起注意的环境问题：垃圾和危险废弃物

人类需要生活在一个整洁、良好的环境之中，这种环境除了自然生态环境外，还应该包括社会环境和生活环境。随着世界工业生产的发展及人类生活水平的提高，人们生活中、生产中的废弃物也随之成倍地增多，以至于直接影响了人类的生活环境，并且对生态环境产生了不能低估的深远影响。

目前，世界各国抛弃的垃圾愈来愈多，也愈来愈难以处理。据估计，全球每年新增的垃圾有100亿t左右，人均2t。世界上产生垃圾最多的是美国、联邦德国、英国和日本。仅美国，每年就产生工业垃圾20亿t以上，城市居民垃圾2.2亿t，丢弃的旧汽车1000多万辆，废轮胎上亿只，全国垃圾占地面积1.18万 hm^2。

垃圾无孔不入。就连被认为全球净土的珠穆朗玛峰、南极，都有垃圾“光顾”。近年来，垃圾又在太空“安家落户”。自1957年苏联发射第一颗人造地球卫星以来，人类在地球周围的空间留下了大量太空废物。据观测，在太空轨道上有7200个大小不一的废物碎块运转，这些高速运转的太空垃圾成为危险的“飘

游炸弹”。垃圾不仅有碍观瞻，占用大量土地，更重要的是污染环境，危害人类健康。

在垃圾中有相当一部分是危险废物，由于对危险的定义不同①，所以对世界每年产生的危险废弃物的数量没有认可的估计数，可以作为参考的一种估计数是全世界每年约产生危险废弃物 3.3 亿 t。其中 80% 来自美国、德国、英国、法国，意大利也是主要生产国，发展中国家，如巴西、印度以及我国每年也产生大量的危险废弃物。

许多政府与国际组织都在设法控制危险废弃物不断引起的问题，但是由于危险废弃物的性质多种多样，要控制它们是极为复杂的，这些危险废弃物不但可以影响空气、水源和土壤，而且由于各国对危险废弃物与有毒废物的理解不同，管理方法各异，从而使危险废弃物可以通过各种渠道严重危害人体健康与环境。

在人类生产活动中，由化学工业造成的危险废弃物为最多。产生危险废物与有毒废物的主要化学工业有塑料、肥皂、合成洗涤剂、化妆品、颜料、油漆、医药、合成橡胶等。除此之外，诸如发电站、钢铁厂乃至某些军工工业所产生的危险废弃物对人体健康和环境均有很大的影响。许多发达国家对危险废弃物按一定的标准分类，如危险类型是指易燃性、腐蚀性、毒性；产品类型是指杀虫剂、溶剂、医药；技术方面的来源指炼油、电镀；含有特殊物质的如多氯联苯、二噁英②、铅的化合物等。

表 3-6 列出了世界卫生组织确定的有毒和危险废弃物的清单。

表 3-6　有毒、危害物质名称

序号	名称
1	砷及其化合物
2	汞及其化合物
3	镉及其化合物
4	铊及其化合物
5	铍及其化合物
6	铬及其化合物
7	铅及其化合物
8	锑及其化合物

① 美国的定义是：“能引起或助长死亡率的上升或严重不可恢复的疾病，可造成严重残疾，在操作、储存、运输、处理或其他管理不当时，会对人体健康或环境带来重大威胁。”世界卫生组织的定义是：“根据其物理或化学性质，要求必须对其进行特殊处理和处置的废物，以免对人体健康和环境造成影响。”

② 一种除草剂的污染物。

续表

序号	名称
9	酚的化合物
10	氰化合物
11	异氰化物
12	卤化有机化合物（聚合材料除外）
13	氯化物溶剂
14	杀虫剂与植物药品
15	产生焦油或蒸馏产生的柏油残渣
16	化学药品
17	过氧化物、氯酸盐、过氯酸盐
18	乙醚
19	未知其性质或未知其环境效应的化学实验材料
20	石棉
21	硒及其化合物
22	碲及其化合物
23	多环芳烃
24	金属羰基化合物
25	铜的可渗性化合物
26	金属表面处理或抛光处理用的酸或碱
27	多氯联苯

资料来源：《世界环境》1990 年第 1 期第 31 页。

危险废弃物影响环境的途径很多。在处理前的存放中即可污染空气、水源和土壤。历史上曾发生过许多有毒废物引起的急性中毒事件，如 20 世纪 50 ~ 60 年代日本的一个工厂的含汞废水流入海洋，渔民食用了被这种有毒废物污染过的鱼引起严重的汞中毒，死亡 400 多人。

为了消除或减少危险废弃物对人体健康和环境的影响，首先应加强对危险废弃物的管理，解决工业危险废弃物的最佳方案是减少污染源的废物产生量以及进行有效的处理和利用。美国在有害废弃物处理方面取得了进展。一方面力求使有害废弃物浓缩成最小的体积，另一方面使它们保持稳定性，即长期不和存放的空间发生化学物理变化。避免或尽量减少废物向空气、土壤和水源等各种环境介质的排放量。另外，寻找地质条件最为稳定的危险废弃物的堆放场，以除后患，也是人们的首要任务。

就世界而言，垃圾问题在今后相当长的时期内仍然是困扰人类的重大社会环境问题。虽然工业化国家的垃圾部分得到了处理，但问题远远没有解决。在处理过程中，有些处理方式还会造成二次污染。所以，世界各国政府和人民必须共同努力，一道来解决这个可能遗患后代的全球问题。

八、酸雨日趋严重

酸性沉降物，通常称作为酸雨，是指大气中硫和氮的氧化物，作为酸性的雨、雪、雾，或作为干的酸性颗粒降落到地面。

尽管早在100年前人们已经认识了酸雨，19世纪中期，英国化学家罗伯特·安格斯·史密斯曾对英格兰曼彻斯特附近的酸沉降进行了研究，发现城镇降落的硫酸浓度比附近的农村高。但是，酸雨的严重性只是在最近30年内清楚地呈现出来。在北美东部、北欧和中欧的广大地区，现在降水的年平均pH①在4～4.5之间。我国1983年对几个酸雨严重的城市所测得的平均pH如下：重庆4.26，南宁4.73，杭州4.94，青岛4.67，西安5.17。

酸雨加重出现在世界许多地区的主要原因是人类活动向大气中排放硫的数量在增加。据粗略的估计，目前，人类活动向空气中排放的硫差不多等于火山、沼泽、海洋等自然现象向空中排放的硫，数量在1亿t左右。人类活动排放的碳又相对集中在欧洲、北美东部和东亚等少数地区，并且随着工业化的加强，导致最近的二三十年内酸雨在这些地区频繁出现。而在人类活动中，尤以燃烧矿物能源（主要是煤炭）所产生的硫最重要。这一过程，可以追溯到100年前的工业革命时期。那时，家庭取暖和工厂烧煤产生的烟雾，经久笼罩着欧洲和美国的不少城市。工厂和家庭用煤的继续增加，空中SO_2的含量也继续上涨。1948年在美国宾夕法尼亚的多诺拉，1952年在伦敦，20世纪60年代初在纽约等城市，发生了因空气被SO_2污染而出现居民大量死亡的事件。1970年，世界SO_2的排放量已经高达5000万t。

造成酸雨的另一个因素是空气中氮氧化物的增多。世界上酸雨发生的许多地区，SO_2造成的酸度大约有70%，氮氧化物（NO_x）造成的酸度大约有30%。当然也有地区的差别，如在美国的太平洋沿岸和落基山脉地区，NO_x有更大的比例。

最初引起人们严重警觉的酸雨事例，是1952年5月的伦敦居民死亡事例；稍后由于酸雨破坏了湖泊的水质，致使湖泊里的鱼类等生物不能生存，湖泊变成“死湖”。20世纪80年代酸雨对森林的损害引起了广泛的注意。1983年，荷兰发现大面积的松树受到严重损害，原民主德国有12%的森林受损，瑞士有25%的枞树和10%的云杉已经枯死，法国、南斯拉夫、意大利、英国和瑞典都有森林因空气污染被损的报告。苏联《真理报》报道，在距离莫斯科300km的汽车城

① pH表示溶液的酸度，其数值在0～14；pH小于7时，其溶液为酸性。

陶里亚附近，大面积的森林受空气污染而枯死，伏尔加河附近的森林可能很快变成一片荒野。

在展望未来的前景中，令人不安的是，矿物能源的消耗数量还要继续上升，尤其在第三世界国家中，更要有大幅度的上升。矿物能源在今后相当长的时间内，仍然是世界的主要能源。从矿物能源的资源来看，特别是煤炭，储量仍然相当丰富，可以维持200年以上。由此可见，大气污染物和酸性沉降物在许多工业化国家和发展中国家还会大量增长。

欧洲的情况更为严重，如果不采取措施，将很快出现灾难。于是，1984年3月，9个欧洲国家和加拿大组成了“30%俱乐部”，它们保证在今后10年内把SO_2的排放水平从1980年降低30%或更多。美国里根政府拒绝在协议上签字。英国也没有进入这个行列。相反，苏联、原东德和保加利亚作出了承担义务的保证。

尽管如此，酸雨的出现在今后若干年内，会愈加频繁和扩大。这无疑是一种巨大的灾害。虽然对于酸雨和空气污染的科学证据，还有许多工作要做。但如果不采取行动，任其危害增长下去而不可逆转的话，那么可能是极其有害的。

中国特大城市的可持续发展①

本文研究的对象是100万人口以上的中国特大城市。按照可持续发展理论，中国特大城市面临着如下主要问题：人口增长和人口的过度稠密；生态环境的污染和破坏；水资源的普遍短缺以及保持经济的继续增长。并从环境、资源、人口、就业、社会稳定与发展的几个重要方面给出了特大城市可持续发展的若干重要对策。文章以北京市水资源为例，指出北京市这一中等缺水城市，2000年缺水2亿t，2010年缺水上升到10亿t，如果区域间的"南水北调"工程不能实现，20年后北京市将遭遇严重缺水的局面。进一步指出，水资源在中国特大城市可持续发展中的极端重要地位：水资源短缺将成为中国特大城市可持续发展的主要制约因素。

一、中国特大城市可持续发展的重要性

根据城市的功能和特点，可以把城市分成许多类型。例如，以城市的职业结构划分，可以把城市分成工业城市、商业城市、运输业城市、矿业城市、大学城、旅游城市以及混合城市。以城市的职能来区划，可以分成加工工业城市、建筑业城市，交通运输业城市，采掘业城市，贸易等财政城市、旅游与私人服务业城市，行政与专门服务业城市和居住城市。以上分类强调经济的作用。如果把政治、社会因素考虑进去，又有许多种分类。按城市人口规模把城市分为特大城市，市区人口超过100万的城市；大城市，人口在50万～100万；中等城市，人口在20万～50万；小城市，人口在20万以下。

本文研究的对象是指城市市区人口在100万以上的城市（包括人口200万以上的超大城市）。1994年中国有城市622座，其中特大城市32座，占城市总数的5%。

1. 特大城市在中国的地位

中国特大城市数量大，星罗分布于中国的大地上，成为中国社会主义经济发

① 郗小林先生于20世纪90年代初期在美国卡内基·梅隆大学获博士学位，90年代中期回国供职科技部中国科学技术促进发展研究中心，开展中国水资源方面的课题研究，委任朱斌负责。该文是课题报告的一部分，文章署名朱斌、郗小林等，发表在《科学对社会的影响》1996年第4期。

展的支柱和中心。中国的特大城市，往往是中国工业产业的主要基地，如上海、武汉、北京是中国的钢铁生产基地，兰州、南京、大连是中国的化学工业基地，等等。

中国的特大城市是中国主要的商业贸易和金融中心，领导着全国的商品流通、货币流通、资金周转以及对外贸易。

中国特大城市同时是中国的政治和文化事业中心。北京是中国的首都。省政府除少数省份外也都设在特大城市。这些城市同样集中全国优秀的高等院校、科研院所和文化机关。

特别重要的是中国特大城市正在领导着中国改革开放的大潮，在中国经济由计划制度向市场体制转轨中起着主导作用。

2. 中国特大城市可持续发展的重要性

中国特大城市的可持续发展是中国可持续发展的保证和关键点，主要体现在以下几方面。

中国的可持续发展战略将谋求社会的可持续发展，努力实现计划生育，控制人口数量，提高人口素质。中国特大城市人口在全国人口的数量和质量方面都具有重要作用。

中国的可持续发展将谋求经济的稳定增长。中国特大城市在中国经济发展中起着领导作用，这对于中国经济未来的持续发展更具有决定性的意义。

中国可持续发展的资源战略中，中国特大城市显然也有重要的作用。首要的问题是在全国建立资源节约型国民经济体系。具体包括建立以节能、节水和节材为主导内容的节约型工业生产体系，以及节省动力的交通运输体系和节约型的消费体系，特大城市都有先导的和不可推卸的责任。

在可持续发展的环境战略中，特大城市的发展和变化要以良好的生态环境为基础，如保持良好的水环境、森林草地，以及减少工业废水废气排放，等等。这对于全国的可持续发展同样是一种模式和不可缺少的部分。

二、特大城市持续发展的特点和主要问题

1. 城市的可持续发展

1992 年联合国环境与发展大会制订的《21 世纪议程》，对世界城市的可持续发展给予了特别的关注。城市可持续发展的问题主要包括如下内容。

（1）城市可持续发展的重要性和目标

城市（包括特大城市）的继续存在和发展和生态环境密切相关。发达国家

的城市消费方式和产生的废物排放愈来愈严重地破坏着人类的生存环境。发展中国家的城市均面临着强大的人口压力和对环境的污染。世界城市的发展意味着人口大量集中，自然资源消耗得过多、过快，地球生态环境压力加重。因此，城市和可持续发展组成了一对矛盾。未来的要求是协调这对矛盾，探求城市的可持续发展道路。

全球《21 世纪议程》提出未来世界城市可持续发展的目标是：改善城市社会、经济和环境；改善城市居民的生活质量和工作环境。

（2）城市可持续发展的重要领域和措施

1）向全体居民提供适当住房。

2）改善居住区的管理。其中包括改善城市管理；加强城市数据信息系统的建设；鼓励中等城市的发展。

3）促进可持续的土地利用规划和管理。

4）加强环境基础设施。大多数发展中国家的城市，由于缺乏城市环境基础设施，导致环境恶化。《21 世纪议程》提出：到 2025 年为所有住区提供充分的环境基础设施。

5）促进人类住区可持续的能源和运输系统。

在城市能源方面，有三大政策：增加能源生产，降低生产成本；提高能源利用率，减少环境污染；促进可再生能源的利用。

在运输系统方面，有如下主要措施：城市土地利用与运输规划相结合，减少运输需求的发展模式；发展公共交通；鼓励非机动运输方式，包括发展自行车；改善交通管理。

6）促进防灾减灾规划和管理，主要措施有：提高防灾减灾意识，加强早期预警系统建设；制订灾前规划；完善组织灾后恢复和重建。

7）促进可持续的建筑业活动，包括采用经济上、环境上合理的节制材料、节能技术和管理措施，严格建筑业土地利用规划和政策；尽可能利用当地资源作为建材；等等。

2. 中国特大城市持续发展面临的主要问题

1994 年中国特大城市有 32 座，它们是：北京、天津、石家庄、唐山、太原、包头、沈阳、大连、长春、吉林、哈尔滨、齐齐哈尔、上海、南京、杭州、南昌、济南、青岛、淄博、郑州、武汉、长沙、广州、成都、重庆、贵阳、昆明、西安、兰州、乌鲁木齐、鞍山、抚顺。

中国特大城市持续发展面临的主要问题集中在如下 4 个方面。

1）人口增长和人口的过度密集是中国特大城市持续发展的首要问题。

尽管我国从20世纪70年代开始实施计划生育，大城市的生育率已得到有效控制，但是市区过多的人口和大量的流动人口，对城市经济的发展和社会的稳定都带来了巨大的压力。粗略估计，北京流动人口日流量高达300万，上海也相差无几。这一数字在最近的将来，在中国经济的继续高涨和特大城市在经济发展中的枢纽作用下，会继续增大。

中国特大城市的人口密度，1993年市区已经达到每平方千米1590人，加上郊区每平方千米达到456人，这已经是一个可怕的数字。虽然在人口最大容量上没有理论值，但是关于人口最大容量的一种理论可以作为参数，根据不同的技术条件，地球陆地承载的人口最大容量应该是：渔猎时期，0.02～0.03 人/km^2；畜牧业时期，0.5～2.7 人/km^2；农业时期，40 人/km^2；工业化时期，160 人/km^2。根据这一模式计算得到的结果，地球最大人口容量为220亿，中国人口最大容量为16亿。我国人口的压力显然十分巨大，特大城市的情况更严重。

2）生态环境的污染和破坏是中国特大城市持续发展的最为重要的问题。这个问题不给予重视和纠正，那么中国特大城市的可持续发展是无望的。

中国城市供热在目前和今后一段时期内，仍然以燃煤为主。燃烧煤炭产生的大气污染是中国城市空气污染的主要根源。目前，主要因为燃煤产生的酸雨，也严重地污染了中国的许多城镇，其中包括重庆、贵阳、杭州等特大城市。近几年，由于汽车使用的增加，汽车尾气对特大城市空气的污染日益明显。城市垃圾每年以10%的速度在增加，严重地威胁着城市居民的生活环境，垃圾成灾已经成为中国特大城市的共同问题。尤其是固体废弃物的科学处理迫在眉睫，其中包括有害废弃物的处理。其他诸如城市水资源的污染，尤其是北方城市地下水的过度开采、城市噪声扰民、城市绿地减少等，都是特大城市环境保护中需要解决的事情。

3）水资源短缺是制约中国特大城市持续发展的关键因素。中国水资源总量排在世界前列，次于巴西、加拿大、苏联、美国、印尼等国。但人均和亩均水资源占有量就排在世界的后列。人均水资源量为世界平均的1/4，亩均为世界平均的3/4。我国是世界水资源贫困国家之一。全国约有300座城市为缺水城市，日缺水量达1600万 m^3。

城市缺水已成为我国一个特殊的普遍问题。缺水城市已占城市总数的一半以上，包括14个沿海开放城市，3个特区城市（不包括珠海），3个中央直辖市和几乎所有的省府。全国32个特大城市，无一例外都在缺水之列。

城市缺水严重地制约着城市经济的发展，尤其是工业的发展。我国特大城市工业用水往往占据城市用水总量的主要地位，以1993年为例，北京为66%、天津为77%、太原为72%，严重地制约着城市生活用水和城市绿化等事业的发展。

4）中国特大城市的进一步繁荣仍然取决于特大城市经济的继续增长和发展。

在国家改革开放政策指导下，我国特大城市的经济有了显著提高。以1993年为例，全国有40个城市国内生产总值（GDP）超过200亿元，特大城市上海、北京、广州、天津和非特大城市的苏州5市GDP超过500亿元。同年，城市市区工业产值超过百亿元的城市有97个，其中特大城市的上海、天津、北京、广州、沈阳为前5名，前10名中除深圳外，其他9个都是特大城市。特大城市的运输能力有了迅速发展，一批高速公路和高等级公路投入运营，如北京—天津—塘沽，北京—石家庄，沈阳—大连，西安—临潼，广州—佛山，济南—青岛，连接特大城市的高速公路相继建成，总里程已达1293km。预计到2000年，全国高速公路总里程将达到1600～2000km。北京、上海、天津、广州等特大城市市内立体交通网络开始形成。值得一提的还有特大城市的邮电通信能力的提高，如北京市市内公用电话网交换系统由1989年的85个局号、总容量37.9万门，到1993年已增加至140个局号、总容量92万门。城市基础设施有了改进。1993年全国城市新建房屋竣工面积28159万m^2，比1992年增长了29%。其中，居民住宅16664万m^2，增长了44.5%。1993年人均居住面积已达7.8m^2，比1992年增加了0.2m^2。城市供水、城市燃气供应、城市绿化等事业，都有了不同程度的提高。

但是，以上一系列的发展与中国特大城市人口的增加、城市持续发展的要求还有很大差距。以人均经济收入的指数而言，我国特大城市仍然处于低下水平。1993年人均国内生产总值越过1万元的城市，全国28个，其中特大城市仅6个：广州、杭州、上海、北京、南京、青岛。除广州，其他5个都是1993年新进入的。城市交通仍然十分拥挤；基础设施仍然薄弱、陈旧；城市环境没有得到根本性的治理，大气污染继续恶化，北京、上海已被世界卫生组织列为世界大气污染最为严重的十大城市之内。城市环境噪声有增无减，十分严重。所有这一切的改进，都有待于特大城市经济的继续发展。

三、中国特大城市可持续发展的若干主要关系和对策

1. 环境与发展

中国特大城市的环境保护和治理工作，虽然取得了不小的成绩。但是，总体来说，环境质量在局部地区有所改进，整个城市未得到控制。

特大城市面临的环境问题主要有如下方面：①市区大气污染严重，有些城市未达到国家规定的大气质量标准。北京、上海在世界卫生组织监测网之内，目前已被列入世界上大气污染最为严重的十大城市之中。北京上空总悬浮微粒、二氧

化硫和氮氧化物的年日均值低于国家二级标准，天津总悬浮微粒和二氧化硫也低于国家二级标准。造成特大城市空气污染的主要原因，一是煤炭燃烧的排放；二是工业排污；三是汽车尾气排放超标；四是城市建筑工地管理不善。②由于城市的发展缺乏科学的管理，施工、交通、餐饮、文化娱乐等形成的噪声严重扰民，已发展成为公害。③固体废弃物日益增多，主要来源于工厂排废和生活垃圾，尤其是有毒废弃物处理率低，对居民健康的影响愈来愈严重。④城市水体污染，这主要发生在南方地区，如上海的黄浦江、广州的珠江、南京秦淮河、武汉东湖等。北方地区的河流、湖泊和水库也有不同程度的污染，如北京官厅水库、通惠河、清河，太原汾河等。

遵循可持续发展的方针，保护城市环境，实现城市经济的持续发展，已成为中国特大城市面临的任务。结合中国的国情和国家政策，城市的建设和环境建设必须同步规划、同步实施、同步发展，实现经济、社会和环境效益相统一的战略方针。实行预防为主、谁污染谁治理和强化环境管理的政策。

针对特大城市目前面临的主要环境问题，有如下主要对策。

1）城市大气污染方面。①改变以煤炭为主的城市能源结构，尽可能地利用天然气、液化石油气和其他优质、少污染的能源来代替煤炭。北京已着手引进陕甘宁天然气，彻底改变北京城市能源的面貌。在没有天然气引进条件的城市，可以采取发展集中供热，增加煤气、电力等二次能源的办法逐步解决城市能源问题。②严格控制工业废气的排放，对那些排放大户实行必要的调整和技术革新，这是改进城市大气污染的迫切可行办法。③对城市行驶的车辆实行严格的管理，对那些尾气排放超标的车辆实施取缔政策和罚款制度。④严格管理建筑工地施工，对灰尘排放超标实行罚款。

2）减少城市噪声方面。特大城市要控制人口，包括流动人口的继续增加和集中。改善城市空间布局。对那些扰民的噪声来源，如交通噪声、文化娱乐噪声、商贩噪声，实行必要的管理制度。例如，在城市居民区和主要街道禁止汽车鸣笛，违者罚款。北京市早有这方面的规定，但目前汽车鸣叫时有发生。城市公园内禁止高音喇叭和锣鼓；禁止在居民区一定范围内的工地夜间施工；等等。

3）固体废弃物的管理方面。实行清洁生产，尽量减少工业固体废弃物的排放；发展固体废弃物最小化处理技术和有毒物质的处理技术；改进城市生活垃圾的管理和处理办法。目前，对城市生活垃圾的管理显得尤其重要，一方面要增强设备，改进处理技术；另一方面要加强对居民保护自身环境的教育，对那些乱抛垃圾者实行必要的惩罚。

4）保护水体清洁方面。严格实施工业排废管理制度，对超标者，坚决执行“关停并转”。要采取必要的措施保护城市饮用水。此外，完善城市污水处理管网，增加必要的污水处理厂站。对已经污染的河道、湖泊等水体进行整治，限期还清。

2. 资源与发展

改变过去的模式（即以单纯的资源消耗达到经济增长的目的）是中国经济发展面临的重要问题。目前，中国自然资源遇到两方面的挑战。一方面，若干重要自然资源的数量和质量正在减弱。1989 年人均淡水、耕地、森林和草地分别是世界平均水平的 28.1%、32.3%、14.3% 和 32.3%。另一方面，随着人口的增长和经济社会发展的需要，对资源的依赖继续增大。可以断言，自然资源的短缺将成为中国社会经济继续发展的重要制约因素，在所有自然资源中，水资源对大城市而言尤为重要，全国有一半以上城市缺水。因此，本书第二部分专门讨论水资源在特大城市持续发展中的重要性。

为了确保中国自然资源的可持续利用和国民经济的可持续发展，我国必须执行“保护资源，节约和合理利用资源”、“开发利用与保护增殖并重”的方针，建立资源节约型国民经济发展模式。在逐步步入市场经济轨道时，充分利用市场机制有效地配置资源，建立基本市场机制与政策宏观调控相结合的自然资源管理体系。

对于特大城市而言，可持续利用的自然资源主要指水和土地。我国 32 个特大城市土地资源和水资源的情况分列在表 3-7 和表 3-8 中。

表 3-7　中国特大城市土地面积和人均土地面积（1993 年）

城市名	土地面积/km^2		人均土地面积/(km^2/人)	
	地区	市区	地区	市区
北京	16808	1370	15.9878	1.9158
天津	11305	4267	12.7347	7.2478
石家庄	15848	307	19.1561	2.2155
唐山	13472	1090	20.0542	7.0092
太原	6988	1460	25.7527	7.1548
包头	9991	2152	55.8906	17.4803
沈阳	13008	3495	19.7795	7.5192
大连	12574	2415	23.8555	9.7117
鞍山	9251	622	27.9048	4.3747
抚顺	10816	675	48.2383	4.6791
长春	18881	1116	29.0013	5.1013

续表

城市名	土地面积/km²		人均土地面积/(km²/人)	
	地区	市区	地区	市区
吉林	27120	1748	64. 6823	12. 9261
哈尔滨	18466	1637	34. 8422	5. 6862
齐齐哈尔	35827	4365	75. 5270	31. 0853
南京	6515	947	12. 6588	3. 6629
杭州	16596	430	28. 2678	3. 1085
南昌	7402	617	19. 3385	4. 3384
济南	8227	2119	15. 4199	8. 8387
青岛	10654	1102	15. 7755	5. 1966
淄博	5938	2961	15. 3104	11. 7538
郑州	7446	1010	13. 1161	5. 6155
武汉	8467	2718	12. 2410	6. 2106
长沙	11818	367	21. 2766	2. 6458
广州	7434	1444	11. 9200	3. 8752
成都	12390	1382	13. 0793	4. 7111
重庆	23114	1534	15. 3719	5. 0063
贵阳	2406	2406	15. 0150	15. 0150
昆明	15561	2081	42. 3925	12. 9440
西安	9983	1066	15. 8232	3. 7037
兰州	13806	1632	52. 8540	10. 3553
乌鲁木齐	11444	835	82. 9696	6. 8319
上海	6341	2057	4. 8975	2. 1698

资料来源：中国城市统计年鉴，1993 ~ 1994 年，中国统计出版社。

表 3-8　大城市降水量（1994 年）　（单位：mm）

城市名称	全年降水量	城市名称	全年降水量
北京	813. 2	天津	708. 4
石家庄	475. 1	太原	430. 0
沈阳	893. 1	大连	791. 8
鞍山		抚顺	
长春	689. 4	吉林	

续表

城市名称	全年降水量	城市名称	全年降水量
哈尔滨	826.4	齐齐哈尔	
南京	647.9	济南	872.2
杭州	1399.0	上海	917.0
南昌	1754.9	青岛	619.7
淄博		郑州	718.9
武汉	1045.5	长沙	1657.5
广州	1787.1	成都	945.6
重庆	982.5	贵阳	1093.3
昆明	1260.1	西安	531.3
兰州	318.2	乌鲁木齐	311.4

资料来源：中国统计年鉴，1995年，中国统计出版社。

土地可持续利用的主要对策包括：①清查土地资源，建立土地信息系统；②制订城市土地利用和管理规划；③根据中国的国情和“控制大城市，合理发展中小城市”的方针，实施限制特大城市发展的土地政策，如实行地皮高价政策、土地破坏索赔政策等。

水资源可持续利用的主要对策有：①减少工业和城市生活对水体的排污；②对污染的水体进行有效的治理；③保护水资源，尤其是饮用水源；④污水再利用；⑤实施区域间的调水。

3. 人口与发展

世界上人口最多的国家是中国，中国人口的80%集中在城市地区（1993年年末中国城市地区人口总数为80714万人），40%集中在城市市区（1993年末分布在城市市区的人口是43071万人）。同年，特大城市人口（整个地区）是18526.1人，其中市区为10140人，集中了约1/10的国家人口。虽然，在严格限制人口出生率的政策下，特大城市的自然增长率已经降到5‰以下，北京、天津分别为1.0‰和1.6‰，上海更低，为-0.8‰。但是，21世纪上半叶仍然是中国人口，包括城市人口增长的时期。其中，除城市本身人口的自然增长外，还有外来人口的流入。

人口对中国特大城市带来的巨大压力，主要表现在如下方面。

人口增长对城市交通的影响。中国32个特大城市的市内交通十分拥挤，人口的继续增长给城市交通带来了更大的压力。

人口增加对城市生态环境的影响。这主要表现在对城市空气、绿地的影响，对城市垃圾的增多、噪声的增多和饮用水供给的紧张也很重要。

人口增加对社会就业的影响。人口的增加需要更多的就业机会，未来几十年内城市就业问题仍然是城市经济发展和社会安定的一个最尖锐的问题。

人口增长对城市经济发展的影响。根据经济学家的观点，人口增长可从报酬递减和资源过度消耗两个方面影响经济的发展。首先，人口增长和经济发展都要占用有限的资金。中国特大城市每增加一口人，就要减少一份经济发展的投入。其次，人口增长会消耗更多的自然资源，对中国特大城市最为重要的莫过于水资源短缺和土地资源缺乏。

减弱人口压力的对策主要包括以下内容。

继续降低人口出生率。自 1973 年以来，我国成功地实施了计划生育政策，城市的人口出生率已有了明显的下降。特大城市更是如此，最近几年普遍下降到 10‰以下。今后要继续严格执行降低人口出生率的政策，使特大城市人口的自然增长率继续下降。

严格控制流入人口。在国家计划经济向市场经济转轨时期，农村大量的剩余劳动人口将要流入城市，尤其是特大城市。北京、上海目前以百万人计。如果继续这种状况，必然影响城市的可持续发展目标的实现。

提高人口素质和努力开发人才资源。这是减弱人口压力的重要方面，中国经济将由劳动密集型向技术密集型过渡或相互结合。发展新型产业，增加就业机会，在更广阔的领域开发人才资源，对于特大城市尤其重要。

积极开辟世界劳务市场，使劳务出口人员数量更具规模。

4. 就业与发展

没有充分的就业就没有整个社会的发展。发展应该为就业创造更多的机会。

第一，中国特大城市就业面临的首要问题是，就业人数在不断增加，就业竞争趋向剧烈。人数的增加一方面来自于城市本身人口的增加，另一方面来自外地人口的流入。目前，后者更为重要。因此，城市必须保持较高的经济增长，创造更多的就业机会，以充分保证城市劳动力的就业。

第二，发展多种产业，尤其是在特大城市发展第三产业，为容纳更大的就业队伍创造条件。北京（包括市区和农村）1992 年第一产业、第二产业和第三产业的就业人员比例分别为 13. 0%、43. 4% 和 43. 6%，1993 年为 10. 4%、44. 5% 和 45. 1%，第三产业又有了增长。退后十几年，1978 年北京第一产业、第二产业和第三产业的就业人员比例分别为 28. 3%、40. 1% 和 31. 6%。今后努力发展特大城市的第三产业，再度提高第三产业的就业率，超过 50% 或更多，是能够实现的。《北京市“九五”计划和到 2010 年规划思路》中提出：“在经济持续高速增长的现时，第三产业以更快的速度增加，占国内生产总值的比重2000年达到53%，2010年进一步提高到65%。”上海在规划中也提出，第三产业的比重在2000年时达到70%。

第三，提高人口文化素质，与城市的发展相适应。目前，中国特大城市就业人员的文化水平普遍低下。根据1990年人口普查结果，青岛市全部人口中具有大专以上文化程度的仅占1.56%，具有高中以上文化程度的占10.72%；武汉市受过高等教育的占成人（6岁以上）人口的6.9%，受过中等教育的占49.6%。为此，需要进一步加强国民教育，提高高等、中等文化教育的人口比例，尤其是高等教育的人口比例，这样才能适应特大城市开辟新的高技术产业，从而增加就业人数的需求。

第四，进一步扩大和完善劳务市场，为就业人员提供必要的服务。目前，全国有9000多个人才、劳务市场。特大城市有更多的分布。北京市有74家人才劳务市场，社会劳动力登记人数达38.6万。沈阳有劳务市场中介机构303家，已经有193万人次通过中介服务机构获得就业。需要指出的是，在特大城市设立的这种劳务市场，除担负失业人员的劳务中介服务外，同时从事人才交流（这类工作属于非就业性服务工作）的服务，也从事诸如离退休人员的再就业介绍。目前特大城市劳务市场尚未健全，需要扩大和完善。

5. 发展与社会稳定

保持社会的稳定是发展的首要宗旨，也是可持续发展的主要内涵之一。对于特大城市而言，除重大的自然灾害（如地震、火灾、旱灾等）和人为的战争外，社会稳定主要包括城市社会安全体系、社会保障体系和社会治安体系等部分。

完善城市社会安全体系有两大因素，一是城市防火，二是保障城市交通安全。

城市防火。由于城市处于动态的发展中，加上管理上的许多问题，城市火灾有较高的趋势。1990～1994年，北京、上海每年发生的火灾都有数百次。为此，发展城市火灾预警系统和建立现代化的城市消防体系成为必要。

减少交通事故。城市尤其是拥挤的特大城市交通事故在所难免。但是为了保障人民的生命与健康，需要尽量减少城市交通事故。

建立新型社会保障体系。社会保障体系在市场经济体制中占有重要地位。新型社会保障体系以社会保险为主要内容，包括养老保险、失业保险、医疗保险等。为保证特大城市的可持续发展，在特大城市中建立和完善这种社会保障体系十分重要。社会保障基金目前可由政府、企业或团体、个人三者共同负担，在基金筹集就绪后尽快启动实施。

强化社会治安和提高公众对城市可持续发生发展的认识。中国城市人口庞大，流动人员众多，加强城市治安，打击形形色色的犯罪分子，是保障社会稳定的重要方面。随着城市的发展，城市治安工作也需要进一步加强。在提高治安保卫人员素质的同时，要改进城市治安的各种物质装备和手段。

在加强城市可持续发展的各项物质建设的同时，加强城市居民可持续发展的公众意识成为必要。后者可产生巨大的力量，是物质建设成果得以巩固的保证。为此，加强城市可持续发展的思想教育，提高城市居民文化素质和道德修养，使全体居民成为维护城市公共利益的自觉者。

自然资源在特大城市可持续发展中的作用——以北京水资源为例[①]

一、北京未来发展的蓝图

北京未来的发展蓝图体现在经国务院批准的《北京城市总体规划》（1991～2010年）中，主要内容简述如下。

1. 发展目标

到2000年，北京社会发展和经济、科技的综合实力达到并在某些方面超过中等发展国家首都城市水平，到21世纪中叶把北京建设成具有一流水平的现代化国际城市。

2. 经济发展

力争在20年内（1991～2010年），国民生产总值翻两番以上。建立社会主义市场经济体制和运行机制。集中力量发展微电子、计算机、通信、新材料、生物工程等高新技术产业。大力发展第三产业。把北京建设成一流国际旅游城市。按照技术密集型和资源节约的原则对工业进行调整，重点发展电子、汽车工业，积极发展机械、轻工、食品、印刷等行业，控制冶金、化工和建材工业的发展。

3. 社会发展

不断提高人口素质，改善生活质量。发展科学技术，使其在全国处于领先地位，一些领域接近或达到国际先进水平。提高全民教育水平，受过高等教育的人口占总人口的比重从1990年的10%左右提高到20%以上。进一步加强各种文化、体育事件，加强医疗卫生工作，发展和完善社会化服务和社会保障体系，逐步改变“单位办社会”的现象。

4. 城市规模

预计今后50年北京市常住人口将达到1400万左右，流动人口300万左右。

① 本文是《中国特大城市的可持续发展》的一部分，发表在《科学对社会的影响》1996年第4期。

严格控制市区人口规模，2000 年从 1990 年的 520 万增至 600 万左右，2010 年为 650 万左右。城市用地规模要和人口、经济的发展相适应，2000 年城市市区建设用地将从 1990 年的约 420km^2 增至 500km^2，2010 年为 610km^2，这是城市市区建设用地可能达到的上限。

5. 城市布局

基本方针是改变人口和产业过于集中在市区的状况，逐步向远郊区作战略转移，大力发展远郊城镇。北京城市规划区按照市区、卫星城、中心镇、一般建制镇四级城镇体系布局。

6. 住宅和社区建设

2000 年城镇居民住宅总量将从 1990 年的 1 亿 m^2 增加到 1.4 亿 m^2，人均住宅使用面积从 1990 年的 11.6m^2 提高到 14m^2 左右，居住面积从 7.7m^2 增加到 9.5m^2 左右。2010 年住宅总面积为 1.9 亿 m^2，人均使用面积 16.5m^2，居住面积 11m^2。新建居住区的规模一般为 1 万多户、3 万至 5 万人，由若干小区组成，在居住区内进行各项配套设施的建设。城市交通优先发展社会化公共运输，在 20 年内初步形成以快速轨道交通为骨干，多种客运方式相结合的综合客运体系。力争在 2010 年前城市交通有较大改善。20 年内自行车保持在 600 万辆左右，民用汽车保有量在 2000 年达到 70 万辆，2010 年达到 130 万辆。

在加强城市内交通的同时，进一步发展北京市对外交通，包括公路、铁路和航运。

7. 城市能源和水源

北京能源建设的基本方针是：争取大量从外地调入天然气，增加电力供给，提高清洁能源的比重，减少市区的煤炭消费量，以改进首都的生态环境。

采取各种措施，大力节水，把北京建设成节水型城市。2010 年工业重复用水率力争达到 80%。农业用水大力发展喷灌、滴灌，同时采取污水资源化措施，以缓和北京水资源的供需矛盾。为根本解决北京水资源的短缺，应尽早实现“南水北调”工程，北京年平均可获得 12 亿 ~ 13 亿 m^3 水量。

8. 城市环境和绿化

北京市环境保护的目标是：2000 年市区环境污染状况得到控制并有较大改善，市区主要输水河道还清，非采暖季节市区民用建筑和一般工业基本上不再烧煤，郊区宜林荒山基本实现绿化，农业和自然生态逐步向良性循环发展。2010 年或更长一些时间，使全市环境状况全面好转，逐步达到国家各项环境质量标准。

二、北京水资源和利用

根据1956～1984年近30年的统计，北京市年平均降水量为595mm，山区为591mm，平原为601mm。由降水产生的地表径流量（包括枯水年份地下水的溢出）年平均为23亿m^3，其中山区16亿m^3，平原7亿m^3。

1985～1995年北京的降水量列在表3-9中。

表3-9　北京的降水量（1985～1995年）　（单位：mm）

年份	1985	1986	1987	1988	1989	1990	1991	1992	1993	1994
降水量	721.0	665.3	683.9	673.3	484.3	644	747.9	541.5	506.7	813.2

资料来源：北京四十年，中国自然资源丛书（北京卷）。

北京市入境水量主要来自永定河、潮白河和蓟运河，这3条水系流入北京的地表径流量，年平均为20.5亿m^3（1956～1983年统计）。其中，以永定河和潮白河为主，分别占56%和40%，蓟运河为4%。拒马河为边界河，年水量为4亿～6亿m^3。地下水入境水量年平均为0.06亿m^3。

北京的出境水主要由永定河、潮白河、北运河、大石河等组成，年平均清水出境量为13.7亿m^3。另外还有污水出境量，北运河年平均为3.4亿m^3。地下出境水为0.8亿m^3/a。北京的地下水总蕴藏量虽然丰富，达到六百多亿立方米。但是，这些地下水是不能随便使用的。下面将讨论北京地下水过度开采的严重后果。考虑到大气降水、河水入渗、灌溉水入渗、水库渗漏等多种因素，北京地下水总补给量为39.7亿m^3/a。

1. 地表水

北京地表可用的水资源主要来自密云、官厅两大水库，占地表水可供量的80%以上。其他来自中小型水库和河流。基本情况见表3-10。

表3-10　北京地区可用水量（1990年）　（单位：亿m^3）

保证率	地表水				地下水	合计
	官厅水库	密云水库	中小型水库及河道基流	小计		
50%（平水年）	4.3	10.0	3.1	17.4	24.5	41.9
75%（偏枯年）	2.2	9.0	2.0	13.2	24.5	37.7
95%（枯水年）	1.1	8.0	1.2	10.3	24.5	34.8

资料来源：中国自然资源丛书（北京卷）。

密云水库1960年建成，距北京市中心约100km。总库容量为43.75亿m^3，年平均入库水量在10亿m^3以上。为北京供水的主要源泉。官厅水库1954年落成，总库容量仅次于密云水库，为41.6亿m^3，1960～1989年近30年的平均年入水量为8.6亿m^3，由于上游地区需水量的增加，来水量有明显下降趋势，20世纪80年代年平均仅4亿m^3。

2. 地下水

地下水多年平均补给量扣除流出、蒸发等的自然消耗，即为地下水可采量。北京市地下水年平均补给量为40亿m^3，年地下水可采量仅为24.5亿m^3。20世纪70年代开始，地下水开采量超过地下水可采量，80年代地下水开采量达到年均26亿～27亿m^3。到1994年年初，地下水开采累计亏空42亿m^3。致使北京出现漏斗区，约占全市总面积的1/8。

3. 泉水

北京的泉水丰富，有著名的潭柘寺的龙潭泉、卧佛寺的樱桃泉、昌平的小汤山温泉、房山的万佛泉等。据统计，北京山区有泉水点1347个。

4. 重复用水量

重复用水是指工业退水和污水厂方面的水量。工业退水逐年减少，1980年为3亿m^3。污水利用量大约有2亿m^3。

5. 北京的用水量

1990年北京降水量为644mm，略高于北京平均降水量，为平水年。上一年（1989年）为枯水年，降水量为484.3mm；下一年（1991年）为丰水年，降水量为747.9mm。这三年北京的用水状况基本不变，总量在36亿m^3以上，其中地下水20亿m^3。农业用水为第一大户，在22亿m^3左右，其次是工业和居民生活用水，其数值分别为5亿～6亿m^3（表3-11）。

表3-11 北京市用水情况（1989～1991年）　　（单位：亿m^3）

用水项目	1989年		1990年		1991年	
	用水总量	其中地下水	用水总量	其中地下水	用水总量	其中地下水
工业	5.91	3.46	5.64	3.28	5.59	3.19
居民生活	5.61	1.9	5.29	1.8	5.66	1.79
输水损失	2.05		2.03		2.05	

续表

用水项目	1989 年		1990 年		1991 年	
	用水总量	其中地下水	用水总量	其中地下水	用水总量	其中地下水
河潮	0.44		0.43		0.4	
农业	23.61	16.2	21.74	14.3	22.7	13.8
合计	37.62	21.56	35.13	19.38	36.4	18.78

资料来源：中国自然资源丛书（北京卷）。

三、北京水资源缺口和对策

1. 北京市可供水量估计

根据水电部天津院、清华大学、北京市水利规划设计院等部门的预测，2000 年、2010 年北京可供水量有如下结果（表 3-12）。

2000 年，平水年，可供水量为 41.0 亿 m^3；枯水年，可供水量为 34.4 亿 m^3。

2010 年，平水年，可供水量为 39.1 亿 m^3；枯水年，可供水量为 32.2 亿 m^3。

表 3-12　2000 年和 2010 年北京地区可用水量　（单位：亿 m^3）

年份	地表水					地下水	合计
	保证率	官厅水库	密云水库	中小型水库及河道基流	小计		
2000	50%（平水年）	3.4	10.0	3.1	16.5	24.5	41.0
	75%（偏枯年）	1.7	9.0	2.0	12.7	24.5	37.2
	95%（枯水年）	0.7	8.0	1.2	9.9	24.5	34.4
2010	50%（平水年）	2.5	9.0	3.1	14.6	24.5	.9.1
	75%（偏枯年）	1.2	8.0	2.0	11.2	24.5	35.7
	95%（枯水年）	0.5	6.0	1.2	7.7	24.5	32.2

资料来源：中国自然资源丛书（北京卷）。

对北京市 2000 年、2010 年需水量的预测有如下结果。

预测条件：①保证社会经济和人民生活的提高；②节约用水；③电力工业用水重复率达 95% 以上，一般工业达 80% 以上，其中冷却用水要达到 95% 以上；④城市空调冷却水要达到 90%，并推广节水卫生便器和节水淋浴设备；⑤农业上推广喷灌、滴灌等新技术，节水农田 2000 年要达到 30 万 hm^2，占有效灌溉面积的 90%。

预测根据：2000 年，北京市区人口 600 万，人均每日用水 315L；郊区人口 160 万，人均每日用水 280L。2010 年，北京市区人口 645 万，人均每日用水 360L；郊区人口 205 万，人均每日用水 300L。

预测结果：2000 年、2010 年总需水量为，2000 年，平水年 43.04 亿 m^3；

2010 年，平水年 49.01 亿 m^3。

2. 北京市水资源供需缺口和对策

根据以上对北京市水资源供需平衡预测，2000 年平水年北京市缺水 2.04 亿 m^3，偏枯年缺水 9.31 亿 m^3，枯水年缺水高达 11.70 亿 m^3。2010 年，平水年北京市缺水 9.9 亿 m^3，偏枯年缺水 16.9 亿 m^3，枯水年则高达 19.84 亿 m^3。由此可见，北京市未来水资源供需关系十分紧张。以平水年对待，缺口由 2000 年的 2 亿 t 迅速扩大到 2010 年的 10 亿 t。要解决北京城市的可持续发展，必须解决北京地区水资源的供给，有如下对策。

提高对我国水资源重要性的认识，大力节水，把北京市建成节水型都市。继续推广节水农业技术，普遍实行喷灌、滴灌；大力提高工业用水重复率，在 2010 年前达到 80% 以上；杜绝居民生活用水的浪费现象，对超标水消费的宾馆、学校、娱乐场所实行高标准收费。

严格防止水源、水体的污染，有效提高工业污水和居民生活污水的处理率，2000 年城市污水处理率达到 60%，2010 年达到 90%。还清市区主要河道，改观水环境质量，保护北京有限的水资源。

同时，加强污水资源化工作，争取在 2000 年城市污水的年回用量达到 4.8 亿 m^3。

科学地开采地下水，防止地下水继续超量开采。采取地表水和地下水联调措施，利用水库弃水和雨洪对地下水进行回灌，增加地下水的补给量。

争取实现"南水北调"中线工程，从长江的丹江口水库调水入京，平均每年北京可获得 12 亿 ~ 13 亿 m^3 水量。如果实现，将是解决北京水资源短缺的根本办法。但是，"南水北调"工程浩大，何日上马尚在争议之中。

四、水资源在北京未来发展中的地位

考察北京供水的历史，可以得出一个结论：水资源问题一直困扰着北京。

在自来水出现之前，北京城内的生活用水，老百姓一直取自井水和河塘水，水质差，水量不足；宫廷用水取自玉泉山的泉水。

清朝光绪年间，北京修建净水厂，1910 年开始供水，水源来自温榆河，日供水能力 3300m^3。20 世纪 30 年代净水厂开始利用地下水，规模很小。国民党统治时期供水水源基本没有增长。1949 年新中国成立前夕北京仅有 1 个水厂，20 眼井，供水能力 86200m^3，用水人口 60 万，占全市人口的 1/3。

新中国成立以后，北京供水能力虽然有很大的发展，20 世纪 50、60 年代相继兴建了 6 个水厂。但是，水的供给始终不能满足城市工业和人口增加的需要。

1974 年开始建设最大的地下水源厂——水源八厂，以适应市区需水量的猛增。水源八厂 1982 年建成，日供水能力可达 48 万 m^3。地下水源的大量开采引起地下水位下降，城市供水水源又转向地表水，80 年代前后建立了田村山水厂和水源九厂，到 1988 年年底形成 170 万 m^3 的自来水日供水能力。其中，由于地下水位下降的影响，供水能力衰减至 36 万 m^3。如此数量的水供给，并不能满足北京经济和人口增长的需要。北京缺水愈来愈严重。

北京由于水源不足，城市供水能力长期滞后于需水量的增长，造成了重大的经济损失。例如，20 世纪 80 年代，每到夏季供水高峰季节就出现供水不足现象，日亏水量高达 21 万 m^3。为保证生活用水，被迫对数百家工厂企业实行限水，一次限水活动就会造成数百万元的直接损失。

水资源的供给少在如下几个方面影响北京的发展：①市区和郊区人口都不宜过快增长，应控制在一定的范围内；②城市工业布局根据水资源情况进行必要的调整，没有足够水供给的工业项目不能上马，耗水大户必须进行技术改进；③大力推进节水农业技术和节水农田管理，农业的发展一定要和水资源相适应，大量耗水的农业项目要受到限制；④城市的规模、布局和设备都要与水资源相匹配，民用水量要受到必要的控制。

中国特大城市在中国的经济和国力的发展中占有重要地位。中国特大城市面临着城市规模继续扩大，人口继续增长，生态环境继续恶化，城市自然资源尤其是水资源短缺等严重局面。

中国特大城市在 21 世纪的主要议程是求得可持续发展。这种可持续发展的核心是经济、社会和生态环境（包括自然资源）的共同发展。必须抛弃单纯的经济增长的发展模式，城市经济的增长不能以破坏或减弱城市生态环境为代价。

城市可持续发展的重要领域应该包括：①向全体居民提供适当住房；②改善居住区的管理；③促进可持续的自然资源利用；④加强环境基础设施；⑤促进可持续的能源和运输系统；⑥防止城市灾害；⑦促进可持续的建筑业。

目前生态环境的污染和破坏是中国特大城市持续发展最为重要的问题。如果不给予重视和纠正，特大城市的可持续发展是无望的。

水资源短缺是中国特大城市特殊的普遍问题。城市缺水严重地制约着城市经济、社会和其他事业的发展，也严重地影响着城市自然生态的平衡。对北京市水资源状况的分析，加强了这一结论。北京市这一中等缺水城市，2000 年缺水 2 亿 t，2010 年缺水 10 亿 t，如果区域间的调水工程不能实现，那么 20 年后北京市将面临着水资源严重短缺的局面。水资源将严重威胁着中国特大城市的可持续发展，成为特大城市可持续发展的重要限制因素。这就是本文最重要的结论。

资源环境与社会发展[①]

一、环境问题的历史发展

环境，作为人类生存的物质空间，始终受到人类活动的干预和改造。工业活动的主流，是财富的增长、经济的发展和社会的进步，但是工业活动本身和它的产物，却带来了资源的枯竭、环境的破坏，直至对人类生存空间造成威胁。

由于人类活动所造成的环境问题在20世纪愈演愈烈，它和人口的增长、资源的危机，构成了当今世界最严重的全球问题。但是，这并不意味着环境以及资源问题已经成为社会和经济停止继续发展的界碑。

20世纪环境按时间序列呈现了如下的特征。

1）在五六十年代以前，环境污染的直接原因来自于工业生产（也包括交通运输）所产生的废气、废水和废渣，称为“工业三废”。这种污染，与19世纪的环境污染相似，然而其规模却空前扩大，危害程度急剧增大，造成了许多震惊世界的公害事件。

2）在五六十年代，农药、核能、噪声以及热浪等，咄咄逼人地加剧了环境污染的严重性，污染由局部性发展为区域性，甚至具有全球性，开始威胁到人们的生命和安全，成为举世瞩目的重大社会问题，由此，形成20世纪环境问题的第一次高潮。

3）从20世纪70年代起，在人和自然这一复杂的生态系统遭受到破坏的情况下，环境问题的内涵获得了实质性的扩大，它不仅是指“污染”引起的人类健康受到危害的问题，而且包括了严重影响人类生存与发展的生态平衡失调等一系列问题，如沙漠化、水土流失、自然资源破坏、大量物种绝灭等。在生态系统（ecosystem）这一科学概念的基础上，环境问题深化了。

4）环境问题和人口、资源作为全球三大问题之一，大体上从20世纪70年代开始被国际社会置于全球问题的框架下加以认真研究。环境问题上升到“环境危机”而成为世界瞩目的共同事业。

---

① 本文作者为朱斌、张利华和宋江华，发表在《科学对社会的影响》1994年第1期。张利华、宋江华是朱斌单位同事，文章发表时宋江华已调任中国农村信托投资公司。

5）自 20 世纪 80 年代以来，环境问题在世界上形成了第二次高潮。这一高潮的表现，是以酸雨、臭氧层破坏和温室效应等一系列影响范围大、危害深远为主要特征的生态系统破坏，同时还包括土地流失、森林破坏、水资源污染、大气质量恶化、物种灭绝等许多全球性的重大变化。环境问题已成为世界许多政府和国际社会十分关注的问题，成为政治的砝码，国家重要对策的依据。

6）进入 20 世纪 90 年代以来，环境问题的重要性有增无减，臭氧层破坏，饮用水短缺，全球性气候变化都成为热门话题，痕量元素对大气的影响以及温室效应等都是当今世界科学研究的前沿。

1. 一部划时代的著作——寂静的春天

1962 年，美国生物学者 R · 卡尔逊女士（R. Carson）发表了《寂静的春天》一书，使她成为环境科学历史上划时代的人物。这本书虽然只是一本高级科普著作，但是，它的内容是基于作者花费了 4 年时间对杀虫剂的使用和危害情况的详细考察，因而具有相当高的科学价值，尤其是书中详细而生动地描写了由于使用农药及其他一些化学物品所造成的全球性环境污染；在阐明人类同大气、海洋、河流、土壤、动物和植物之间的相互依存关系的同时，揭示了人类所面临着的生态危机。作者优良的科学素养和清醒的环境意识，提醒人们需要重新对农药、对环境污染加以审视。这本书使人们惊奇地发现，科技与工业发展的伴随物竟然是一个被毒化了的环境，它对于人类的损害将是全面的、长期的和严重的。

《寂静的春天》所揭示的一切，使欧美各国朝野震惊，从而也挑起了一场激烈的争论。不管争论谁胜谁负，它的现实意义是巨大的。从此，世界有关环境问题的讨论，从狭窄的治理污染和保护野生生物方面提高到生态系统的层次。一个有声有色的“生态运动”，就从《寂静的春天》开始向全世界蔓延。

2. 环境科学的诞生推进了世界环境运动

世界性的生态运动（又称环境运动）有力地推进了环境科学的产生。环境科学是一门综合性学科。差不多在 20 世纪 60 年代，许多科学家，包括生物学家、化学家、地理学家、医学家、工程学家、物理学家和社会科学方面的专家共同加入了对环境问题的深入探索。70 年代初期，陆续形成了诸如环境地学、环境生物学、环境化学、环境物理学、环境医学、环境工程学、环境经济学、环境法学、环境管理学等许多研究环境问题的新的分支学科，并在此基础上孕育产生了环境科学。

环境科学作为一个多学科交叉的、具有强烈应用作用的综合性科学，在短短的时间内得到了迅猛的发展，资料积累之丰富，出版物之众多，学术交流之频繁，研究规模之庞大，在科学史里都是罕见的。它的诞生和发展，有力地推进了世界性的“环境运动”，并成了它的重要组成部分。

3. 环境法和管理机构的出现

在20世纪60年代后期，美国在空气污染、水污染、固体废物、农药、食品、药品、化妆品等方面制作和修订了十多项全国性法令。1969年颁布了一项综合性的联邦环境法令——国家环境政策法案（NEPA）。这项法令强调要“促进人及其环境之间，在生产和生活愉快方面获得协调，发展旨在防止和消除对环境和生物圈的破坏而作出的努力，增进人类的健康和福利，丰富在生态系统和对国家有重要意义的自然资源方面的认识。”该法令首次确定了“环境影响评价”制度，在总统行政办公室内设立环境质量8人委员会。

1970年，美国成立国家环境保护署（EPA），拥有6000名正式职工，1971年经费拨款14亿美元。该署下设水、空气、农药、放射性固体废物、噪声消除和控制等多个业务管理部门，对全国性环境问题进行各种性质的领导。同时，美国对防止和治理污染进行大量的投资，如为执行防止水污染的法令，1972～1974年投资246.6亿美元，1973～1983年计划用于废水处理的投资约1073亿美元。据估计，20世纪70年代美国用于控制环境污染的支出共2870亿美元，为同期国民生产总值的2.2%。如果算上其他相关的开支，每年用于“生态运动”的费用约360亿美元，为国民生产总值的3%。

西欧、日本等国，差不多同时制订了各种环境法律，英国（1970年）、日本（1971年）、法国（1971年）、西德（1971年）、加拿大（1971年）相继组建了国家环境部或环境保护局。20世纪70年代用于治理环境污染方面的经费，一些发达国家每年的费用大约占国民生产总值的1%～2%。

环境污染治理开始在欧、美、日本等地区和国家出现明显的成效，环境质量有显著改善。

4. 罗马俱乐部敲响了世界警钟

20世纪70年代环境问题的深化，还集中地表现在罗马俱乐部关于“人类困境”的研究以及引起的强烈反响。罗马俱乐部是由意大利著名社会活动家雷利奥·佩西组建的一个民间学术团体。它的宗旨是“忠实和深刻地阐明人类面临的主要困难”、“为人类在与现实状况进行搏斗中采取和实施新的战略和措施提供帮助”。

罗马俱乐部认为“人类困境”主要表现在：①人口爆炸；②缺乏规划；③全球生态系统（尤其是支持人类生活的四大主要系统——农地、牧场、森林、渔业）受到人类的污染和破坏；④世界经济危机；⑤军备之争；⑥社会邪恶势力；⑦科技发展的无政府状况；⑧不适应现状的制度；⑨东西对抗和南北分歧；⑩缺乏道德上和政治上的领导。他们对环境和发展问题有相当的研究，表达了这样一种基本观念：可以供人类自己使用的主要资产只有人类智慧和全球环境这两项，但是它们或者未能被人类加以充分利用，或者遭到人类的浪费和破坏，或者被人类长期遗忘——这种情势如果任其发展下去，人类面临的则是黑暗的深渊，他们将日趋灭亡。只有合理地利用资源、改善全球环境，人类才能走出危机，走出“困境”，从而有力地把握自己的未来。

尽管罗马俱乐部提出了各式各样的报告，遭受到世界舆论的评头品足，许多观点过分偏颇，但是它的功绩正在于这些偏颇的、十分激烈的观点，使昏昏欲睡的世界惊醒过来。正是罗马俱乐部在环境问题上首次严肃地在全球框架下向世界提出了环境破坏已经给人类的生存与发展造成了威胁这一事实，并有力地推进了环境问题的研究。

在 20 世纪 70 年代环境运动中，还有许多值得载入史册的事件。在这些事件中，特别应该提到的是 1972 年 6 月在瑞典首都斯德哥尔摩举行的联合国人类环境会议，有 114 个国家政府派代表与会。会前，英国经济学家沃德（Barbara Ward）和美国微生物学家杜博斯为大会编写出版了《只有一个地球——对一个小小行星的关怀和维护》一书。它从全球发展前景出发，并从社会、经济、政治等不同角度，对环境问题加以综合性的、准确性的全面探讨评述，从而被人们认为是环境科学的一部绪论性的代表作。

5. 20 世纪 80 年代出现了新的环境问题

尽管一些老的环境问题，诸如工业三废得到一定程度的控制，泰晤士河得到澄清，然而新的污染不断出现。20 世纪 80 年代，焦点集中在臭氧层破坏、温室效应、酸雨、危险性固体废物的处理以及物种灭绝等新的问题上；此外，森林破坏、土地沙漠化和海洋污染逐步演变成世界性的规模而受到重视。

自然资源在环境因素中的重大作用，反映在 1980 年的国际自然及自然资源保护联合会、世界野生生物基金会和联合国环境规划署共同发表的《世界自然资源保护大纲》中，也强烈地反映在 1982 年为纪念联合国人类环境会议 10 周年发表的世界环境报告——《回到现实》（Down to Earth）之中。

这一时期，环境问题的研究和经济的发展、人口的增长以及社会的进步密切联合，出现了“环境与发展”的新主题。1983 年 12 月，联合国因此成立了世界环境与发展委员会。在广泛调研的基础上，1987 年 4 月，它发表了《我们共同的未来》调查报告。这份报告分析了国际经济的现状、人口增长与粮食生产的矛盾、动植物物种资源面临的困境、工业与能源的格局等一系列问题，提出了处理环境与发展问题的行动建议。

《我们共同的未来》强调指出：今天的世界已经陷入了深刻的全球性环境危机之中，要使地球上的人类生存繁衍下去，必须解决保护环境和生产持续发展的矛盾。因此，为了保护全球环境，各国的经济发展必须坚持“持续发展”的方针，即寻求一个“既满足人类目前需要和追求又不对未来的需要和追求造成危害”的方法。

1989 年 8 月，联合国人类基金会等组织在东京召开的“国际人口、环境和发展研讨会”发展了这一主题，会议通过了《寻求持续发展》的宣言。1989 年 9 月，联合国教育、科学及文化组织在加拿大温哥华召开的“21 世纪科学与文化：自下而下的计划”研讨会，对环境问题从科学、文化、经济和政治的角度进行了全面探讨，由与会科学家签名发表了《关于 21 世纪生存的温哥华宣言》。

步入 20 世纪 90 年代的环境社会

1990 年 1 月，“环境与发展全球论坛会议”在莫斯科召开。

1990 年 3 月，“地球 90”国际环境会议在温哥华开幕。

1990 年 4 月，在加拿大多伦多召开了政府间气候变化委员会（IPCC）。

1990 年 4 月 22 日，世界 134 个国家、1000 多个国际组织和团体、约 2 亿多人进行了空前的“地球日”活动。

1990 年 6 月，世界保护臭氧层大会在伦敦举行，86 个国家的代表光临，建立了 2.4 亿美元的保护臭氧层国际基金，决定在公元 2000 年前逐步实现禁止使用破坏臭氧层的氯氟烃。

1990 年 9 月，世界 102 个国家的 520 名代表聚会印度新德里，讨论改善全球饮水问题，指出安全供水和排污是改善人类健康状况、脱贫和保护环境的工作重点，应该成为 20 世纪 90 年代的首要目标。

1990 年 12 月，联合国通过一项决议，决定于 1992 年 6 月在巴西召开一次有关环境与发展问题的国家元首和政府首脑会议。这次“地球最高级会议”在里约热内卢如期召开。“环境与发展”这一主题，在 20 世纪 90 年代以及 21 世纪将继续下去，并有新的发展。

20 世纪 90 年代，人类面临的环境局势将进一步严峻，局部问题虽然有所解决，但新的问题不断涌现，总的形势没有和缓。发展中国家的环境问题更为突出，它们肩负着保护环境与发展经济、摆脱贫困的双重压力。未来世界的环境问题将有新的变化和发展。

二、几个环境问题

1. 温室效应

地球上方的大气是人类生存的必要条件，但它正在遭受空前的污染，其中 CO_2 含量的上升与“温室效应”是影响最大、也许是最为深远的问题，因此，成为当今科学研究的前沿，也是世界舆论的热点。

随着能源和工业生产的发展，越来越多的 CO_2 进入大气层。冰川样品的分析表明，1860 年大气中的 CO_2浓度为 260ppmv，1985 年浓度为 346ppmv，增加了近 30%。最近 30 年大气中 CO_2浓度的增大尤为显著。CO_2在大气中含量的增加是导致地球表面增温的主要因素。它在大气中形成了一层“热的屏障”，阻止地球反射热量到宇宙空间中，被称为“温室效应”。

产生温室气体的物质除 CO_2外，还有甲烷（CH_4）、一氧化二氮（N_2O）以及其他痕量气体。根据我国和美国科学家的最新研究，稻田是产生甲烷的重要场所，对“温室气候”作出了重要贡献。

能源的生产和利用是排放“温室气体”的主要来源，20 世纪 80 年代约占总排放量的 57%，其中主要是矿物燃料燃烧产生的 CO_2。1985 年，矿物燃料燃烧产生的 CO_2为 5300 Mtc。

从排放 CO_2的国家名次来看，美国第一，苏联第二，中国第三，印度第四。也有材料认为巴西第一。这与它们大量使用煤炭直接相关。中国未来煤炭的利用量有可能大幅度上升，因此，可能导致 CO_2排放量的上升，而跃进世界更前的位置。同时，矿物燃料仍是今后世界的常规能源，并且有进一步发展的前景。在未来三四十年内，CO_2的年增长率将与能源的增长率同步，达到 2%。

地球温度只需升高几摄氏度，即会对全球气候产生巨大的、深远的影响。根据一些科学家的估计，按目前 CO_2上升的速度，今后 40～50 年内，由于“温室效应”，将导致如下结果：南极冰层滑动，世界海洋面提高 20 英尺，许多沿海城市和海涂将消失；气温的上升使蒸发速度加快，全球降水量增加 7%～11%；冬季缩短，夏季延长，全年平均温差缩小；这种气候变化，将极大地影响农业生产，总的看来是害多利少。据中国有关专家估计，那时，国中农业生产能力至少将损失 5%。

2. 酸雨

酸性的雨、雪、雾降落到地面，统称作酸雨。酸雨早在 19 世纪中期就被科学家研究过，直至最近 30 年内，它的危害性才显露出来。在北美东部，北欧和中欧的广大地区，现在降水的年平均 pH 在 4 ~4.5。我国 1933 年对几个重点城市 pH 测定的结果：重庆 4.26，青岛 4.67，南宁 4.73，杭州 4.94，西安 4.17。

人类活动向空气中排放的大量硫（S），是产生酸雨的主要原因。粗略地估计，目前人类活动排放的硫的数量，差不多等同于火山、沼泽、海洋等自然现象向空中排放的硫。而人类的排硫活动又相对集中。因此，世界上许多工业城市，出现了 SO_2 污染的严重事件，如 1984 年在美国宾夕法尼亚的多诺拉，1952 年在伦敦，20 世纪 60 年代初在纽约，因空气被 SO_2 污染而出现大量居民死亡的事件。

酸雨严重破坏湖泊的水质，使鱼类等生物不能生存，湖泊变成“死湖”。20 世纪80 年代，酸雨严重危害森林的现象，在西欧、东欧等国被广泛观察到。1983 年，民主德国有 12% 的森林受损，瑞士有 25% 的枞树和 10% 的云杉坏死，法国、荷兰、南斯拉夫、意大利、英国、瑞典、苏联等国都有森林因空气污染被破坏的报告。

我国是世界上酸雨严重的地区之一。1981 ~1985 年，对 40 多个观测点测试的结果表明，我国的降水酸度由北向南呈现加重的趋势。长江以南部分地区，如四川、贵州尤为严重。其中，重庆的 pH 低值为 3.55，贵阳为 3.44，武汉 1983 年曾出现 3.74，广州和南宁也出现过 4.0。上海地区，频繁地出现酸雨，1983 年平均 pH 为 5.93。在较少工业分布的庐山地区，1983 年也出现了 pH 为 3.10 的降雨。

大气污染是无国界的，导致酸雨成为了国与国之间争端的严重事例。例如，美国与加拿大有关酸雨的争端旷日持久。

在未来展望中，由于矿物能源的消耗有上升的趋势，尤其是第三世界国家，因此，酸雨的危害也有上升趋势。希望如下预言不会变成事实：今后 20 年内酸雨和大气污染的破坏与今天的环境破坏相形见绌。

3. 臭氧层破坏

大气中的臭氧层，由于它对太阳紫外线的强烈吸收作用，成为人类和生物界的一个重要防护层。然而近年来的观测发现，整个臭氧层有变薄的趋势，特别在 20 世纪 80 年代中期，更发现南极臭氧层出现了空洞，此洞由 80 年代初到 1987 年一直在加深。

进一步研究发现，人类活动对臭氧层的破坏有如下方面：①当某些化合物的释放物和气溶胶喷雾剂、氟利昂、氟氯甲烷、四氯化碳、甲基三氯甲烷等进入大气平流层时，成为破坏臭氧的催化剂。②在对流层顶飞行的飞机排出的氧化氮气体，也是破坏臭氧的催化剂。③农业化肥和某些燃料产生的氧化氮，也是破坏臭氧层的因素。此外，有人认为核试验也是破坏因素之一。

北京、昆明两地的观测表明，最近10年间，臭氧量呈下降趋势。1980～1987年，北京臭氧下降了大约5%，1987年以后，又有回升；昆明大约下降了1%～2%。

为此，国际上形成了保护臭氧层的蒙特利尔协议，禁止生产和排放破坏臭氧层的化学物质，从现在起就需对CFC和Halon的生产和使用实施限制。

4. 沙漠化

沙漠化的简明含义是指在脆弱的生态系统下，由于人类不恰当的经济活动造成过度利用自然资源，使原来不具备沙漠特征的地区出现了类似沙漠的景观。

我国的沙漠分布在北方地区，因此沙漠化也出现在中国北方。在北方，历史形成的沙漠化土地面积约12万km^2；近半个世纪以来，新形成的沙漠化土地约5万km^2，再加上沙漠化潜在危险的土地面积15.8万km^2，总面积为32.8万km^2，占全国总面积约3.4%，占我国北方地区面积的10.3%。如果加上已成形的130.8万km^2的沙漠，我国沙漠和沙漠化的面积就占到全国土地总面积的17%。

纵观我国沙漠化土地的分布，东起黑龙江，西至新疆，断续分布延伸5500km，地涉辽宁、吉林、河北、山东、内蒙古、陕西、宁夏、青海等12个省市。根据20世纪50年代和70年代两次航空相片的对比分析，沙漠化土地从原来的13.7万km^2，增加到目前的17.6万km^2，近25年增加了3.9万km^2，平均每年扩大1560km^2。

根据联合国环境规划署的估计，目前世界沙漠化的面积为38437770km^2，其中亚洲32.5%，非洲27.9%，澳大利亚16.5%，北美和中美洲11.6%，南美洲8.9%，欧洲2.6%。全世界有100个国家、约8.5亿人口正在受到沙漠化影响，35%的陆地受到沙漠化的威胁。目前沙漠化正以每年500万～700万hm^2的速度在扩展。因此，联合国官员在描述沙漠化危害程度时说："土地沙漠化所引起的破坏后果不亚于几次核打击，虽然不是闪电式的，但对人类及保证人类生存的生命系统的破坏程度却毫不逊色。"

5. 森林破坏

森林是地球上功能最完善、最强有力的陆地生态系统。全世界密生林的总面积近30亿hm^2，非密生林地约23亿hm^2，加起来，林地覆盖面积大约53亿hm^2，相当于世界耕地面积的3倍还要多。然而，20世纪以来，特别是50年代以来，森林却以空前的速度被破坏，现在世界上每年减少1800万～2000万hm^2的森林，这意味着每分钟有300亩的森林从地球上消失。

地球上森林毁坏最严重的是热带雨林。在热带地区，20世纪80年代每年砍伐森林1130万hm^2，而同期植树面积仅为110万hm^2，为砍伐数的1/10。在非洲热带，这个比例高达1/29。巴西拥有世界上面积最大的热带雨林，达2.8亿～3.0亿hm^2，为了还债，1966～1978年，巴西将800万hm^2的亚马孙热带森林变为养牛场，森林变为平地。

我国历史上是个多森林国家，但由于战争频繁、人口剧增、乱砍滥伐以及不合理的开垦等原因，大面积的森林只剩下一小部分。到新中国成立前夕，全国森林覆盖率只有8%。虽然经过40余年的艰苦努力，植树造林，但由于成活率低下，所以收效不大。目前，我国森林的覆盖率，按国家公布的数字是12%，按卫星测的数字是8%。即使以12%计算，我国森林覆盖率在世界200多个国家和地区排列中居第131位。

森林的破坏不仅影响了全球自然生态系统，同时也影响着世界经济和社会系统，影响着人的生活条件。森林的锐减加剧了水土流失，使得水、旱、风沙等自然灾害日益频繁，范围日益扩大，后果愈来愈严重。同时世界性的薪柴短缺正在成为地球森林资源新的掘墓人。面对如此严峻的形势，我们不得不惊呼：保护森林，还我自然！

6. 水体污染与淡水短缺

地球上的水资源97%是在海洋中，只有3%在陆地上。陆地上的水，77.2%储存于冰川中，22.4%储于地下，只有0.4%在湖泊、河流中。即使在这0.4%的水中，也不是都能够利用的。能够供人类利用的淡水资源是有限的。根据联合国1977年统计的数字，地球上水的总储量约为13.86亿km^3，其中淡水储量0.35亿km^3。在淡水储量中，只有0.13%，即47万亿m^3的淡水是可利用的。

淡水资源在地球上的分布是不均匀的。亚洲和非洲是水资源紧张地区。亚洲人均水量仅是全球平均数的一半。就国家而言，差距很大。加拿大人均径流量超过10万m^3，埃及还不足100m^3。我国是2800m^3，为世界上缺水的国家之一。

随着社会、经济的发展，人类活动的用水量愈来愈大。在20世纪前50年，全世界的用水量翻了一番，后50年将再翻一番。其中农业灌溉用水和人口增长的用水是两个主要原因。1950～1970年，世界总灌溉面积增长了1倍。20世纪人口数量的剧增，加大了淡水的需求量。我国的总水量和美国相当，但因人口太多，人均水量只有美国的1/5。目前，全世界约有100个国家和地区缺水，其中严重缺水的约有40个。

20世纪水资源的紧张程度，又因为水体的污染变得更为严峻。随着工业的发展和工业产品在农业上的利用，水体污染日趋严重。20世纪80年代中期，世界每年排出的工业废水达6000亿～7000亿m^3。50年代以来，西方一些工业发达国家曾经遭受到水体污染的严重困扰。莱茵河成为欧洲的“污水渠”，纽约市附近的大西洋海域成为“漂浮的垃圾场”。美国从加拿大、丹麦从挪威、西德从瑞士购买饮用水，阿尔及利亚全国都进口饮用水，新加坡的饮用水有时要凭证供应。70 年代以来，发达国家在治理废水方面取得了成绩，然而水体污染问题成为第三世界愈来愈突出的问题。印度 70% 的地表水受到污染，流出新德里的亚穆纳河，100mg 水中竟含有 2400 万个大肠杆菌。马来西亚 40 多条主要河流受到污染，河中鱼类几乎荡然无存。水体污染不但严重地影响了居民的健康，而且成为社会经济继续发展的桎梏。

我国水体的污染，总体尚不造成危害，但局部区域、局部水域已经十分严重。1985 年全国污水排放总量 342 亿 t，工业污水处理率仅 22% 左右。1983 年对 42 个城市 55 条河流的监测表明，氨氮超标的河段占 58. 5%，挥发酚超标的占 33. 3%，悬浮物超标的占 41. 9%。城市饮用水的水质普遍下降，1985 年统计 49 座城市的 95 个水源地，其中 51 个水源地有不同程度的水质污染超标。北京、天津、上海、沈阳、西安、太原等城市的地下水中，硝酸盐、硬度、矿化度普遍升高，不少指标超过饮用水标准。

长江、黄河、松花江、珠江等全国七大河流的干流在城市附近段已呈现明显污染。

华北地区水资源短缺，由于水体污染，情况愈来愈严重。北京城区严重缺水，但同时城市大量的废水直接排入市区河湖水系。

我国南方富水，但南方水资源问题应该引起广泛关注。据 1985 年统计，南方12 省市的供水水源有 80% 受到污染。苏州大部分水域已经变混。太湖、西湖的水体污染也日益严重。

农村的水体污染近年来情况恶化。原因主要有两个：一是农药和化肥，二是乡镇企业的排废。1984 年乡镇工业的用水占全国工业用水的 10%。一些污染严重的行业（如电镀、石灰）到处布点，往往一个厂就污染一条河，毁掉一个饮用水源，危害一个区域。例如，1986 年江苏因乡镇企业排废，43 个市县监测发现 37 个城镇地区的河流出现黑臭水体，总径长 575km。浙江绍兴 100 多家乡镇印染厂排出的废水污染了周围水体，不能饮用和养鱼，连绍兴黄酒的质量也受到影响。

可以预料，水危机在 21 世纪必将来临，并且要比 20 世纪的能源危机使人心惊肉跳！

7. 海洋污染

由于城市生活污水和工业污水大量排入海洋，并向海洋中倾倒垃圾、焚烧有毒废物，同时由于航运中的石油排废，致使海洋污染问题突出起来。

1976～1982 年，向海洋中倾倒放射性废物的现象不断发生。大约有 9400t 核废物倾入海洋。海上焚烧化学废物的现象时有发生，1981～1984 年，欧洲国家在海上大约焚烧了 62.4 万 t 废物。1987 年在北卡罗来纳海岸的河口区，1985 年在斯堪的纳维亚南面的海洋区，出现了藻类的急剧增殖现象。科学家认为，这些异常现象与海洋污染有关。

1990 年 1 月爆发的海湾战争更使海洋环境蒙受灾难。萨达姆曾命令伊拉克军队向海洋倾倒大量石油，以阻止多国部队的进攻。漂浮在海湾水域的油膜长 50km，宽 11km，以每天约 24km 的速度向外扩展。

值得一提的是，由于过度捕捞和海洋环境遭受干扰，世界渔业自 1970 年开始转入逆境。1950～1970 年，世界渔业的捕获量每年递增 6%，以后降到不足 1%。有理由认为，向海洋排废，海洋化学物理的变化，酸雨的降落，都会给海洋渔业带来灾难。海洋污染有增无减，在局部区域已造成海洋生物的大批死亡。长此下去，人们要问：会不会破坏人类赖以生存的地球上最大的生态系统——海洋？

8. 垃圾和固体危险废弃物

世界各国抛弃的垃圾愈来愈多，也愈来愈难以处理。据估计，全球每年新增的垃圾有 100 亿 t，人均 2t。世界上产生垃圾最多的国家是美国、联邦德国、英国和日本。美国每年产生工业垃圾 20 亿 t，城市居民垃圾 2.2 亿 t。

垃圾无孔不入，就连被认为净土的珠穆朗玛峰、南极，都有垃圾光顾。近年来，垃圾又在太空出现。据观测，现在在太空轨道上约有 7200 个大小不一的废物碎块运转，成为太空中危险的“飘游炸弹”。

在垃圾中有一部分是危险废物，各国对“危险废物”的定义虽有差别，但总的来说，它们是对人体有害的废物。这类危险废物多由化学工业产生。塑料、肥皂、合成洗涤剂、化妆品，颜料、油料、医药、合成橡胶等，都会产生种类繁多的危险废物。此外，发电站、钢铁厂以及某些军工厂也会产生一系列危险废物。

我国工业和城市会产生大量的固体废物，据有关方面统计，1985 年全国排放的工业废渣 5.2 亿 t，城市垃圾 1.3 亿 t，两者总共 6.5 亿 t。煤炭产生的固体废物数量最大，占总数的一半。1989 年统计全国堆存的废渣总量已达 67.5 亿 t。我国对固体废物的处理未排上日程，预料到 2000 年时，固体废物的年排放量将增加 1 倍，达到 12 亿 t。

固体废物在地球上愈来愈多，其中还包含大量的有害物质。如何处理这个难题，已引起世界性的关注。美国等国在危险废物的运输和处理方面已取得进展，一方面力求使它们缩成最小的体积，另一方面使它们化合成最稳定的物质。但是，距离解决这个问题还相当遥远。

9. 生物物种的灭绝

地球上的生物物种，在漫长的历史长河中，经历了多次变化，有的新生，有的灭绝，这是自然选择的结果。现在面临的生物物种灭绝事物，却是人类活动引起的。其中有两个主要原因：二是人口的增长，一是森林的破坏。人口数量本身的增加是对物种保护的一个主要威胁。农业不断扩大耕地，破坏了野生生物的生存条件。森林面积的锐减，使许多种类的生物无以生存。大片热带雨林的砍伐，使数以千计的动植物物种绝迹，使数以万计的物种濒临危险，美国佛罗里达州立大学的研究表明，如果20世纪末拉丁美洲的森林面积缩小到原来的25%，那么该森林中15%（13600种）的植物物种会绝迹，亚马孙河流域的鸟类物种将减少12%。

基于同样的原因，我国许多野生动植物均遭到厄运，据统计，野马、高鼻羚羊、犀牛、麋鹿、白臀叶猴、黄腹角雉等珍稀动物已基本灭绝；大熊猫、白鹤、长臂猿、老虎、大象、朱鹮、海南坡鹿、黑金丝猴、白鳍豚、扬子鳄等20种动物濒于灭绝。处于濒危状况的珍稀植物达389种，其中包括蕨类植物13种，裸子植物71种，被子植物105种。

三、我国自然资源的潜力和趋势

1. 在矿物资源上我国具有较大的优势

我国国土辽阔，成矿条件优越，是世界上矿产资源比较丰富的几个少数国家之一。到目前为止，世界上已知的矿产在我国均已发现，有162种矿产，其中具有探明储量的有148种。在探明的矿产储量中，45种主要矿产储量的潜在价值仅次于苏联和美国，位居世界第三位。在已知的重要矿产中，煤、钨、稀土、钒、钛、锡、锑等20多种矿产的探明储量，名列世界前茅，有的则占据绝对优势。例如，我国稀土探明储量占世界总储量的80%，锑占52.17%，钨占42.86%，煤占35.1%，镁矿占29.3%。

我国矿产资源还存在着较大的潜力。除富铁矿的格局基本上已经确定外，其他重要矿产，如石油、天然气、煤、铜、金、铝、金刚石等，目前的探明储量仅相当于潜在资源的一部分或一小部分。非金属矿的潜力更大，我国已探明储量的有80余种，其中10余种占世界前列，但其中形成一定生产能力的仅20余种；

发达国家非金属矿产比金属矿产值高出2倍，我们仅80%。

但是，值得注意的是，我国45种主要矿产中，目前有10多种矿产探明储量不能满足要求，其中15种支柱性矿产中，目前有6种已面临探明储量不足，它们是石油、天然气、铜、钾盐、煤和铁。此外，还有若干种类的矿产，如铬铁矿、钴、铂、银等，探明储量不能保证今后10年的需求。需要大力强化它们的地质勘探工作。

2. 我国能源资源总量丰富，但优质能源资源却相对贫乏

在能源资源中，我国煤炭资源占有绝对的优势，占预测能源资源总量的90%，这是我国能源资源结构的特点。我国煤炭资源居世界第三位，和美国、苏联一起占世界煤炭资源的90%。1989年统计的保有储量为1015亿t，探明储量则高达9000亿t，预测资源量则又要高出好几倍。

我国水利资源丰富，为世界第一位，这是我国能源的又一个特点，理论蕴藏量为6.8亿kW，可开发量为3.79亿kW，但目前仅开发了它的5.7%，为陆续开展水电留下了极大的潜力。

在常规能源中，石油、天然气是优质能源。相对来说，我国这两种能源的资源不算丰富，石油剩余可采储量仅23亿t①，按目前开采水平计算，仅够开采17年，和中东几个石油资源大国相比，这点储量可怜得很。天然气的资源比石油更差，首先是家底不清，天然气的生产始终只占全国能源生产总量的8%上下，这和天然气在苏联、美国等国的优势格局不能相比。

此外，我国具有丰富的非常规能源资源，如太阳能、风能、地热能、潮汐能等，为发展新能源提供了美好的前景。还具有数量十分庞大、主要生产和消费于农村的生物质能源，它的年消费量接近3亿t。此外，由于我国具有相当数量的铀矿，为发展核能提供了原料的保证。

3. 土地资源有一定潜力，但前景不容乐观

我国土地资源总量浩大，耕地约20亿亩，林地约18.7亿亩，草地约60亿亩。但是由于我国人口众多，按人均计算，我国的耕地、林地和草地的人均数值只占世界平均值的1/3、1/6和1/2。人口的连续增长，人均占有的耕地、林地和草地还要继续下降；即便下大力气开发土地资源，也追不上人口增长的速度。

在20亿亩的耕地中，中低产田面积约占2/3，主要分布在北方地区，如果加以切实的改造，是有相当的潜力的，估计粮食总产量的潜力约8亿t。全国另有

---

① 石油可采储量来源于美国《油气杂志》1988年年终号。

宜农荒地 5 亿亩，有一半多分布在牧区，可以变为良田的是 2 亿亩。

我国历史上是个多森林的国家，并且地跨热带、亚热带和温带，很多地区适合树木的生长。例如，秦岭、淮河以南的广大地区，有宜林的山地、丘陵、高原面积 1.73 亿 hm^2，而目前仅有森林 0.46 亿 hm^2，根据全国农业区划资料，这里可以扩大森林 0.5 亿 hm^2。如果经营得好，我国热带、亚热带的森林面积可以达到 1.2 亿 hm^2，相当于目前全国森林的总面积。

我国草原面积辽阔，全国虽然仍有几亿亩荒地可以变成牧场，但是全国草原的基本状况是过度开发，致使草原退化，再加上投入太低，草原综合生产力明显下跌。在今后若干年内，不是要扩大草地新面积，而是要建设现有的草原。

4. 我国水资源总量巨大，但人均水平太低

我国水资源总量 2.68 亿 m^3，居世界第六位。水是人人必需的，因此，水资源可以用人均水平来衡量高低。我国人均水资源量太低，为 2500m^3/a，远远低于加拿大（121900m^3/a）、美国（10430m^3/a）等国家，排在世界第 88 位，属于贫水国家。同时，由于水资源的地理分布、季节分布不均匀，北方地区干旱少水。北方地区面积为全国的 63.5%，耕地占 64%，人口占 45.6%，而水资源仅为全国的 19%。其中，华北海滦河流域人均水量仅 430m^3/a，低于世界干旱的阿拉伯半岛的人均水量。黄、淮、海流域的耕地是全国耕地的 50% 左右，但它的径流量仅占全国总流量的 5.5%。华北地区（包括北京、天津）严重缺水已成事实。

南方水资源相对丰富，但水污染现象在局部地区已属严重，并且有加大的趋势。因此要重视南方水资源的发展。

我国水资源的利用，农业用水量占 80%，为第一用水大户，主要用于灌溉；工业用水约占 15%；城市公共用水约 5%。改革农村用水成为用水的关键，首要的是灌溉方法的改进。全社会都要提倡节约用水，真正把水作为社会宝贵的资源。目前全国的年用水量不足 5000 亿 m^3，为水资源量的 1/5，潜力是大的。

5. 生物资源种类繁多，亟待开发形成产业

我国高等植物种类约 30000 种，居世界第三位；药用植物 6000 种，号称“世界药用植物宝库”；我国家畜数量和品种均占世界首位，野生动物品种繁多，其中兽类 400 多种，禽类 1100 多种。

如此繁多的生物品种，形成丰富的生物基因资源，为我国培养新的、优良的农作物新品种和牲畜新品种，提供了源泉，如杂交水稻的育成。多种药用植物为新药的制造创造了条件。利用野生生物资源防治病虫害，也有广阔的市场，但

是，目前我国丰富的生物资源尚未形成产业，经济收益甚差。另外，由于生态环境的破坏，生物品种面临严重的灭种威胁。

建立自然保护区，各种类型的植物园、动物园、树木园、百草园等，是保护植物基因资源的有效办法。江苏 1984 年建立的盐城地区沿海滩涂自然保护区，是世界珍禽丹顶鹤的第二故乡，还栖息了其他鸟禽 250 多种；1986 年建立的大丰县沿海自然保护区，则是珍稀动物麋鹿的乐园。

6. 我国具有宽广的海涂资源

海涂属于特殊环境下的土地资源。我国是世界上海涂地带最长的国家之一，大陆海岸线长 18000km，岛屿海岸线长 14390km（包括台湾省），海涂总面积达 3256 万亩。此外，长江、黄河、珠江等河流每年形成滩涂 40 万 ~ 50 万亩，到 2000 年，可以有将近 1000 万亩的海涂。目前，我国已利用的海涂面积仅 594 万亩，为海涂总面积的 17%。这就意味着，尚有 80% 以上的海涂待开发利用。

海涂的开发，可以因地制宜地开发成农、林、牧、苇、盐、渔生产基地，也可以成为综合基地。我国新中国成立后新围垦的 1700 多万亩的海涂中，75% 的面积用于农业，19% 用于盐业，其他 6% 用于非农、非盐业。特别引人注目的是养殖业和自然保护区的兴建。山东海涂生产的扇贝、鲍鱼、海参、对虾等海珍品，产量已居全国第一位。苏北在海涂地区兴建的自然保护区名遐中外。1963 年从欧洲引进的大米草已在我国海涂广泛生长，种植面积超过 60 万亩。

7. 充分利用我国气候资源多样化的优势

我国地跨 9 个温度带，有 40 个气候类区，南方偏热多雨，活宜农作物全年生长；北方干旱，太阳辐射充分，可以充分利用太阳能。我国大部分地区雨热同季，有利于大农业生产。东南沿海和内蒙古、甘肃等地区是发展风能理想的地带，等等。如果将气候资源的有利方面充分利用起来，我国的农业生产还可以再上一个台阶。据估算，目前我国农田大面积平均产量只有气候潜力的 30% ~60%。

四、方法、理论与战略

1. 环境与发展研究的一般方法

20 世纪 70 年代，世界对环境的研究取得了突破性的进展，与此同时，把环境破坏的原因归结于工业的发展。以罗马俱乐部为代表的观点认为，要制止环境的进一步恶化，必须限制或停止经济的继续增长。这就是“零增长”的观点。

然后，世界环境在工业三废的治理获得明显成就的同时，总体上进一步恶化；世界各国经济的发展迅速，丝毫没有减缓的迹象，特别是对于发展中国家来说，经济发展正方兴未艾，环境破坏的现象在恶化。

于是，在进入20世纪80年代后，人们把注意力集中在环境与社会经济发展的关系上，明确地提出了环境（自然资源作为环境的一部分）与发展问题，并开展了全面研究。90年代的今天，世界环境与社会经济的总背景没有变动，环境与发展问题的研究主题将继续下去。

环境与发展都是综合性极强的概念。所谓“环境”包含有如下二层内容：①指人类社会赖以生存的各种自然资源和物质空间，如空气、水、土地、森林、动植物、能源和其他矿产资源；②指人类活动所引起的各种环境问题，如太空污染、水污染、森林植被破坏、沙漠化、物种绝灭、能源危机、生态平衡失调、酸雨、温室效应等。所谓“发展”，是指经济与社会的发展，但主要包括与环境有关联的方面，工业增长速度、经济发展计划、经济发展战略、工业布局、技术进步、对外贸易、人口增长，等等。而环境与发展研究主要是研究环境与发展之间的关系。

所谓“环境与发展之间的关系”，主要是指它们之间的相互影响。一方面是发展对环境的影响，如工业发展对环境的污染，农牧业发展对土地的影响，人口增长和经济发展与水资源的关系；另一方面是环境对发展的影响，如水资源短缺对农业灌溉、工业发展的影响，城市生态环境对城市人口和布局的影响，大气污染对煤炭工业和其他工业的要求，等等。

环境与发展的研究涉及自然、社会、经济、政治、法律和管理众多领域，具有极强的综合性和交叉性。自然科学和社会科学中的许多学科，如地学、生物学、化学、气象学、数学、经济学、社会学、政治学、法学和管理科学等，在方法上都是环境与发展研究的重要理论基础和背景。正因为如此，环境与发展研究中所采用的各种具体方法多种多样，非常繁杂，基本上不成体系，有一种“混沌”和“发散”的感觉。这表明，这种研究尚处于初级和不成熟的阶段。

在以往的环境与发展研究中，通常是借用自然科学和社会科学所取得的成果和理论框架。对环境与发展之间客观存在的现实关系研究，一般采用自然科学、社会科学中通用的经验实证的方法；对环境与发展的一般关系研究，一般采用理论实证的方法。前者往往有足够的精确性和科学性，当然在某些情况下，由于观测数据不足或其他原因，也有缺陷。而后者，由于研究对象过于复杂，许多问题还不明确，不易把握，其本质有待于揭露。因此，在过去的研究中，人们常常使用或不得不使用一些内涵或外延不够明确的概念，采用一些还需要进一步证实的假定。这种现象与理论证实方法本身的要求有一定的差距，也就使得研究结论的说服力打了折扣，或者结论本身的含义不够确定。指出这一点是十分重要的，一方面使我们对环境与发展的未来研究有充分的空间，另一方面在未来的战略选择上留有多种方案。

2. 环境与发展的三种理论

在过去的环境与发展研究中，出现了多种理论，概括起来主要有三种：①限制发展理论；②协调发展理论；③持续发展理论。限制发展理论以罗马俱乐部为代表，兴起于20世纪70年代，它有许多惊世的代表作。在《增长的极限》一书中所表达的“零增长”理论，是罗马俱乐部当时的主要经济学方面的观点，为了保护人类的生存与发展，即维护人类的生存环境，主张对社会经济的发展实施全面的限制，推向极端，“零增长”就是不增长。在环境与发展中，限制发展理论是一种有影响的观点，曾风靡一时，到现在还有市场，因为它包含了部分真理。

协调发展理论和持续发展理论同样起源于20世纪70年代。这两种理论有许多共同点，本质上是一致的，侧重点不一样。前者主张不能为了社会经济的发展不顾环境，也不能为了保护环境阻碍社会经济的发展，必须把环境保护和社会经济发展结合起来，使它们处于一种相互协调的状态。后者主张，为了确保人类的持续生存和发展，必须把环境保持与社会经济活动全面、有机地结合起来，并按照实现生态持续性、经济持续性和社会持续性的基本原则来组织和规范人类的一切活动。

无论是限制发展理论，还是协调发展或持续发展理论，它们有一个共同的前提，就是资源有限的假定。而资源有限的含义应该这样理解，即“一定质量的某种资源的数量是有限的”。然而，这三种理论有关“资源有限”的假定互有区别。“零增长”理论中的“资源有限”是不区别资源的种类，认为所有的自然资源都是有限的。虽然限制发展理论在使用资源有限的概念时，也考虑到自然资源实际上分为两大类：不可再生资源和可再生资源。因此，在这种理论中，“资源有限”的假定变成了“不可再生资源是有限的”。但是，这种假定还过于简单，事实上，“资源有限”假定还有更深层的内容，它不仅与资源的性质和种类有关，而且还与社会经济发展的具体过程有关，与社会经济发展中某种资源的消耗率和代替它的另种资源有关。协调发展理论和持续发展理论正是考虑了这两层意思，增加了这样两个条件：①不可再生资源的消耗率超过了人类发现的新的替代资源的能力；②可再生资源的消耗率超过了它们的再生速度。在这两个条件下，“资源有限”的假定才告成立。并由此推断社会经济的不断发展最终将把自然资源消耗殆尽，从而威胁到人类自身的生存。

“资源有限”的假定，在这三种理论中的地位都是至关重要的。由这点出发导出了处理环境与发展之间关系的一些重要关键性原则。

首先要确定环境与发展之间关系可依据的价值标准，也就是说，人们用什么样的标准来评价环境与发展之间的好坏呢？一般说来有如下4种：①伦理价值标准，即人类对环境与发展应持有的伦理观念作为处理两者之者关系的准则；②社会价值标准，以人类社会的公共利益作为准则；③生态价值标准，以生态平衡对人类生存和发展的重要性作为标准；④经济价值标准，以经济利益或效益作为标准。伦理价值标准是观念上的，其他三类标准都是客观实在的。目前，经济价值标准的探讨集中在环境成本和环境效益的定量问题上。限制发展理论偏重于前三种标准，“协调发展”理论在承认前三种标准时偏爱第四种标准，而“持续发展”理论对这四种标准一视同仁。但是，如何评价协调发展，如何评价持续发展，又需要更深入的研究，这在目前仍是环境与发展研究中的一个难题。

除了价值标准外，处理环境与发展之间的关系，还需要建立处理这种关系的若干基本原则。综合这三种理论各自提出的基本原则，大体有如下内容。

1）必须把人类对生态环境的冲击限制在其承载力（这种承载力即环境向人类提供资源和同化废物的能力）以内。

2）对于那些严重影响生活环境、危害人体健康的污染行为或经济活动作严格的限制。

3）保护那些不能再复原的生态环境免受经济发展的影响。

4）在那些对生活环境和人体健康不会造成太大影响、而所影响和破坏的生态环境以后又可复原的地方，环境保护可以降低要求，允许经济优先发展。

5）可再生资源的消耗率应保持在再生速度的限度之内，不可再生资源的消耗率不应超过人类发现的替代资源的能力。

6）必须改变自然资源使用和废物排放的“免费”或“不计成本”的现状，确定环境资源的价值，使环境成本反映在商品的价格中。

7）资源利用和环境保护及收益和费用应该公开地分配和负担。

8）鼓励发展节约资源、减少污染的技术。

9）必须把环境保护与经济发展在政策、法律、信息和统计等方面有机地结合起来，使两者的运行机制和决策过程融为一体。

10）促进尊重自然、保护自然和对后代负责的文化意识。

在基本假定、价值标准以及一系列基本原则确定以后，要做的事情就剩下采取什么样的战略和措施来实现科学家构建的理想王国了。

3. 发展战略

由环境与发展的研究，诞生了当今世界有关社会经济发展的三种战略，即限制发展战略、协调发展战略和持续发展战略。限制发展战略和后面两种战略有原则性的差别，它由于对环境因素的过分强调，夸大了经济发展对环境的破坏，忽略了经济发展对治理环境的积极作用，提出了严格限制经济发展，即控制经济增长速度的战略，其中，最著名的就是关于经济“零增长”的目标构想。这一战略有明显的缺陷，已逐渐被人们否定。目前被研究和采纳的是协调发展战略和持续发展战略。这两种战略在基本思想和方向上是一致的。它们的着眼点在于既保护了环境，又发展了经济。这两种战略本身有许多不完善的地方，包括它们的战略措施在内。值得指出的是，环境与发展的研究是当今世界的重要课题，一场与工业革命意义同样重大的“环境革命”，也许因此而诞生。

五、建议与思考：有关发展

1. 环境保护刻不容缓

保护人类生存与发展的环境是世界各国共同的事业，已经取得了许多共同认识和进展。近百年来环境问题的发展历史，一方面展示了世界对环境保护的重视，另一方面展示了环境破坏已经从局部性破坏（如河流污染，水土流失，草地、森林毁坏等）走向了全球性破坏。氟氯烃对臭氧层的破坏，二氧化碳增多引起的温室效应，以及其他痕量气体对大气组成的影响，无不具有全球的性质。从某些意义上来看，局部性破坏，多以物理变化为特征，全球性变化则以化学变化为特点，前者有逆转的可能，如河流污染经过治理达标，森林破坏得以复兴，后者如臭氧层破坏则可能是不可逆转的。

因此，人类应该加倍重视环境保护问题，加强环境科学研究，加强环境监测和环境治理。

根据1985年进行的全国工业污染情况调查的结果，我国目前工业污染状况相当于西方发达国家20世纪五六十年代的最严重情况。总的看法是，局部情况有所改善，总体还在恶化。因此，我们的处境，已经不是如何避免走发达国家“先污染、后治理”的弯路的问题，而是尽快地走完这一段弯路。这一情况虽然带有全局的性质，但还不是全局。我国政府对环境问题的严重性认识较早，并采取了有力的措施，环境污染正在被控制。全国范围内的环境保护刻不容缓。

2. 中国是自然资源丰富的国度，但也存在短缺

有足够的资源是国家经济发展的良好前提，但并不是必要前提。日本是个资源相当贫乏的国家，20世纪70～80年代的20年发展成为世界上的经济大国。在讨论环境与发展的关系时，已经阐明了资源有限的新涵义：即：①不可再生资源

的消耗率超过了新出现的替代资源的能力。例如，我国石油资源短缺，如果太阳能或实现了液化技术的煤来代替它，那么不可再生的石油资源就可以认为不是“有限的”；②可再生资源的消耗率超过了它的再生速度。这一意思是明确的，如水力资源开发超过了它的可开发量，薪柴的消耗超过了薪柴的生长量。

我国有丰富的自然资源。世界上自然资源的几大类，包括矿产资源、能源资源、土地资源、水资源、生物资源以及气候资源，我国的总量都处于世界各国的前列水平。这无疑是我国的巨大财富，是我国经济发展的可靠物质保证。当然，由于我国人口众多，人均资源量就在世界上落伍了。但是，不是所有资源都是人人需要的，如稀有金属、稀土元素、铀矿等。因此，资源丰富程度的比较不必都采取人均量。

加强地质勘探工作是发掘我国资源潜力和增加我国重要资源后备储量的最重要方法。当今世界主要的三种能源资源——石油、天然气和煤炭，我国面临后备储量不足，不是我国地下资源缺乏，而是勘探工作没有跟上。

资源品种和数量上的不足，应该通过国际贸易来弥补。

节约资源、节约能源是具有战略意义的政策，对于发展经济和解决资源困难具有重要作用。

此外，一个国家要有保护本土资源的强烈意识，保护资源是民族长治久安的大计。不能竭泽而渔。我国地下有极为丰盛的煤炭，但我国不能依靠挖煤来建成社会主义，实现我国居民的小康生活。

3. 重新认识发展的涵义

检讨以往人类社会的发展，我们发现：过分注重了数量方面，而忽视了质量方面。当今世界人口数量已超过 50 亿；1990 年世界钢产量 7.7 亿 t，原油 30 亿 t，天然气 21400 亿 m^3，煤炭近 50 亿 t；现今世界共拥有汽车 4 亿辆，每年消耗汽油 6 亿 t，等等。如今，世界的发展是不是已经到了一个数量的限度？再往前走，就会失控。人们已经领教了人口众多的强大压力，领教了数以千万吨的垃圾和有害废物的危害。环境科学的最新成果又向人们揭示了这样一个事实：如果世界上矿物燃料释放的 CO_2、SO_2 继续增多，终有一天温室效应和酸雨将葬送人类自己。

在我国，单纯追求数量目标的现象仍然严重且普遍存在，中国的许多数字已经过大。在重新审定发展的涵义时，要特别强调发展的质量方面，在发展中求得质和数的共进。

环境因素正是孕育在世界质和量的统一发展之中。环境科学的成果，赋予世界发展的新模式。对于世界或一个国家而言，社会经济的发展必须包容环境的改善，而不是自然环境的破坏。人口的增殖、经济的增长、能源的增加，都要以环境保护作为基石。

可以预言，环境科学和其他科学的进一步发展，必然给社会经济发展以新的内容、新的模式。中国正处在新的发展起点上，吸收人类创造的一切精神财富，是我们的职责。

4. 高速持续发展的新战略

综合其他方面的有利因素，如政治的、经济的和精神方面的，我们可能提出新的高速发展国家经济的发展战略，受环境发展战略的启发，我们把它称为高速持续发展战略。

战略目标：在20世纪90年代到21世纪中叶的50年内，将中国建设成一个经济发达的、环境优美的国家。

新战略有以下几个特点。

1）高速的经济发展速度，年平均速度达到6%～7%。

2）持续发展：要求社会经济和环境处在一个有机整体中，保持共同的持续增长和向前发展。持续的时间含义并非一年接着一年。

3）将环境保护置于全球的框架内，即从全球角度构建适合人类生存的环境。

4）中国的资源环境问题在战略中处于优先考虑的地位。这些问题主要包括：①北方水资源面临短缺，南方水体面临污染。②森林面积锐减及其带来的生态平衡失调、林业衰退等一系列问题。③草原数量和质量严重减退，草原生产综合力下降。④水土流失现象严重，沙漠化土地已达国土面积的3.4%，仍有继续扩大的趋势。⑤煤炭燃烧引起的大气污染、酸雨，由于煤炭消费的不断增长，在全国将进一步加剧。⑥我国许多动植物物种濒临灭绝，保护多种多样的生物物种是一项艰巨任务。

有感于“跨越发展”①

偶见2004年2月某日科技日报第一版刊登山东某大学的发展规划，由普通大学发展成知名大学，称为“跨越式发展”。有些不理解：一所大学由普通发展为知名，不管这种知名是国内知名还是海外知名，就是提高了该校的知名度，这是再正常不过的发展了，为什么偏偏冠以“跨越式发展”，它跨越什么呢？是跨越自己还是跨越别人？是跨时期还是跨越空间？联想到“跨越发展”已频繁出现于报端，大至国家的发展战略称为“跨越发展战略”，一般的如某某院校、某某科技项目的进展加之“跨越发展”。国内有不少人热衷于新名词的发现和引用，如20世纪60年代的“赶超跃进”、80年代的“优化组合”以及现时的“跨越发展”。这些新名词传到国外，总要使包括华人在内的国外人士大费心思，才有可能搞清它们的真实涵义。

何谓“跨越”？查阅最新版的《现代汉语词典》，跨越：超过地区或时期的界限。这个意义很清楚，跨越是指越过某个空间或某个时间的意思。推广一下，说中国的发展要超越某某国家，也是一种含意。后者的意义贴近“赶超”，因为已经过时，所以弱化了。依此而言，国家科技发展取名“跨越战略”，只好理解为要越过某个空间或某一时期去发展了。按笔者的认识，科学的发展在历史上从来就不存在“跨越发展”。有一位走红的科学家在电台上论说生物学的跨越式发展，以DNA双螺旋结构的发明为例证。这是一种牵强附会。生物大分子DNA双螺旋结构的最终发现，完全是科学研究循序渐进的结果，特别是物理学、化学与生物学的有机融合，生物物理、生物化学等新学科的出现和深入发展，导致了英国克里克（F. H. C. Crick）和美国沃森（J. D. Watson）的发现。这里不存在任何意义跨越时空的发现。生物分子学的继续发展，大约10年后的1962年，这两位科学家和英国另一位科学家维尔金斯（M. H. F. Wilkins）共同摘取了诺贝尔奖。技术的进展也不存在一般意义上的跨越，任何新技术的发明都有一定的轨迹可寻，都有它的内在发展规律。要说有技术跨越，只有在这种特殊的语义下存在：人们把某种技术分为若干代，如半导体、计算机现在已经发展到第四代或第五代了，对一个国家或地区而言，发展半导体或计算机技术，就无需从第一代或第二

① 本文是作者以笔名微木发表在《科学对社会的影响》2004年第1期。

代开始，可以而且应该从最新的一代做起。通常所说的：我们不要只是跟着别人后面走，要走自己新的路。这个意义是正确的，也只有在这种意义上，技术跨越路线成立。大至国家，小至某个部门，我们可以发展最好、最新的技术，塑造最先进的技术时代。

历史的经验需要注意。不管什么发展，不要像20世纪60年代“赶超”那样，在某种狂热情绪的催动下，对赶超对象缺乏全面的、真实的了解，片面、主观地确定了某些指标，并相信只要这些指标（如钢铁产量、粮食产量等）达到了，就赶超了，就把英美抛在后面了。目前，我们尚未见新的跨越战略的目标，不好妄自断言。百姓希望的：无论是经济规划、科技规划或地区发展规划，民众日常生活应该受益，对实现小康真正有利。当今，我国科技水平与欧美发达国家尚有明显差距，一般而言落后10～20年。不管实施什么战略，目标是用20～30年缩小这种差距，使我国的科学技术进入世界先进行列。最重要、最有效的战略选择是：稳步发展，稳步前进。

2004年2月，正在召开的北京市人民代表大会上，北京市的城市规划发展也可作为“跨越式发展”的示例，规划中提出要在2006年前率先进入现代化，2007～2020年全面实现现代化。我以为，大部分百姓真是弄不清什么是“现代化”，更不明白某些专家宣传的“第一次现代化”、“第二次现代化”究竟是什么意思。类似像北京市的城市发展规划，作为北京市的居民，我认为，不在于什么现代化的口号，实事求是地讨论一下为什么北京市的城市建设总是缺乏一种文化精神，既没有现代化城市的时尚，又未继承并发扬中华民族古典的优美。北京作为首都城市搞得如此之大、如此之无序，原因何在？类似西直门立交桥工程，近10年内一改再改，已经三次改建了，投资合起来几十亿了，据说又要改建了，毛病出在哪呢？

有关现代化标准的研究，国外有许多学派，也有多种说法。学术界并无共识。目前，中国科学院某某课题组（每年中国科学院的课题组可以成千上万）发布的《中国现代化报告2004》，仅代表该课题组的意见。所谓“第一次现代化”、“第二次现代化”的提法也是该课题组的概括，结论说北京、天津、上海、辽宁等7个地区在2002年已基本实现“第一次现代化”，仅是根据该课题组的假设，对基本数据的选择，经计算得出。标准（指标）有许多种，关键在于是不是被大多数民众所认可。还是全面建设“小康”的目标好，它生动、形象、踏实又贴近生活，为百姓认可。

第四部分　学科资助政策

美国学科资助政策[①]

一、美国国家学科资助的主要机构

美国政府中有许多学科资助部门，如国家科学基金会（NSF）、国立卫生研究院（NIH）、农业部（USDA）、能源部（DOE）、国家航空航天局（NASA）、国防部（DOE）等。其中，NSF 支持一般性、全面性的基础研究，其他几个机构侧重于某些与特定任务有关的基础研究及应用研究。

美国国家科学基金会是联邦政府的一个独立机构，是根据美国总统签署的 81 届国会 507 号“国家科学基金会法”于 1950 年成立的，之后又有“科学与工程平等机会法令”、“经济安全教育法令”第 1 条等授权，其使命是：促进科学进步、促进国家发达、繁荣和幸福，保障国家安全。其作用主要有 2 个：①参与国家科学技术战略政策的讨论和制订；②执行项目计划，包括项目征求、评审、裁定、批准等。

国立卫生研究院是美国卫生和人文公共事业部的主要生物医学研究管理机构，向其下属的研究机构（国家卫生研究院下属实验室）和外部机构的生物医学研究及基础研究提供资金。

农业部是联邦政府基础研究和应用研究的重要资金来源，具有支持研究的悠久历史，下设农业研究服务部、国家合作研究服务部、森林服务部。

能源部是卡特政府创建的，用来接替能源研究和发展管理局，它从原来的原子能委员会继承了一个包括国家实验室和大学研究人员的坚固的研究基础。

国家航空航天局的基础研究和应用研究的管理分为太空科学和应用研究所及航空探索和技术所。前者通过选择具体项目的确定优先项目和确立预算联系起来。后者的航空学研究工作大都是基础研究和应用研究，是国家在航空学方面基础研究的提供者。

---

① 为研究国家自然科学基金资助政策，1996. 11 ~ 1998. 2，在国家自然科学基金委副主任孙枢院士及基金委政策局的主持和领导下，组建了“国家自然科学基金学科资助政策评估：问题与对策”课题组，孙枢先生任组长。中国科学院科技政策与管理科学研究所朱斌、肖利、何明和包晓斌（中国社会科学院）等承担了国外问题调研（图 4-3），这里发表在《科学对社会的影响》1998 年第 2 期有关美国、英国和印度学科资助的文章是研究报告的一部分，由朱斌执笔。

美国联邦政府各主要部门的资助领域、资助份额、基础研究费用有着显著的差异。

从资助强度来看，国家科学基金会从创建到现在，基础研究占本部门 R&D 总经费的比例均在90%左右，居所有机构之冠，而且其基础研究经费占美国政府各部门基础研究总经费的比例仅低于卫生与人类服务部，居第二位，占14.8%。

从学科资助的情况来看，起着重要作用的政府部门除国家科学基金会外，还有国立卫生研究院、国家航空航天局、能源部和农业部。卫生部主要涉及生物学和医学；航空航天局涉及物理科学、生命科学、工程科学、地球科学和信息科学；能源部涉及化学、材料学、物理学、生命科学和环境科学；农业部主要涉及农学、林学和生物学；而国家科学基金会是美国国家对学科资助的最综合的部门，除农业科学外，包括了所有自然科学学科。

从所起的作用来看，国家科学基金会在科技政策办公室的总协调下，协同国家科学院、美国科学促进会和其他一些机构，合作编制美国科技长远战略规划。从这个角度上说，国家科学基金会的存在，在一定程度上起到了规划、管理美国部分基础研究工作的作用。

二、NSF 组织管理结构

NSF 的组织机构直接反映 NSF 的学术组织情况，分为各学科、各科学与工程领域及科学教育部门。组织管理机构随不同时期的科学政策的不同而变化，经历了一个由简单到复杂，由综合到分化的过程。20 世纪 50 年代，美国 NSF 的学科管理仅划分为 3 个部门：数理和工程科学局、医学研究局和生物学局。60 年代，医学局与生物学局合并，数理和工程局得到发展，细分为数学、物理、天文、化学、地学、大气和工程等学科设置。70 年代，在局一级管理层次上，新设计算活动办公室、材料处、环境处，表明这一时期，美国对计算机科学与技术、材料科学和环境科学的重视。80 年代，数理局得到保留，并和计算办公室共同组建计算机和信息科学与工程局，环境处扩建为地学局，生物及医学局改建为生物学、行为科学和社会科学局。到了 90 年代初，生物学、行为科学和社会科学局一分为二：生物科学局和社会、行为、经济科学局，其他学科局保留。目前 NSF 的组织机构参见图 4-1，从学科划分来看，分为五大部门：生物科学局，计算机、信息科学与工程局，工程科学局，地学局和数理科学局。

三、联邦政府的学术研究与学科资助

表 4-1 列出了 1980 ~ 1995 年联邦主要机构学术研究经费的支出情况，表 4-2 列出了按机构分类的百分比。学科资助的情况见表 4-3 和表 4-4。从表 4-1 ~ 表

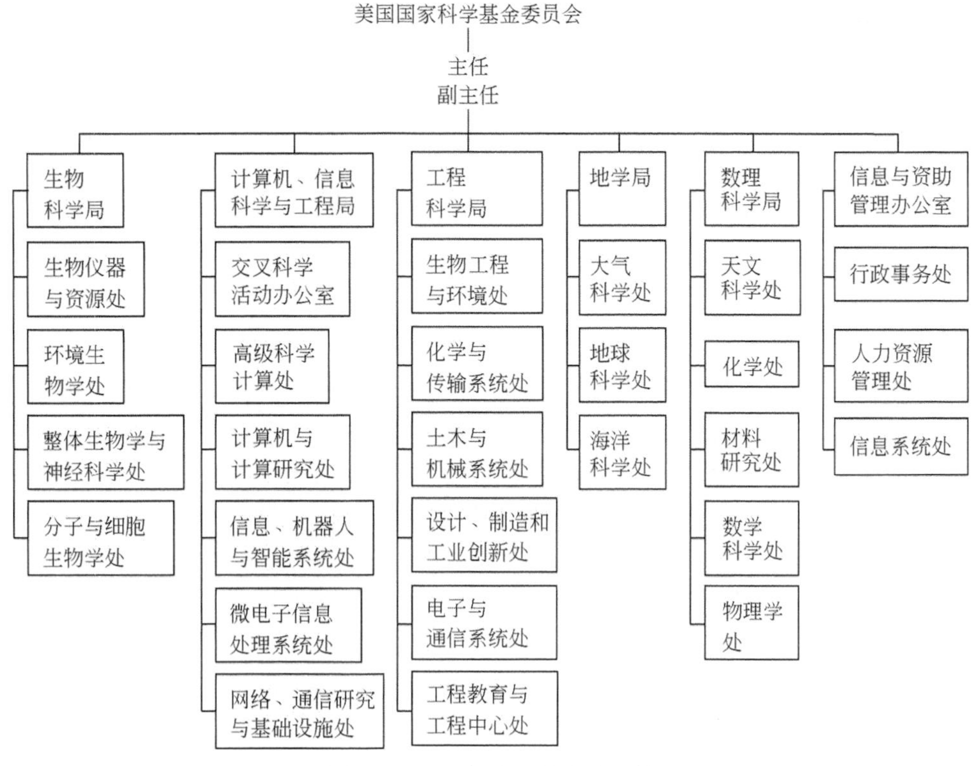

图 4-1　1994 年 NSF 的组织机构

4-4中可以看出如下几点。

1）美国的学术研究主要集中在国立卫生研究院、国家科学基金会、国防部、国家航空航天局、能源部和农业部。其他机构按经费投入的百分比计算，都在10%以下。

2）按 1987 年定值美元计算，学术研究经费支出的最大户是国立卫生研究院，国立科学基金会占第二位，其次是国防部、国家航空航天局、能源部和农业部。1993 年经费支出的百分比依次是 52.9%、15.9%、11.1%、5.5%、5.6%和4.4%，其他为 4.6%。国立卫生研究院的经费支出，从 20 世纪 80 年代（1983 年）开始就保持在 50% 以上，国家科学基金会一直保持在 15% ~20% 之间（1980 ~1995 年）。

3）按学科分类，1993 ~1995 年学术研究的经费投入（表 4-3、表 4-4），物理科学依次是：基金会（33.4%）、能源部（25.5%）、航空航天局（19.4%）、国防部（11.2%）、国立卫生研究院（8.5%）和农业部（2.0%）。数学科学则主要集中在基金会，百分比高达 59.3%，其他是国防部，占 29.5%，其他 4 个部门加起来的百分比仅占 11.2%。计算机科学的经费支出，主要集中在国防部，占57.9%，其次是基金会，占34.8%，这两个部门加起来达到92.7%。环境科学（包括大气科学、地球科学、海洋地理学等）则主要由国家科学基金会、航空航天局和国防部3个部门囊括，百分比高达90%，其中国家科学基金会独占48.5%。当时备受重视的生命科学主要由国立卫生研究院投入，经费支出的百分比高达84.8%，其次是农业部（5.8%）和国家科学基金会（5.0%），能源部、国防部、航空航天局所占比例都很小。工程科学主要分布在国防部（44.5%）、国家科学基金会（25.2%）、航空航天局（13.4%）、能源部（9.8%）、国立卫生研究院（5.1%），其他（2%）。

4）按学科的经费投入（1993～1995年），国家科学基金会的学科比例是：物理科学为24.7%，其中，天文学为2.5%，化学为7.8%，物理学为10.5%，其他为3.9%；数学科学为5.2%；计算机科学为8.3%；环境科学为18.2%，其中，大气科学为4.0%，地球科学为6.4%，海洋地理学为4.7%，其他为3.1%；生命科学为17.3%，其中，农业科学为0.0%，生物学为12.2%，环境生物学为4.5%，医药科学为0.0%，其他为0.6%。工程为13.8%，其中，航空航天学为0.2%，化工为2.2%，民用为1.6%，电子为3.3%，机械为1.9%，材料为1.4%，其他为3.2%。

表4-1　1980～1995年联邦学术研究经费支出　（单位：百万美元）

年份	机构总数	国立卫生研究院	国家科学基金会	国防部	国家航空航天局	能源部	农业部	其他机构总数
1980	3699	1835	680	313	146	224	214	287
1981	3920	1929	698	363	157	248	240	284
1982	4045	1995	713	413	156	236	253	280
1983	4468	2246	783	172	170	273	273	250
1984	5030	2573	880	539	177	311	260	290
1985	5726	2990	1002	587	213	336	292	305
1986	5883	3054	992	707	225	334	273	298
1987	6640	3651	1096	681	263	372	279	298
1988	7023	3856	1143	729	310	384	304	297
1989	7793	4167	1254	840	387	437	326	382
1990	8137	4349	1321	795	422	479	346	426
1991	8868	4729	1436	794	474	596	384	456
1992	9061	4517	1540	912	512	605	436	538
1993	9844	5204	1562	1090	539	547	429	473
1994	10610	5520	1678	1206	652	591	450	513
1995	10839	5774	1816	1113	652	570	420	494

注：1994年和1995年为估计值。

表 4-2　1980～1995 年联邦学术研究经费支出（按机构分类）　　（单位：%）

年份	机构总数	国立卫生研究院	国家科学基金会	国防部	国家航空航天局	能源部	农业部	其他机构总数
1980	100	49.6	18.4	8.5	3.9	6.1	5.8	7.8
1981	100	49.2	17.8	9.3	4	6.3	6.1	7.2
1982	100	49.3	17.6	10.2	3.9	5.8	6.3	6.9
1983	100	50.3	17.5	10.6	3.8	6.1	6.1	5.6
1984	100	51.2	17.5	10.7	3.5	6.2	5.2	5.8
1985	100	52.2	17.5	10.3	3.7	5.9	5.1	5.3
1986	100	51.9	16.9	12	3.8	5.7	4.6	5.1
1987	100	55	16.5	10.3	4	5.6	4.2	4.5
1988	100	54.9	16.3	10.4	4.4	5.5	4.3	4.2
1989	100	53.5	16.1	10.8	5	5.6	4.2	4.9
1990	100	53.4	16.2	9.8	5.2	5.9	4.2	5.2
1991	100	53.3	16.2	9	5.4	6.7	4.3	5.1
1992	100	49.9	17	10.1	5.6	6.7	4.8	5.9
1993	100	52.9	15.9	11.1	5.5	5.6	4.4	4.8
1994	100	52	15.8	11.4	6.1	5.6	4.2	4.8
1995	100	23.3	16.8	10.3	6	5.3	3.9	4.6

注：1994 年和 1995 年为估计值。

表 4-3　1993～1995 年联邦学术研究经费投入

（按工程领域、主要联邦政府机构提供的百分比）

领域	国家科学基金会	国家航空航天局	国防部	能源部	卫生与人类服务部	农业部
科学与工程总数	100.0	100.0	100.0	100.0	100.0	100.0
科学总数	86.2	79.9	63.9	84.2	99.2	95.9
物理科学：	24.7	39.3	12.3	55.8	1.9	5.7
天文学	2.5	14.2	0.5	0.0	0.0	0.0
化学	7.8	1.2	4.6	9.1	1.8	5.7
物理学	10.5	19.2	7.0	46.3	0.1	0.0
其他	3.9	4.6	0.1	0.3	0.0	0.0
数学科学	5.2	0.1	3.8	1.4	0.1	0.1
计算机科学	8.3	3.6	20.6	0.8	0.0	0.5
环境科学：	18.2	23.3	10.4	10.2	0.0	1.2
大气科学	4.0	9.3	1.2	4.7	0.0	1.0

续表

领域	国家科学基金会	国家航空航天局	国防部	能源部	卫生与人类服务部	农业部
地球科学	6.4	4.2	3.5	4.5	0.0	0.3
海洋地理学	4.7	2.3	5.2	0.6	0.0	0.0
其他	3.1	7.6	0.6	0.3	0.0	0.0
生命科学:	17.3	7.0	10.8	15.1	87.1	76.9
农业科学	0.0	0.1	0.0	0.0	0.1	34.9
生物学（不包括环境的）	12.2	3.5	2.4	11.6	44.0	24.4
环境生物学	4.5	0.3	3.2	0.1	0.0	15.2
医药科学	0.0	1.5	4.6	3.1	41.5	2.3
其他	0.6	1.7	0.5	0.3	1.6	0.0
心理学	0.9	0.8	2.0	0.0	4.6	0.0
社会科学:	3.1	0.1	1.2	0.0	1.8	11.5
人类学	0.4	0.0	0.0	0.0	0.0	0.0
经济学	0.8	0.0	0.0	0.0	0.0	9.8
政治学	0.3	0.0	0.0	0.0	0.0	0.0
社会学	0.4	0.0	0.0	0.0	0.4	1.7
其他	1.2	0.0	1.2	0.0	1.4	0.0
其他科学	8.2	4.6	2.6	0.9	3.6	0.0
工程总数	13.8	20.1	36.1	15.8	0.8	4.1
航空/航天	0.2	7.7	2.7	0.0	0.0	0.0
化学	2.2	0.4	0.6	3.9	0.0	0.0
民用	1.6	0.0	0.7	0.6	0.0	0.0
电子	3.3	1.5	11.3	0.5	0.0	0.0
机械	1.9	2.1	6.1	1.9	0.0	0.0
材料	1.4	3.9	11.5	3.7	0.0	0.0
其他	3.2	4.5	3.1	5.3	0.8	4.1

表 4-4　1993～1995 年联邦学术研究经费支出

（按工程领域、主要联邦政府机构提供的百分比）

领域	国家科学基金会	国家航空航天局	国防部	能源部	卫生与人类服务部	农业部
科学与工程总数	16.7	6.1	11.3	5.7	55.9	4.3
科学总数	15.9	5.4	7.9	5.2	61.0	4.5
物理科学：	33.4	19.4	11.2	25.5	8.5	2.0
天文学	31.5	64.1	4.4	0.0	0.0	0.0
化学	35.6	2.1	14.4	14.2	27.1	6.7
物理学	27.4	18.3	12.3	40.8	1.1	0.0
其他	67.6	29.2	1.2	1.9	0.0	0.0
数学科学	59.3	0.5	29.5	5.3	5.0	0.4
计算机科学	34.8	5.4	57.9	1.2	0.2	0.5
环境科学：	48.5	22.7	18.8	9.2	0.0	0.8
大气科学	40.0	33.6	8.0	15.9	0.0	2.5
地球科学	53.8	12.9	19.8	13.0	0.0	0.6
海洋地理学	50.9	9.2	37.8	2.2	0.0	0.0
其他	48.6	43.4	6.3	1.7	0.0	0.0
生命科学：	5.0	0.7	2.1	1.5	84.8	5.8
农业科学	0.0	0.4	0.0	0.2	2.3	97.1
生物学（不包括环境的）	7.1	0.7	1.0	2.3	85.3	3.6
环境生物学	42.1	0.9	20.1	0.3	0.1	36.6
医药科学	0.0	0.4	2.2	0.7	96.3	0.4
其他	8.7	8.9	4.8	1.6	76.0	0.0
心理学	4.8	1.6	7.4	0.0	86.2	0.0
社会科学：	23.9	0.2	6.2	0.0	46.5	23.1
人类学	97.1	0.0	2.8	0.0	0.0	0.1
经济学	24.0	0.0	0.1	0.0	2.3	73.5
政治学	99.7	0.0	0.0	0.0	0.3	0.0
社会学	16.8	0.7	0.1	0.0	62.1	20.4
其他	17.8	0.1	12.0	0.0	70.1	0.0
其他科学	34.6	7.0	7.3	1.3	49.8	0.0
工程总数	25.2	13.4	44.5	9.8	5.1	1.9

续表

领域	国家科学基金会	国家航空航天局	国防部	能源部	卫生与人类服务部	农业部
航空/航天	3.6	58.8	37.6	0.0	0.0	0.0
化学	53.8	4.0	10.3	32.0	0.0	0.0
民用	69.5	0.5	21.4	8.6	0.0	0.0
电子	28.3	4.7	65.7	1.3	0.0	0.0
机械	25.7	10.4	55.5	8.4	0.0	0.0
材料	11.5	12.0	65.8	10.8	0.0	0.0
其他	25.6	13.0	16.6	14.1	22.3	8.3

由物理学、化学、天文学组成的物理科学在国家科学基金会的经费投入中占首位，比例接近1/4。第二位是环境科学，相当于我国的地学，由大气科学、地球科学和海洋科学三大学科组成，比例占18.2%。生命科学占第三位，主要由生物学构成，农业科学和医药科学部没有投入，比例占17.3%。其次是工程，占13.8%；计算机科学占8.3%；数学科学占5.2%。

国家航空航天局学科经费投入的比例，按其大小依次是：物理科学39.3%；环境科学23.3%；工程20.1%；生命科学7.0%；计算机科学3.6%；数学科学0.1%。

国防部学科经费投入的百分比，工程为最大，占36.1%，其次是计算机科学，占20.6%；物理科学12.3%；生命科学10.8%；环境科学10.4%；数学科学3.8%。

能源部的学科经费投入，按百分比依次是：物理科学55.8%；工程15.8%；生命科学15.1%；环境科学10.2%；数学科学1.4%；计算机科学0.8%。物理科学在能源部的学科投入中是大头，在50%以上，其中物理学一门学科就占46.3%，化学是9.1%，天文学是0。

卫生与人类服务部的学科投入，主要集中于生命科学，占学科经费投入的87.1%，其他学科的投入微乎其微，物理科学1.9%，主要用于化学；工程0.8%；数学科学0.1%。在生命科学中，生物学和医药科学平分秋色，各占44.0%和41.5%。

农业部的学科经费投入，也主要用于生命科学，比例占76.9%；其次是物理科学，占5.7%；工程4.1%；环境科学1.2%；计算机科学0.5%；数学科学0.1%。生命科学中占比由大到小的排序是：农业科学34.9%；生物学24.4%；环境生物学15.2%；医药科学2.3%。

四、美国国家科学基金会对学科的资助

1. 学科项目资助强度

美国国家科学基金会每年受理3万多份申请，约40%的项目得到资助，平均资助强度10万美元。表4-5为美国国家科学基金会的平均资助强度。表4-6为1991年美国国家科学基金会各学科的资助强度。其中，以地学的资助强度为最大，每项14.72万美元；其次是计算机信息科学与工程，每项14.69万美元；数理科学每项为13.51万美元，最小的是工程科学，每项为9.02万美元。

表4-5　美国国家科学基金会的资助强度

项数	年份				
	1985	1988	1989	1990	1991
收到申请（份）	29477	37500	37000	37500	38000
批准	14000	15468	16793	18000	18000
平均资助强度/(万美元/项)	9.4	10.47	10.82	10.56	13.04

表4-6　1991年美国国家科学基金会对各学科的资助强度

学科	项目数	金额		资助强度/（万美元/项）
		百万美元	比分比/%	
生物科学	2784	255.15	10.86	9.16
计算机信息科学与工程	1279	189.51	8.07	14.69
工程科学	2636	237.66	10.12	9.02
地学	2498	367.35	15.65	14.72
数学与物理科学	4622	633.73	26.98	13.51
社会、行为和经济科学	1692	79.22	3.37	4.68
教育和人类资源	2048	321.96	13.71	15.72
政府南极项目	255	175.07	7.45	68.65
研究设备现代化	78	79.02	3.37	101.31
鼓励竞争研究项目	45	9.95	0.42	22.11
总计	18007	2348.98	100	13.04

2. 资助的学科和经费

经过不断的调整，20世纪90年代初形成美国国家科学基金会的资助领域的格局基本固定，分为七大专业系统和一个资助项目——极地研究。

（1）生物科学

生物学委员会的研究范围从生物大分子的结构和活动机制，如蛋白质和核酸，至细胞、器官及有机体，再到人口和生态系统的研究。包容了生物体的内部过程及外部的、包括暂时的、由实时测量系统得到的框架，但是不包括与疾病和药物治疗有关的研究。资助倾向于对基本原理和生命机制的认识。1998 财年的预算达到 3.3 亿美元，比 1997 年增长了 3.3%，除了将继续支持微生物领域的研究，包括在极端环境下微生物的生活方式，还将增加对参与研究的青年学者、本科生的支持。

（2）计算机和信息科学

注册信息安全工程师（CISE）本身就是一个跨学科的领域，美国国家科学基金会鼓励 CISE 的科学家、工程师同美国国家科学基金会资助的所有其他学科研究人员的合作。资助范围限于计算理论和基本原则、系统软件和计算机系统设计、模式、测试和开发新的计算与通信系统以完成复杂的研究课题，其中计算和通信技术受到特殊的关注。目前的重点领域是并行处理、自动化和机器人、大规模集成电子系统、科学计算，以人为中心的系统、高信度系统、知识网络和网络工程。1998 财年的预算总经费达 2.94 亿美元，比 1997 年增长了 7.6%。为了加速下一代网络应用和服务的发展，其中 1000 万美元将用于增加 Internet 网络在高校教育和研究领域的容量。

（3）工程

资助目的是通过教育、研究和扩展边缘领域的知识以提高生活质量和促进国家繁荣。虽然工程支持的基本上是自然科学领域，但是其中许多项目都来源于社会的需要。为了扩大影响，工程的工作重点是促进工业界、学术界、其他联邦机构、国家及地方政府及海外的合作。例如，ENG 高强度支持“与工业界的学术联系拨款机会”项目（GOALI）。1998 财年资助的增长幅度为 3.6%，重点投向民用基础设施、环境技术、纳米粒子的合成与加工等领域。

（4）地学

主要支持在大气、地球和海洋领域的研究。地学方面的基础研究促进了对地球，包括水、能量、矿物和生物多样性的了解。地学的资助也用于加强对经济发展、自然现象的预测研究，如气候变化、天气、地震、鱼群涨落及太阳系的爆炸现象。1998 财年经费预算达 4.53 亿美元，比 1997 年增长 1.5%。资助重点是与全球变化有关的项目、沿岸海洋过程和全球海洋环流、国家中心的大气研究、海洋钻探船的重新装配。

（5）数理科学

资助领域分为数学、天文、地理、化学和材料，1995 年增设多学科办公室，每年规定若干个优先资助领域。1998 财年增长幅度仅为 2.8%，将继续支持基础研究和国家实验室的建设，重点在于交叉学科领域，如计算科学与工程、纳米材料、光学与工程、生物分子材料及本科生与研究生教育培养、试验仪器与研究室的增设等。

(6) 社会、行为和环境科学（略）

(7) 教育和人力资源（略）

(8) 极地项目

极地包括南极地区和北极地区，是拥有最重要的天然实验室的边缘地带，在全球气候变化中扮演关键角色。极地项目为科学家提供了一个涉及陆地、海洋、冰雪、大气和天文领域的独一无二的研究机会，该项目 1998 财年的预算比 1997 年增长 2%，增加部分主要用于北极地区人文科学及南极冰面、海洋的研究。

从 20 世纪 90 年代美国国家科学基金会对学科资助的情况分析，资助数量和百分比最大的学科是数理科学，第二位是地学，其次是工程科学、生物学和计算机信息科学与工程。数理科学资助的百分比一直占据美国国家科学基金会的 22% 以上，地学为 14% 以上，工程科学为 11% 左右，生物学为 10% 左右，计算机科学与工程为 8% 以上（参见表 4-7 和表 4-8）。

表 4-7　20 世纪 90 年代美国国家科学基金会的资助情况

研究项目	1991 财年（实际）/百万美元	1994 财年（实际）/百万美元	1995 财年（实际）/百万美元	1996 财年（实际）/百万美元	1997 财年（计划）/百万美元	1998 财年（需要）/百万美元	比 1997 年增长的百分比/%
生物学	255.15	287.88	300.82	304.4	320.25	330.82	3.3
数理科学	633.73	617.88	645.24	650.5	696.22	715.71	2.8
工程学	237.66	296.73	322.92	322.7	347.94	360.47	3.6
计算机和信息系统	189.51	239.53	257.83	262.4	273.39	294.17	7.6
地学	352.82	404.16	419.62	424.5	445.92	452.61	1.5
社会、行为和环境	79.22	98.21	110.36	119.3	121.75	129.66	6.5
教育和人力资源	321.96	569.03	611.88	601.1	618.69	625.5	1.1
极地项目	189.96	222.48	222.65	217.0	224.05	228.53	2.0
其他	15.99	123.92	245.46	280.6	276.79	229.53	
总数	2276.00	2859.82	3136.78	3183.50	3325.00	3367.00	1.3

表 4-8　20 世纪 90 年代美国国家科学基金会对各学科的资助比例（%）

研究项目	1991 财年（实际）	1994 财年（实际）	1995 财年（实际）	1996 财年（实际）	1997 财年（实际）	1998 财年（实际）
生物学	11.3	10.5	10.4	10.5	10.5	10.5
数理科学	28.0	22.6	22.3	22.7	22.8	22.8
工程学	10.5	10.8	11.2	11.1	11.4	11.5
计算机和信息系统	8.4	8.8	8.9	9.0	9.0	9.4
地学	15.6	14.8	14.5	14.6	14.6	14.4
社会、行为和环境	3.5	3.6	3.8	4.1	4.0	4.1
教育和人力资源	14.2	20.8	21.2	20.6	20.3	19.9
极地项目	8.4	8.2	7.7	7.5	7.4	7.3
总计	100.0	100.0	100.0	100.0	100.0	100.0

以上是美国国家科学基金会以学科划分的几个大部门的资助情况，我们从美国科学促进会出版的“AAAS Report XX：Research & Development FY 1996”一书中，可以得到更详细的资料，表 4-10 详细列出了这些数字。

表 4-9　20 世纪 90 年代美国国家科学基金会对数理科学的资助比例　（%）

研究项目	1991 财年	1994 财年	1995 财年	1996 财年（计划）	1997 财年（需求）
数学	13.5	13.2	13.3	13.4	13.6
物理	24.0	20.1	20.0	19.9	20.7
化学	19.3	19.1	19.3	19.1	18.9
天文	18.4	15.9	16.5	16.7	16.6
材料	24.8	27.1	26.5	26.4	26.0
多学科交叉		4.6	4.5	4.5	4.2
总计	100.0	100.0	100.0	100.0	100.0

表 4-10　1994～1996 年美国国家科学基金会对学科的资助　（单位：百万美元）

（1）数学和物理科学			
学科	1994 年	1995 年	1996 年
数学	78.0	83.6	89.9
天文学	101.5	102.2	110.4
物理	127.4	130.3	142.2

续表

(1) 数学和物理科学			
学科	1994 年	1995 年	1996 年
化学	114.9	123.1	133.6
材料研究	167.2	175.4	190.9
多学科交叉	28.8	30.0	31.3
总量	617.8	644.6	698.3
(2) 工程			
学科	1994 年	1995 年	1996 年
生物与环境系统	21.9	23.4	25.6
化学与传递系统	36.6	38.5	41.1
设计、制造和工业改革	70.0	78.7	88.1
电子与通信系统	36.6	38.9	41.7
工程教育中心	88.2	91.8	95.8
民用和机械系统	43.4	48.4	51.9
总量	296.7	319.7	344.2
(3) 生物科学			
学科	1994 年	1995 年	1996 年
分子与细胞生物学	84.9	88.0	94.2
综合（Integrative）生物学和神经科学	77.6	80.9	86.3
环境生物学	74.3	78.6	85.3
装备与资源	51.1	53.4	58.1
总量	287.9	300.9	323.9
(4) 地学			
学科	1994 年	1995 年	1996 年
大气科学	134.5	143.8	155.8
地球科学	80.7	82.3	90.1
海洋科学	189.0	193.4	205.6
总量	404.2	419.5	451.5
(5) 计算机信息科学和工程			
学科	1994 年	1995 年	1996 年
计算机与计算	39.1	40.3	42.9
信息、机器人和智能系统	29.6	32.3	35.1

续表

（5）计算机信息科学和工程			
学科	1994 年	1995 年	1996 年
微电子信息过程系统	23.5	25.8	28.1
先进科学计算	74.6	79.2	84.1
网络和通信研究及装备	49.9	56.5	59.6
交叉学科	22.8	24.2	25.8
总量	239.5	258.3	275.6

1991～1998 年，美国国家科学基金会投入的总经费将增长 41.7%，增长速度较快的学科是计算机和信息科学与工程学；增长速度放慢的有生物科学和数理科学，而在数理科学中，新兴的材料科学发展速度超过传统的数理化科学。这充分说明由于新学科的出现及不断发展壮大，影响了传统学科的发展速度，使传统学科的资助比例逐渐下降。

3. 美国国家科学基金会的资助政策

美国国家科学基金会追求下面三个目标而资助研究。

1）内在的智力价值。国家将从任何科学和工程领域的重大进展中获益。美国国家科学基金会总是寻求资助各领域最有前途的研究，它将以这种方式继续追求卓越。

2）完成诸如国防或卫生等政府指定的任务。它占用了联邦政府研究与开发经费的大部分。这种研究在特征上可能是基础的，但是它为完成特殊使命的需要所迫使，这种研究完全是负担这类使命的机构的事情。

3）进行能确定国家经济竞争力的研究。它需要的是进行基础研究和培养人才，使美国工业能够开发并在国际市场上成功地销售产品。最近几十年，国家科学基金会在此领域也大显身手。

美国国家科学基金会资助的宗旨是将资金投入到所有计划范围内的世界一流的研究项目，项目选择基于均等条件下的价值审查过程，并进行成果评估，以便反馈到下一步项目计划。基金会年度计划将战略目标转换成具体的项目设置并落实，而且要将国会的工作重点列入计划。计划执行的参与者是美国国家科学基金会工作人员、国家科学委员会（NBS）和外部的顾问。

在研究和教育工作投资方面，国家科学基金会确认了以下几个重点资助思想。

1）为各知识前沿交叉学科的研究提供均衡的资助。通过国家科学基金会对研究和教育工作的广泛支持，国家能够利用随时产生的新进展、新机遇，同时及时参与、应付意外的新挑战。通过研究会、讨论会、顾问和评审委员会、国家科学委员会及国家研究委员会等会议，国家科学基金会定期检查科学与工程研究的发展状况。这些评估保证了科学和工程研究的范围和质量，并保证国家科学基金会和美国利用所有科学和工程活动推动知识的更新。

2）利用正在出现的机遇。为了在工作范围内集中注意力，国家科学基金会经常进行上述检查工作，时刻关注科学和工程的新兴领域、教育和人类资源面临的挑战和其他出现特殊机遇或挑战的领域。

3）敢于冒险。国家科学基金会寻找新方法来激励研究人员探索新的工作途径、从事具有高风险和很大潜力的工作。改进的激励措施有助于消除研究人员对如何在他们的资源基础和工作效率不受威胁的情况下开辟新的研究方向方面的顾虑。

4）促进学科间综合。国家科学基金会将探索和设立组织的方法、有计划的措施保证多学科的研究和教育工作得到适当的关注。

5）建立有益的国际联系。国家科学基金会从两方面增进科学、工程研究的国际化。其一是通过国际合作。美国科学家、工程师及研究人员利用各种机会促进研究和教育。其二是通过提供学术施行奖学金和资助海外地区的研究活动，国家科学基金会为美国未来科学家和工程师提供了他们在国际研究和教育环境中将需要的经验和见识。

美国国家科学基金会优先资助领域受以下几个因素的影响：科学与工程的机遇性与重要性、技术可行性、承担能力和领域之间的平衡。计划和优先权设置不仅停留在机构水平，而且深入到各个学科和领域。美国国家科学基金会计划官员和管理部门通过讨论会、顾问委员会、专业讨论会等形式与研究和教育部门进行广泛的商讨，以帮助设立优先资助领域和指导决策过程。美国国家科学基金会平均每年仅能资助 1/3 的申请项目，在非常严格的筛选条件下，美国国家科学基金会依据价值评估系统选择资助的项目。在同等数量的科学界、数学界、工程界、教育界专家的帮助下，美国国家科学基金会将资助投向那些许诺作出杰出贡献的项目。美国国家科学基金会比较低的入选率使得许多价值较高的项目落选。由于多学科项目的出现，使得无论在审查阶段还是在评估阶段都需要更复杂的管理程序。

从 1995 年开始，美国国家科学基金会创办机遇资金以加速对新兴领域的投资。这项资金使得美国国家科学基金会对在研究和教育领域不能预见的新机会作出快速反应。在过去的几年里，这项基金曾用于“极端环境下的生物”和“学习与智力系统”项目中。1998 年美国国家科学基金会计划投入 300 万到特别有前途的交叉科学项目中去。

希望在当今世界中保持竞争力的国家，必须做如下 3 件事情。①充分资助基础研究；②培养出充足的科学家和工程师；③对研究设施和设备充分投资。

分析美国国家科学委员会 40 年的变化和目前的资助政策，主要有以下几个特点值得注意。

1）美国国家科学基金会支持基础研究的同时，也支持应用研究。

2）美国国家科学基金会资助科学与工程学研究，也支持科学与工程学教育。这是美国国家科学基金会成立时就奉行的政策。

3）在保持传统的对单个研究者在广泛学科范围内进行研究的支持，并仍将是美国国家科学基金会提供资助的主要对象的同时，大力促进不同领域科学家、工程师在科学与工程学领域进行更大规模的团体研究、合作研究，鼓励工业部门、产业部门更多地直接加入这种合作研究，并提供研究资助。

4）广泛开展国际合作研究。美国国家科学基金会鼓励美国科学家参加能给美国的研究和教育事业带来巨大利益的国际科技合作。美国国家科学基金会每年有 1000 多万美元用于国际合作与交流项目。

5）美国国家科学基金会非常重视改善科学家和工程师的研究设施和条件。

面对科技的飞速发展和欧洲、日本等的强大，美国经济和科技面临前所未有的挑战。面对美国科学和工程学存在的严重问题，美国国家科学基金会不断调整本身的战略，继续创新，寻找在支持项目和支持方式上更为合理的模式，以使美国国家科学基金会在发展和加强美国科学和工程学方面起更重要的作用。

五、联邦政府其他部门对学科的资助

1. 卫生与人类服务部

卫生与人类服务部 R&D 的经费投入每年高达 100 亿美元以上，绝大部分花费在国家卫生研究院。经费按部门排序，国家卫生研究院排第一位，其次有疾病控制中心、食品与药物管理、健康保健基金管理、健康资源与服务管理、印第安人健康服务。按学科分类，该部要求支持的学科是生命科学，占据经费的 87.1%，其中，生物学占 44.0%，医药科学占 41.5%。具体的学科经费比例是：化学 1.8%；物理学 0.1%；农业科学 0.1%；生物学 44.0%；医药科学 41.4%；心理学 4.6%；工程 0.8%。

在国家卫生研究院的研究资助中，1994 年、1995 年和 1996 年的研究项目经费分别是 58.76 亿美元、60.01 亿美元和 62.29 亿美元；资助项目总数分别是 24076、23858 和 23874，其中，非竞争项目数为 17602、17284 和 17828，竞争的新项目数为 6274、6568 和 6046，竞争新项目数占总项目数的 26.9%、27.5% 和

25.3%，大约为1/4强。

2. 国家航空航天局

国家航空航天局用于学术研究的经费，20世纪90年代在40亿~70亿美元之间，每年都有所增长。从学科的角度来看，主要资助的学科第一位的是物理学，其次是天文学、大气科学。具体比例如下：天文学14.2%；化学1.2%；物理学19.2%；计算机科学3.6%；大气科学9.3%；地球科学4.2%；海洋地理学2.3%；生物学3.5%；医药科学1.5%；航空航天7.7%；电子、工程1.5%；机械工程2.1%；材料工程3.9%。

3. 能源部

20世纪90年代能源部学术研究的年经费支出在5亿美元左右。最大的资助学科是物理学，接近学科资助的一半；其次是生物学和化学。学科资助公布的百分比是：化学9.1%；物理学46.3%；数学1.4%；计算机科学0.8%；大气科学4.7%；地球科学4.5%；海洋地理学0.6%；生物学11.6%；医药科学3.1%；化学工程3.9%；材料3.7%。

1994~1996年能源部R&D的支出十分巨大，约为学术研究经费的10倍之多，其中用于原子能的经费，1994年为27.9亿美元，1995年为25.7亿美元，1996年为27.7亿美元；用于高能物理的经费，1994年为6.1亿美元，1995年为6.4亿美元，1996年为6.9亿美元；用于核物理的经费，1994年为3.5亿美元，1995年为3.3亿美元，1996年为3.2亿美元。

4. 农业部

美国农业部1994~1995年用于R&D的年经费在15亿美元左右，比国家航空航天局、国防部以及能源部都要小得多。其中，用于农业科研项目的年经费约7亿美元。主要资助的学科是农业科学（34.9%）、生物学（24.4%）和环境生物学（15.2%）。

英国学科资助政策[①]

一、英国和英国科技改革

英国全名为大不列颠及北爱尔兰联合王国，位于欧洲西部，国土面积 242534km^2，人口为 5784 万（1994 年）。全国共分 4 个行政区：英格兰、苏格兰、威尔士和北爱尔兰。

地区以下设郡和市。首都伦敦面积为 1579km^2，人口达 637.8 万，是世界上最大的保险中心和金融中心，营业额分别占世界的 1/5。

英国经济从 1993 年底开始复苏，并逐步走上了健康发展的轨道。1994 年经济增长率为 4%，1995 年经济增长率为 4.95%。根据经济合作与发展组织公布的英国经济情况调查报告评价，现在的英国经济较前更加灵活，更富有竞争力。失业率欧盟为低，目前是 7.2%，通货膨胀率近几年一直保持在 3% 以下的较低水平。1995 年 GDP 为 7104.62 亿英镑，人均 GDP 为 12121.23 英镑，为西方世界第 4 位，次于美国、日本和德国。主要工业有石油、钢铁、纺织、化工、机械、航空、电子等。英国进出口额当时在世界上排第 5 位，占其 GDP 的 25%，1995 年对外贸易额为 5083.2 亿美元，出口额占世界出口总额的比重为 5.9%。主要进口农产品、原材料和半成品；出口产品主要有航空、电器设备、各种机械、化工和石油产品等制成品。

英国每年用于研究与开发的经费在不断上涨。1995 年用于研究与开发的经费为 146.13 亿英镑，占英国 GDP 的 2.05%，1996 年增长到 2.19%。

近年来，英国科技发展史上出现了近 30 年来从未有过的一系列重大变化，其中包括加强政府对科学技术的领导；设立内阁科学技术办公室和新的国防研究与评价局；发表政府科技政策白皮书；实施技术预测计划；调整几大研究理事会；制订了一系列有关促进科技与企业协作的计划。这些变化对英国科技和经济的发展产生了深远而积极的影响。

1995 年，英国政府把内阁科技办公室并入贸易与工业部，进一步强调科技

---

① 本文内容是“国家自然科学基金会学科资助政策评估：问题与对策”课题报告的一部分，文稿发表在《科学对社会的影响》1998 年第 2 期，作者朱斌。

与工业的结合；正式发表了第一个技术预测计划报告，其基本目标是建立和发展工业、科研和政府之间新的合作关系，对 10 ~ 20 年内 15 个行业（农业、自然资源和环境、化学、通信、建筑、国防和航空航天、能源、财政服务、食品与饮料、健康与生命科学、信息与电子技术、娱乐和学习、制造和商业、材料、零售与流通以及交通运输）的发展趋势进行了全面的评价和分析，提出了相应的对策。

为使政府有限的研究与开发经费投入到科技发展最优先领域，英国政府贸易与工业部、科技办公室、技术预测专业小组及政府有关部门、公司和专业团体、协会以不同形式就不同专业举办了几百场讨论会，最后确定了政府、行业和各大公司科技发展的优先领域为：通信与计算机的应用；开发以生命和基因为基础的新产品和工艺；改进材料的弹性、质量和应用范围；运用传感器、自动化技术和企业过程与管理系统，追求高标准的产品和服务；污染控制、清洁加工和清洁能源方面的环保科技开发与应用；应用社会发展趋势和因素的知识，更好地了解市场、风险和新技术的影响。政府和企业 1996 年为此投入 10 多亿英镑，开展优先领域的研究。

1996 年政府通过"科技展望"又发布了跨部门的科技项目，即"全球环境变化、人类基因、海洋科技、风险评估和毒理学、安全审评系统、空间科学、持续发展、生命分类学、交通通信。同时，英国政府为了促进军民科技合作，建立了民用/国防合作研究联合工作论坛的新机制，其成员由科技办公室、贸易与工业部和国防部的高级官员组成。

英国的科技改革基本上分两个层次进行：一是改革政府部门拥有的实验室；二是改革研究理事会的实验室、中心和观测站。1990 ~ 1991 年，英国政府把原政府各部门拥有的实验室和研究所纷纷改变成政府的执行代理机构，把政府执行机构从政策制定部门中分离出来，尔后，政府通过合同招标的方式向政府实验室购买服务。此时，国家实验室的收入虽然大多数都来自政府的合同，但它已开始从市场获得横向合同收入。就政府而言，它既是国家实验室的财产所有人，又是实验室的客户。

1995 年末 ~ 1996 年，英国科技体制改革进入了最后的关键阶段，实行了全方位和彻底的科技改革，采用承包经营、私有化、机构解散或重组。率先改革的是贸易与工业部所属的国家实验室，实行"官有民营"或所有机制转移，彻底私有化。继后，英国交通部、环境部、农渔食品部、卫生部、科技办公室、苏格兰办公室等政府部门的实验室和研究中心、各研究理事会的 20 多个下属科研机构相继进行了改革。

另外，英国政府为了保证国家财政支持的研究部门能够高效率地工作，创造出科研成果，政府要求对这些科研机构每5年评审一次，必要时在5年内就要求对某研究机构的业绩和机构设置进行评估，淘汰不合格的机构。1997年1月29日，英国政府贸易与工业部部长宣布了1996年底对全国政府拨款的研究机构评审的结果，确定全国现有28个研究机构评审通过，仍由政府拨款支持。

英国政府近几年的科技改革致力于把发展科技重点转移到社会财富的创造和提高人民生活质量上来，政府和各研究理事会制订科学发展计划的重点都集中在如何保持工业的结合，采取多种措施，鼓励科技与企业的协作，从而使科研直接为英国经济发展服务。另外，英国政府还十分重视基础研究，特别对一些重点的基础科学领域予以优先支持，到1997年为止，英国有72位科学家获得诺贝尔奖，仅次于美国，为世界第二位。其中获生命科学奖的有23人。英国的生命科学，特别是分子生物学、神经生物学、细胞学和制药等学科领域均在世界上享有盛誉。英国在基础研究的若干领域始终都处于着世界领先地位。英国原内阁首席科学家Stewart教授说过："英国科技发展战略是一手抓培养诺贝尔奖获得者，一手抓科技普及，促进科技成果向生产转移。"这是对当前英国科技发展政策最精辟的概括。

表4-11　西方7国研究与开发总投入的比较（1993年）

项目	英国	德国	法国	意大利	日本	加拿大	美国
国内总产值（GDP）绝对值（百万英镑）	628	929	689	648	1589	358	3994
研究开发国民总支出（GERD）绝对值（百万英镑）	13.8	32.0	16.6	8.4	43.1	5.4	111.3
占国内总产值的百分比/%	2.19	2.48	2.41	1.30	2.80	1.50	2.79
非政府部门的投入比例/%	68	63	56	54	82	56	60
商业性企业研究开发（BERD）绝对值（百万英镑）	9.1	15.4	10.3	4.9	31.2	2.9	80.2
占国内总产值的百分比/%	1.4	1.7	1.5	0.8	2.0	0.8	2.0
政府的研究开发总支出绝对值（百万英镑）	5.4	9.3	8.8	5.1	7.7	2.1	44.4
占国内总产值的百分比/%	0.86	1.00	1.27	0.79	0.48	0.63	1.11

二、英国现行科研管理组织体系

英国政府对全国科研的管理，是通过内阁科技办公室实施的。1995年，政府将科技办公室并入贸易与工业部，形成了如下的科研管理组织体系（图4-2）。

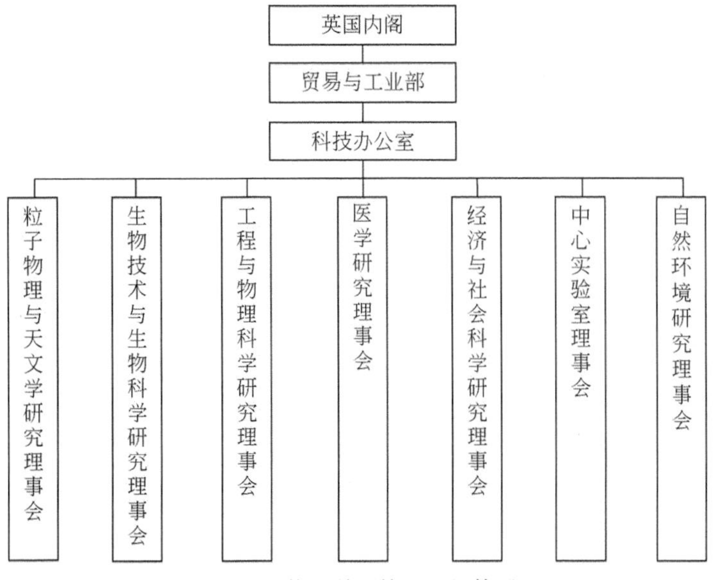

图 4-2　英国科研管理组织体系

科技办公室（OST）成立于 1992 年 4 月，主要职能是代表政府制订国家的科技政策。该办公室的首脑同时是本部门的首席科学顾问。他的职责是就科学技术问题向首相提出建议，同时就跨部门的科学技术问题向政府其他大臣提出建议。

科技办公室的另一项重要职能是负责国家的科学预算，为各研究理事会、皇家学会、皇家工程院和其他由科技办公室直接资助的部门提供经费资助。

由科技办公室支持的 7 个研究理事会，是英国从事基础研究的主要力量。各研究理事会直接将经费拨给下属的研究单位、大学研究部门以及国际合作单位。

1997 年 1 月底，贸易与工业部部长 Ian Lang 和科技部部长 Ian Tayor 公布了 1996 年对全国政府拨款的研究机构评审的结果。有 28 个研究机构获得通过，即继续由政府拨款支持。它们是：①耕种作物研究所；②草原与环境研究所；③约翰英尼斯中心；④西尔苏研究所；⑤巴布拉翰研究所；⑥动物保健研究所；⑦松香研究所；⑧英国地质调查局；⑨沿海与海洋科学研究中心；⑩生态与水文研究中心；⑪邓恩营养所；⑫食品研究所；⑬哺乳动物遗传所；⑭辐射与染色体组稳定性研究所；⑮生殖生物研究所；⑯毒理研究所；⑰病毒研究所；⑱马考来土地利用研究所；⑲苏格兰作物研究所；⑳摩来敦研究所；㉑哈那合研究所；㉒茹维特研究所；㉓国际园艺研究所；㉔兽医实验室机构；㉕警察科学发展分部；㉖公共卫生实验室服务部；㉗国家生物标准和控制所；㉘国家辐射防护委员会。

三、英国的基础研究经费

按照 Frascati 对科研活动的分类，分成基础研究、应用研究和实验开发 3 类。目前，英国将应用研究分为战略应用研究和导向应用研究。1994～1995 年，英国又将基础研究分成纯基础研究和导向基础研究。

1994～1995 年财政年度，政府 R&D 经费拨款 57.02 亿镑，其分配比例为：纯基础研究，40%；战略研究，41%（其中，导向基础研究为 15%，战略应用研究为 26%）；应用研究，15%；实验开发，4%。

有资料表明，英国政府用于基础研究的经费无论是绝对值或相对值（在 R&D 经费中的比重）都在不断增长。政府用于基础研究的经费，在 R&D 中的比例，1984～1985 年为 18%；1994～1995 年增长到 33%，单就民用而言，政府用于基础研究的经费在 R&D 中的比重，1984～1985 年为 37%，1994～1995 年上升到 55%。用于实验开发的经费，1984～1985 年为 13%，1994～1995 年下降到 4%。如此，是否可以得出这样的结论：英国政府对科技的民用投入主要用于基础研究，包括纯基础研究和导向基础研究。表 4-12 为 1986～1987 年到 1997～1998 年英国政府的科学预算，这些经费主要支持英国的基础研究，下达给各研究理事会。

表 4-12　英国政府的科学预算（1986～1997 年）　（单位：百万英镑）

年份	1986～1987	1987～1988	1988～1989	1989～1990	1990～1991	1991～1992
经费	595.8	650.4	697.3	803.2	889.9	914.5
年份	1992～1993	1993～1994	1994～1995	1995～1996	1996～1997	1997～1998
经费	1051.3	1163.1	1223.1	1295.1	1319	1330

需要注意的是，英国用于基础研究的经费仅占政府 R&D 总投入的 1/5。1996～1997 年，政府用于研究与开发的总经费为 60 亿英镑，其中 23 亿用于大学和研究理事会支持的科研和培训，22 亿用于国防，另外的 11 亿用于政府各部门的科学研究和培训。表 4-13 为英国政府 R&D 经费的分配。

表 4-13　英国政府 R&D 经费的分配　（单位：百万英镑）

项目	1995～1996 年	1996～1997 年①	1997～1998 年②
科学预算	1295.1	1319	1330
高教基金委员会	1017.7	1012	1026
政府各部门	1467.9	1435	1451
对 EU 的 R&D 援助	334.9	342	365

续表

项目	1995～1996年	1996～1997年[①]	1997～1998年[②]
国防R&D	2016.9	2204	2133
总额	6132.5	6312	6305

①为估计数；②为计划数。

还需要注意的是，英国政府对R&D的投入经费只占全国R&D总经费的1/3左右，2/3的经费来自企业。1995年，英国用于R&D的总支出（GERD）为143.28亿英镑，为GDP的2.05%，比1994年下降了2.11%。在143.28亿英镑的总经费中，来自政府的部分仅占33%，大部分来自企业和海外的资助。表4-14列出了1995年英国R&D总经费的情况。

英国政府对R&D的经费投入主要通过如下两个渠道进行。

1）通过政府部门投入，如国防部、贸工部、农渔食品部、环境部等。

2）通过科技办公室（OST）实施。它是英国政府基础研究的主要资助渠道，由6个研究理事会具体执行。表4-15列出1996～1997年英国政府科学预算的执行情况。

表4-14　1995年英国R&D的总经费情况　（单位：百万英镑）

项目	经费来源	经费执行
政府	4776	2076
高等教育	117	2695
企业	6877	9379
私人	505	117
海外	2052	
总经费	14328	14328

表4-15　英国政府科学预算的执行情况（1996～1997年）　（单位：百万英镑）

项目	经费	百分比
生物技术与生物科学研究理事会	177	13.52
医学研究理事会	282.7	21.55
自然环境研究理事会	164.7	12.55
工程与物理研究理事会	378.2	28.82

续表

项目	经费	百分比
粒子物理与天文研究理事会	192	14.63
中心实验室理事会、皇家学会		5
总经费	13114	100

四、研究理事会对学科的资助

1. 英国生物技术与生物科学研究理事会（BBSRC）

加强研究生培训，增进知识与技术。该理事会的任务是促进并支持高质量的基础研究、战略研究和应用研究，以及与生物系受过良好培训的科学家和工程师进行合作；提供咨询，普及知识，促进公众对生物技术和生物科学的了解。

该理事会 1995～1996 年的总经费为 1.8 亿英镑。

该理事会的科学主导研究计划涉及 6 个主要领域。它们相对应于不同的生物组织水平：生物分子科学，基因与发生生物学，系列化与细胞生物学，植物与微生物科学，动物科学与心理学以及工程与自然科学。1994～1995 年的经费支出列在表 4-16 中。

表 4-16　英国生物技术与生物科学研究理事会科学主导研究计划的经费支持

科学领域	学科领域
生物科学（1490 万英镑）	生物化学
	生物分子的结构与生物物理性质
	生物系统分子之间的相互作用
基因与发生生物学（1550 万英镑）	动植物遗传学
	微生物遗传学
	细胞遗传学、基因级结构、发生生物学、神经遗传学、与种群遗传学、分子形态遗传学
生物化学与细胞生物学（2290 万英镑）	动植物的生物化学与细胞生物学
	微生物新陈代谢
	酶学、膜生物学、细胞信息学、细胞生物学、细胞调节和蛋白质化学
植物与微生物科学（3100 万英镑）	
动物科学与心理学（1620 万英镑）	
工程与自然科学（380 万英镑）	

理事会1994年4月成立当初，即合并了农业与食品研究委员会（AFRC）的研究计划和英国科学与工程研究委员会（SERC）的生物技术与生物科学计划，把这些计划组织成一个有机的科学领域体系，并把这些科学领域纳入一系列与工业用户有关的战略计划中。战略计划的重点是：化工与牲畜育种、农业化学制品、动物饲料与动物卫生业。战略计划的经费情况列在表4-17中。

表4-17　英国生物技术与生物科学研究理事会战略计划的经费和学科领域

用户集团	学科领域
化工与制药（2190万英镑）	专用生物分子设计 应用生物催化 分析生物技术 环境生物技术 集成生化工程 细胞技术 植物产品
食品（2350万英镑）	食品安全与保存 食品加工与材料科学 提高原材料质量 饮食与健康之间的关系
农业系统（2370万英镑）	对环境的生物反应 作物和牲畜的改良技术 原材料质量 植物的工业产品 农业系统优化与环境的相互作用

2. 英国工程与物理科学研究理事会（EPSRC）

该理事会的任务是促进并支持高质量的基础研究、战略研究和应用研究，工程与物理科学（化学、物理和数学）方面的研究生培训特别要重视用户对研究和人才培养的需求，增强英国的工业竞争力和居民生活素质。

该理事会的重要责任是保持英国特定学科——化学、数学、物理学以及所有工程领域的蓬勃发展，并发展与这些学科相关联的产业。为反映这两个责任，理事会的计划分成两部分：一是与研究学科本身有关，二是集中与产业相关的目标。目前，该理事会有14个研究计划可分成“一般技术”、“核心学科”两大类。科学学科计划包括数学、化学和物理学。工程学科计划包括电气、机械、海洋、建筑环境和工艺学。“一般技术”计划包括革新制造计划、设计计划、信息技术与计算科学计划、材料计划和清洁技术计划等。

该理会 1994 ~ 1995 年的 R&D 的支出为 345 亿英镑。1995-1996 年为 3.415 亿英镑，1996 ~ 1997 年计划支出 3.31 亿英镑。按学科分类的情况列在表 4-18 中。

表 4-18 英国工程与物理科学研究理事会的学科资助情况 （单位：百万英镑）

学科领域	支出 1994 ~ 1995 年	计划 1995 ~ 1996 年
清洁技术	4.1	5.5
创新技术	0.2	0.4
设计与集成制造	14.1	13.7
控制与仪器制造	5.2	5.1
信息技术与计算机科学	50.2	52.3
材料	62	60.6
电气工程	9.3	8.8
机械工程	9.3	8.8
海洋工程	6.9	6.9
建筑环境	14.3	14.0
加工工程	14.7	14.1
中心/跨学科计划	36.1	40.4
高性能计算	9.8	7.2
化学	39.0	39.2
数学	9.9	10.3
物理学	36.7	35.7

3. 英国医学研究理事会（MRC）

英国医学研究理事会的任务是促进并支持高质量的基础研究、战略研究和应用研究，以及生物医学相关的研究生培养，旨在保持和提高人体健康水平，增进知识和技术，提供受过培训的研究人员；提供咨询，普及知识并促进公众对生物医学科学研究的了解。

医学研究理事会工作的焦点是决定科学计划和资助决策的过程。当前的科学研究计划，集中在如下几个方面。

1）遗传蓝图、分子与细胞、继承与发展所有这些领域都有助于新的药剂和新的诊断法确认的新的细胞目标。

2）环境与防范机制、感染与免疫、化学与物理环境危害。

3）特殊系统与特殊疾病、癌症、面向系统的研究。

4）特殊系统与疾病研究战略综合了分子生物学与细胞生物学技术和环境因素知识，以便增强基本认识并发展和评估诊断、预防、治疗和管理方法。

5）神经科学与心理卫生。

6）通过功能成像，越来越有可能使生物学和心理学方法相结合。而且发展了广泛的跨学科方法，去认知衰退和神经康复。

7）卫生事业与公共卫生研究。

8）技术转让。

医学研究理事会 1995～1996 年 R&D 的计划支出为 2.77 亿英镑，最近几年将保持这一水平。表 4-19 列出了 20 世纪 90 年代该理事会 R&D 的支出情况。

表 4-19　英国医学研究理事会 R&D 支出　　（单位：百万英镑）

项目	支出		估计支出	计划		
	1992～1993 年	1993～1994 年	1994～1995 年	1995～1996 年	1996～1997 年	1997～1998 年
R&D	216.6	256.0	268.6	277.1	274	277

表 4-20 列出了 20 世纪 90 年代英国医学研究理事会对不同学科领域的经费资助。其中，排列第一位的是分子与细胞，它占该理事会 R&D 经费的 20.8%；第二位是神经科学与精神卫生，占 R&D 经费的 20.6%；第三位是感染与免疫，占 R&D 经费的 19.9%。这 3 项加起来，占据整个 R&D 经费的 60% 还多。表4-20 中表达的资助数字，是通过研究计划的一个科学主题得出的，由于医学研究具有跨学科性质，因此会有些偏差。

表 4-20　英国医学研究理事会学科资助情况　　（单位：百万英镑）

学科领域	支出		估计支出	计划
	1992～1993 年	1993～1994 年	1994～1995 年	1995～1996 年
分子与细胞	45.7	56.5	56.9	57.6
继承与发展	21.3	23.1	31.8	36.7
感染与免疫	47.6	52.6	53.8	55.0
环境	15.2	19.0	19.2	19.4
癌症	15.4	14.5	14.6	14.8
神经科学与精神卫生	39.7	54.7	56.6	57.2
面向系统研究		35.5	35.8	36.2
生理系统	31.7			
卫生与安全	0.1	0.1	0.1	0.1
总计	216.7	256	268.8	277

4. 英国自然环境研究理事会（NERC）

该理事会的任务是：促进并支持高质量的基础研究、战略研究和应用研究，勘察和长期监测环境；陆地生物学、海洋生物学、淡水生物学、地球、大气、水文学、海洋学、极地科学和地球观测等方面的研究生培训；增进知识和技术并提供受过培训的科学家和工程师；提供咨询，普及知识，促进公众对上述领域的了解。

理事会的兴趣和重点涉及环境科学的所有方面，当前的议题集中于以下有关英国环境的主要问题。

1）土地、水和沿海的管理，土地、淡水和海洋资源的鉴别、开发和可持续性。

2）废物管理、生物补救和土地再生。

3）空气、土地、海洋和淡水污染。

4）环境风险及危害。

5）全球变化，包括在一系列时间、空间中的预测。

自然环境研究理事会最近几年 R&D 的支出接近 1.5 亿英镑。

1992～1993 年为 1.17 亿，1993～1994 年为 1.32 亿，1994～1995 年为 1.47 亿，1995～1996 年为 1.49 亿，1996～1997 年计划为 1.47 亿，1997～1998 年计划为 1.49 亿。

表 4-21 列出该理事会 20 世纪 90 年代对不同学科领域的经费资助。从 1995～1996 年资助来看，地球科学与技术为 4000 万英镑，占该理事会总支出首位；其次是海洋科技、陆地与淡水科技。

表 4-21　英国自然环境研究理事会对学科的资助　（单位：百万英镑）

学科领域	支出		估计支出	计划
	1992～1993 年	1993～1994 年	1994～1995 年	1995～1996 年
大气科学技术		4.8	53.6	7.3
地球观测			6.5	8.1
地球科学技术	34.2	36.8	37.63	40.0
海洋科学技术	33.4	34.1	39.5	33.8
陆地与淡水	26.3	32.7	30.4	31.4
极地	23.6	23.9	27.3	28.6
总计	117.4	132.3	194.93	149.2

5. 英国粒子物理与天文学研究理事会（PPARC）

该理事会的研究战略目标是：按国际标准评估，鼓励并支持天文学、外星科学和粒子物理学方面最高质量的研究计划。为了确保粒子物理与天文学方面的国际地位，实施国际合作是实现世界级研究的唯一方式。理事会预算的半数以上用于欧洲粒子物理实验室（CERN）、欧洲航天局（ESA）。其他研究计划通过大学、理事会所属研究机构（皇家天文台）和中央实验室理事会的卢瑟福·阿普尔顿实验室实施。

根据当前的研究计划，理事会支持 3 个主要领域的研究：

粒子物理学——基本粒子和基本自然力的理论和实验研究；

天文学研究——宇宙和星系的起源和进化，以及恒星的生命周期和性质；

行星科学研究——太阳系的起源和进化，以及太阳对行星特别是对地球的影响。

粒子物理与天文学研究理事会在最近几年的 R&D 的支出，接近 2 亿英镑。1994～1995 年为 1.8 亿英镑，1995～1996 年为 1.96 亿，1996～1997 年估计仍为 1.96 亿。表 4-22 列出了该理事会对学科领域的经费支持。

表 4-22　英国粒子物理与天文学研究理事会学科资助情况　（单位：百万英镑）

学科领域	估计支出	计划
	1994～1995 年	1995～1996 年
天文学与行星科学	96.3	102.4
粒子物理学	83.7	94.8
总计	180.0	196.3

6. 科学预算在各研究理事会中的分配

1995～1996 年，英国政府科学预算总额为 12.951 亿英镑，它的分配如下。

生物技术与生物科学研究理事会　1.800 亿英镑　13.9%

经济与社会科学研究理事会　0.615 亿英镑　0.5%

医学研究理事会　2.781 亿英镑　21.5%

自然环境研究理事会　1.678 亿英镑　13.0%

工程与物理科学研究理事会　3.689 亿英镑　28.5%

粒子物理与天文学研究理事会　2.027 亿英镑　1 5.7%

最近几年（1986～1998 年），科学预算的分配情况列在表 4-23 中。英国科学预算的 90% 以上是在 5 个自然科学的研究理事会中分配。其中，工程与物理科学研究理事会占首位，占总额比重的 30%。医学研究理事会占第二位，比重略大于 20%。以 1995～1996 财年与 1994～1995 年相比较，生物技术与生物科学研究理事会增加最快，占 20.6%，其次是自然环境研究理事会和粒子物理与天文学研究理事会，分别增长 12.9% 和 1 1.5%。

表 4-23 英国科学预算在各研究理事会中的分配（1986～1998 年） （单位：百万英镑）

机构	1986～1987 年	1987～1988 年	1988～1989 年	1989～1990 年	1990～1991 年	1991～1992 年
生物技术与生物科学研究理事会						
医学研究理事会	128.3	139.8	149.7	176.3	185.7	202.9
自然环境研究理事会	70.3	73.3	91.9	115.0	135.2	122.6
工程与物理研究理事会						
粒子物理与天文学研究理事会						
科学预算总额	595.8	650.4	697.3	803.2	889.9	914.5
机构	1992～1993 年	1993～1994 年	1994～1995 年	1995～1996 年	1996～1997 年	1997～1998 年
生物技术与生物科学研究理事会			143.0	180.0	184	183
医学研究理事会	277.6	255.4	271.3	278.1	282	289
自然环境研究理事会	12.7	140.3	146.1	167.8	159	167
工程与物理研究理事会			369.1	368.9	378	386
粒子物理与天文学研究理事会			180.1	202.7	214	199
科学预算总额	1051.3	1163.1	1223.1	1295.1	1319	1330

图 4-3 1997 年 10 月孙枢院士组团访问英国、瑞典，调研学科资助情况。左图摄于 10 月 23 日英国格林威治原皇家天文台旧址，左 2 为孙枢先生，左 3 为作者，右 1 为清华大学薛澜教授，左 1 为国家基金委政策局龚旭女士。右图为孙枢先生和作者访问英国苏克塞斯大学

印度学科资助政策

一、印度主要的学科资助部门及机构

印度在独立之前，已有若干科学技术机构，其中著名的有印度地质勘测局、印度气象部、印度研究基金协会、帝国农业研究协会等。独立后，政府一方面努力保护遗留下来的科技机构，根据国家需要进行调整和改革，明确它们的研究方向；另一方面建立新的科技机构。独立初期改革了旧的农业和医学研究体制，把帝国农业研究协会改名为印度农业研究理事会，印度研究基金协会改名为印度医学研究理事会，选拔有国际声望的科学家担任主席。这两个理事会分别隶属当时的农业部和卫生部。随后农业部又在全国建立了 23 个农业大学，一些农业研究所、实验室和工作站。卫生部也纷纷建立医学院和研究所。根据世界著名的高能物理学、印度的原子能之父 H. J. 巴巴的建议，由总理尼赫鲁决定于 1948 年建立原子能委员会，1954 年建立原子能局。为迎接 20 世纪 70 ~ 80 年代新技术革命的挑战，又迅速建立了一些中央直属的部级机构，如电子局、空间局、海洋开发局等专门管理科学技术研究与开发的部门。拉・甘地总理任职后，为加强某些重点领域的集中规划和领导，又采取了一系列的改组措施。1985 年改组了农业和水利电力部。在原来水利局的基础上成立了水利资源部，同年 10 月成立了国家水利资源委员会，并在过去中央直属的科学技术局的基础上成立了科学技术部，原来的科学技术局就成了现在科学技术部下面的一个局。各经济部门也依据本部门的发展要求逐渐建立了自己的研究开发体系。科学技术部、中央直属的空间局、原子能局、海洋开发局、电子局、科学与工业研究理事会、印度农业研究理事会和印度医学研究理事会，以及国防研究与开发组织等是中央管理科技工作、实施科技方针政策的主要部门。

1. 科学技术部

总理兼任部长，另设两个国务部长帮助总理开展工作。该部下设科学技术局、科学与工业研究局、生物技术局、科学与工业研究理事会，它们分别设有自己的研究机构。

(1) 科学技术局

科学技术局下设有印度测量局和印度气象局等。科学技术局的主要职责为：

①制订和执行各项方针政策；②调查各个科技领域的研究开发工作；③承担或资助科学技术的研究、调查、设计、开发以及软科学的研究；④促进科技成果用于国家经济的全面发展和国家的安全；⑤促进科学技术的国际合作；⑥为总理科学顾问理事会、国家科学技术交流委员会、国家科技事业开发局和生物技术局提供咨询服务；⑦向印度国家科学院等学术团体提供数学、物理、化学、工程及技术科学、植物学、动物学、医学等领域的赞助。

（2）科学与工程研究局

该局下属机构有国家研究开发公司、中央电子有限公司、国家科技情报系统和工程技术咨询公司。科学与工业研究局负责研究开发机构的注册批准、促进企业技术研究开发和应用。

（3）生物技术局

该局统管生物领域的研究与开发工作。下设有国家免疫研究所、国际遗传工程和生物技术中心。为使生物技术沿着“七·五”计划的方向发展，该局于1986年专门设立了科学顾问委员会和DNA重组技术委员会。

2. 科学与工业研究理事会

理事会是世界上由政府赞助的最大研究开发机构之一，它是指导和协调全国工业技术研究开发工作的机构，其实力相当雄厚，科学技术人员曾达到17000人，下设2个研究协会，协会下还附设推广中心和实验站，曾达到过100多个。另外，理事会在全国各地还有研究所和实验室，数目曾经达到过39个。1987年，根据总理科学顾问理事会的建议，该理事会进行了再次体制改革和调整，其部分研究机构转入中央对口部门直接管理。

理事会研究领域较广，包括微电子学、化学、分子生物学、医学器械和土木机械等。从20世纪70年代起，理事会又增加了农业现代化建设的研究项目。

理事会除了赞助企业的研究开发工作之外，还赞助了大学和其他学术中心的研究开发活动，每年可提供4000个研究员基金，因此，它又有“科学基金会”之称。理事会还十分重视基础研究，它所有的重要国立研究所均开展理论研究。

3. 空间局

印度的空间研究与开发事业始于1963年，当年在顿巴建立了一座空间研究中心维克兰·萨拉巴伊空间中心，1969年在班加罗尔设立了空间组织，1972年相继成立了空间局和空间委员会。空间委员会负责制定计划，审批经费预算。空间局通过空间研究组织负责空间研究开发方针的实施。空间局的任务有：①监督运载火箭、卫星、发射装置和信号跟踪等方面的研究；②向从事空间科技工作的机构、团体提供经费资助，负责科技人员的配备；③促进空间研究和工业生产中副产品的利用。

4. 原子能局

在4个中央直属局中，原子能局建立得最早。1948年10月，印度按照尼赫鲁总理关于开展和平利用原子能的倡导，依据原子能法规成立了原子能委员会，负责制定原子能开发的方针政策。1954年成立了原子能局，促进原子能的研究。

原子能局的主要任务为：①完成政府对原子能的控制和管理的职能，促进和平利用原子能，使之为工农医等部门的发展服务；②领导、促进涉及原子能规划的各种基础和技术开发，生产满足原子能计划需要的特殊金属、材料、燃料和设备。

5. 印度农业研究理事会

理事会归农业部领导。1985年政府改组农业部之后，下设农业研究与教育局负责指导、监督和协调农业研究理事会的工作。

印度农业研究理事会是农业研究开发和成果推广政策实施单位，它由享有一定声誉的科学家担任领导工作，由较高学术造诣的科学家组成管理集团。理事会设有4个由副总监指导和管理下开展工作的专业学部。目前理事会有41个研究所，4个项目管理中心，23个农业大学和1个国家农业研究管理学院和众多的技术推广站。在理事会及其所属的研究机构中工作的科技人员已有13301人，其中研究人员6165人。

在新德里的印度农业研究所和伊扎特纳加尔的印度兽医研究所开设有研究生教育课程，有资格授予农业和兽医硕士和博士学位，每年向有关领域的课题研究提供几百个研究员基金和奖学金。它们与印度国家科学院、科学工业研究理事会、印度医学研究理事会等有密切的联系。

6. 印度医学研究理事会

印度地处热带，各种疾病易于传播，麻风病人占世界总数的35%，一些人因营养不良导致眼睛失明或视力不全等情况相当严重。独立后，政府一直比较重视提高人民的健康水平，积极促进医疗事业的发展。为了加强医学研究基础设施的建设，印度政府将1911年成立的印度研究基金会改造成现在的“印度医学研究理事会”。目前理事会隶属于卫生与家庭福利部，是一个执行国家医疗卫生方针政策的机构，下辖18个研究单位，其中著名的有国家营养研究所、国家病毒研究所、结核病研究中心、国家霍乱和肠道疾病研究中心等。

7. 国防研究与开发组织

20 世纪 50 年代末，政府将当时的国防科学组织与一些技术开发机构合并成现在的国防研究与开发组织。研究领域包括电子学、航空学、海洋学、仪器制造、工程学、冶金学、应用数学、物理学、化学、生物学、心理学，以及符合国防需要的一切学科。国防部门的高技术发展，始终坚持走“军民相兼”的道路，每年政府拨款支持国防部门的研究开发工作。1978 ~ 1983 年 5 年期间，印度的主要科学技术机构的预算增长了 80%。其中，国防研究与开发组织的经费增长最快，为 81%，1984 ~ 1985 年拨给国防研究与开发组织的经费为 22. 5 亿卢比。目前，它有 42 个研究开发实验室、2 个职能性委员会和一个情报中心。

二、印度的重点研究领域

印度在确定学科优先发展领域方面做了大量的工作，这些工作是加速印度科学发展的重要手段。印度研究与开发投入在各领域的分布大体上可分为 3 个层次。第一层次是国防科研与空间科学研究，其经费所占的比例最大，占总投入的一半以上。第二层次是核能、工业技术、农业科学。第三层次是医学科学、电子、环境、海洋开发、新能源、生物技术等领域。

空间科学是印度致力发展的重要领域之一。1963 年印度发射第一枚小型火箭，从此，印度空间科学研究得到迅速发展。1975 年 4 月印度成功地发射了第一颗人造卫星，1983 年发射了一颗多用途卫星，在空间科学方面取得了较大的成绩。

印度农业研究理事会 R&D 投入所占的比例，同科学与工业委员会以及核能部基本相同，这反映出印度对农业科学的高度重视。多年来，印度在保护环境、提高农作物的产出潜力、提高收获技术、加强农业中的能源管理、改善通信系统等方面做了大量的工作。目前，印度极为重视将生物技术运用于农业的有关基础研究工作，如分子生物学、遗传工程、生物固氮、光合作用等领域的研究。

印度具备跨越原子能开发利用全过程的能力，即勘探、开采、分离、提纯和核能转化，反应堆的燃料元素的生产，反应堆的设计和建造，核废料管理。20 世纪 50 年代中期，印度建立了亚洲第一座试验性核反应堆。1985 年 10 月该反应堆的成功运行，使印度成为世界上第 7 个、发展中国家第 1 个拥有这一技术的国家，也是世界上第 1 个为这种反应堆提供混用铀钚碳化物驱动燃料的国家。

印度在医疗卫生科学领域的主要成就是灭绝了天花和一些瘟疫，提高了人口平均期望寿命，减少了幼儿死亡率等。但从表 4-24 中可以看到，印度政府在医学科学领域的经费投入比例不高，与发达国家相比，其相对强度（医学经费投入占 R&D 总经费的比例）也较低。印度政府在医学基础科学领域开展的工作较少，比较重视对疟疾、麻风病、丝虫病和腹泻病等流行性、传染性疾病以及免疫学方面的研究。

由于具有较广阔的海岸线，印度在近海碳水化合物开发、利用水产资源增加食物特别是蛋白质的供应，以及海洋矿产资源开发研究方面做了大量工作，如 20 世纪 80 年代后期，在印度洋底探测开采出含铜、镍及钴的丰富矿藏。尽管印度政府在海洋开发领域的 R&D 经费投入不高，但南极考察研究在印度受到高度的重视。自 1982 年以来，印度进行了多次南极考察，已经建立了南极大陆科学研究基地，并带动了周围海域的海洋研究，印度海洋开发部已经在南极建立了第 2 个研究站。

印度中央政府在科技发展中起着极重要的作用，由政府资助的 R&D 经费占全国经费的 80%，工业部门仅提供 20%。在 1992～1993 年，印度 R&D 的投入占 GNP 的 0.83%。

1992～1993 年国家 R&D 经费按目标分布的比例是：空间科学 9.6%；促进工业发展 16.4%；促进农业、林业和渔业发展 17.6%；能源的生产、保护和分配 7.9%；运输与通信 6.7%；卫生业 5.5%；环境保护 4.6%；知识全面提高 5.4%；国防 19.2%；地球、海洋、大气等 7.1%。

三、印度的基础研究

印度的高等学校是印度基础研究的一支重要力量，印度绝大部分基础研究工作是在高等学校进行的。高等学校的研究经费来自两个方面，一是来自印度大学资助委员会，二是由印度政府有关部门提供。

印度大学资助委员会为高等学校的教师提供科学研究资助，鼓励教师在新兴学科和交叉领域开展基础研究和应用研究。大学资助委员会专门为这些工作提供了大型研究项目经费，1985～1986 年，大学资助委员会共批准这类项目 216 个，拨款 2838.1 万卢比。

在 216 个大型研究项目中，生物学所占比例最高，达 3/4，其次是化学，占 17.2%，而其他几个领域所占比例很小，均在 3% 上下。

除大学资助委员会外，印度科技部和印度科学工业研究理事会是印度大学研究经费的主要提供者，此外，印度大学在非常规能源领域也获得了相对较多的研究经费（表 4-24）。

表 4-24 印度科技经费总额及为教育机构提供的研究开发经费

(单位：千万卢比)

部门名称	科技经费总额	为教育机构提供的研究开发经费
核能部	519. 18	7. 41
环境部	54. 09	8. 95
海洋开发部	87. 04	0. 75
科技部	290. 83	51
气象部	120. 22	0. 5
科学工业研究理事会	495. 95	26. 89
空间部	451. 48	3. 21
国防研究发展委员会	610	6. 74
印度农业研究理事会	477. 1	6. 25
印度医学研究理事会	74. 08	3. 5
电子	24. 05	8
非常规能源	44	28. 6
煤炭	6. 15	3. 1
动力	33. 45	3. 5

四、印度学科资助政策要点

1. 20 世纪 50 年代：“科学政策决议”

1958 年 3 月，独立后的首任总理尼赫鲁，接受了巴巴教授的建议，亲自指导制订了全国第一个全面性的科学文献“科学政策决议”。“决议”提出了印度科学政府的 6 项目标：①使用各种方法促进和支持包括纯科学在内的科学技术研究；②在国内培养足够数量的高质量的科学家，并把他们的工作视为国家力量的一个重要组成部分；③以尽快地速度实施科技人员培训计划，其规模应能满足国家在科学、教育、工农业和国防方面的需求；④保证全国男女的创造才能在科学活动中得到充分发展；⑤在科学自由的气氛中，鼓励个人在获得和传播知识以及发现新知识等方面的首创精神；⑥使获得的科学知识为全国人民的利益服务。

2. 20 世纪 80 年代：“技术政策声明”

鉴于印度长期以来没有一个具体的技术政策，科技成果在生产中应用效益不高，总理英·甘地在 1983 年 1 月召开的印度第 70 届全国科技大会上宣布了第二个全面性的科技文献“技术政策声明”。“声明”的目标是：①发展本国技术，以及有效地吸收和改进适用的引进技术；②为社会各阶层提供高报酬和令人满意的就业机会，特别强调妇女和缺乏劳动力的劳动成员的就业；③采用传统技术，并使他们具有商业竞争能力；④确保科技与生产相结合；⑤确保以最少的支出获得最大的产出；⑥寻求设备和技术的现代化；⑦发展具有国际竞争力的技术，尤其是发展具有出口竞争潜力的技术；⑧降低能源需求，特别是降低非再生能源的需求；⑨在科学技术的应用中，注意保护环境，保护生态平衡，提高居住条件。

“决议”和“声明”是印度制订一切科技政策的总的指导方针。

3. 学科发展计划

印度国家计划委员会在制订科技计划时，设立若干工作小组，为不同的部门制订计划。

科学和技术部以及科学与工业研究委员会派代表来参加一些工作小组的工作，以确定科学和技术活动的目标与规划（包括学科发展计划）。通过学科发展计划与国家的总计划及各经济部门的计划相协调，一方面可保证学科资助项目获得所需的经费，另一方面可使科技推动学科发展落到实处。

4. 20 世纪 90 年代：“优先发展新技术方针”

这是印度政府在面临新技术革命挑战的新形势下，提出的相应对策。这个方针的基本内容是：必须用国际水平来衡量自己的科学技术水平，不断地获得新知识，追求尖端领域的新技术，改变生产结构，促进经济的高速增长。印度所确定的重点技术领域包括微电子技术，即大力发展通信、电视等；计算机技术，即逐渐使计算机国产化，并使其质量和价格都达到国际先进水平；生物工程技术，即在农业、医药、食品、化工等领域加强生物工程技术的研究和开发，尽力推广研究成果，改变印度在这些领域的落后面貌（表 4-25）。

五、印度 2020 年国家重大领域的战略规划

印度具有大规模的科学技术基础设施和知识资源基础，这与从独立起印度就一直把科学技术看做是国家发展和繁荣的手段是分不开的。尽管取得了惊人的成就，但印度科学的状况并不十分好。实际上，一个国家的进步和繁荣依赖于技术改造和技术创新的速度和能力，与科技人员的数量和科学基础结构不直接成比例。印度现存的问题是大学研究与工业部门联系薄弱。由于经济发展缓慢而科技力量庞大，不难理解印度科技投入近 5 年间已从占国民生产总值的 1.1% 降为 0.86% 这一现实的背景，目前，印度的研究机构由于缺少资助，现代化设备正日益衰退，这说明不注重科学研究的实用性而一味扩大规模最终必适得其反。过去给予印度一个光辉的起点，今天如果采取一些行动，它的研究与发展力量很容易

达到高峰。印度强调重大改革，它可以因此改变自己的形象，从长期的技术寻求者变成技术提供者。

印度由于科技与工农业发展不同步，知识密集型产品出口是它目前的最佳选择，但必须充分考虑现在和不远的将来国际市场对技术产品的需求。技术信息预测与评估委员会（TIFAC）于1988年在印度应运而生，至今已产生了150多篇技术评估、技术预测的技术市场调查方面的报告，指出了对印度经济具有重大影响的科技领域的发展前景。1993年TIFAC进一步提出要对国家若干重要领域进行评估和预测的计划，这项提议被总统批准，由TIFAC组织实施。这项大型行动计划的目的在于：①为国家科学技术发展指明方向，以实现印度2020年远景目标；②为政策制定和政府及私人工业的R&D投资打下坚实的基础；③有利于在国家和州的层次上形成一个整体化的科技政策。

TIFAC为此组织了8个任务组，分别负责一个指定的领域，包括农产品加工、水路运输、公路运输、民航、电力、电信、先进传感器和印度2020年未来技术预测任务组。其中，未来技术预测任务组又分为10个小组，分别为食品与农业、卫生保健、材料与加工、战略工业、化工、制造工业、生命科学与生物技术、服务业、电子与通信、动力。研究小组考虑的一般性问题主要有：①哪些技术能在很大程度上改变印度的社会经济状况或哪些技术肯定有特别的优势；②在哪些领域中印度可能具有全球竞争力；③竞争性技术及它们的成本效率；④哪些古老的技术将以新的形式复兴；⑤技术发展将产生什么样的副产物；⑥印度是否拥有高水平的科学基础领域，如果没有，说明差距所在；⑦技术全球化和全球技术前景展望；⑧技术的传播、适应性和实用性等。

这项研究参考未来经济和工业计划，报告可采用书面形式，但其中必须有具体的实施方案。研究目的不仅在于提出预测结果，还要为制订行动计划打下基础，因此，必须有工业界、学术界和政府部门的有关人士参加，以就未来趋势和行动策略达成共识。研究不能是过去趋势的简单外推，因为印度的发展只能是“功能阶段性的增长”。研究要充分考虑社会、政治和经济中的各种可能性与关键点对科技发展的影响。研究队伍中需吸收部分年轻人，且他们的意见应被适当采纳。

研究工作于1996年4月完成，提交了“技术预测2020”报告。报告中显示：印度21世纪初期的国家目标的基本点在于：①增强国力；②扩大技术出口。报告中，一方面对印度目前的国情进行全面的调查分析，并拟订了5~20年的发展计划，另一方面对印度的优势领域，如制造工业、信息产业的世界技术发展趋势进行预测，以便将本国的科技成果投放国际市场。技术革新、生产率提高、能量节省、环境保护、质量改善将是印度为实现产品国际化这一目标而采取的手段。对于战略工业（可提供作用于未来经济的商业机会）领域，包括航空、电子、传感器、太空通信和遥感、关键材料和加工、机器人和人工智能，国家必须投入大量的资本，但市场有限，政府将谋求与工业界的长期合作。鼓励工业界对R&D的投资。同时政府将保证这些领域的R&D投资在科技投入中占据一定的比例，可以想象，那些用于目标不明确的基础研究领域的经费比例势必会下降。这恐怕是发展中国家和发达国家共同面临的问题：基础研究在经费有限的环境下，不得不尽可能地表现自己的应用价值。

表4-25　印度重要的科技指标（1992～1993年）

重要科技指标	数值
计划分配给科学技术的经费/卢比	918亿
研究与发展经费占国民生产总会的比例/%	0.83
研究与发展实验室/个	2519
大学数/个	183
学院数/个	7513
学术部门接收的研究与发展资助比例/%	56
科学技术博士人数	4579
科学技术人员人数	3400000
研究与发展人员人数	2930000
研究与发展女科学家人数	8490
在印度注册的专利/项	1670

第五部分　科技评估

研究所评价的理论和方法①

一、研究所评价的原理

1. 研究所评价与研究所结构、功能的相关性

研究所是一个复杂的社会系统，具有多种结构模式和多种功能特点。一般讲，研究所具有三项功能（图5-1）：科研功能、开发功能、社会服务功能。

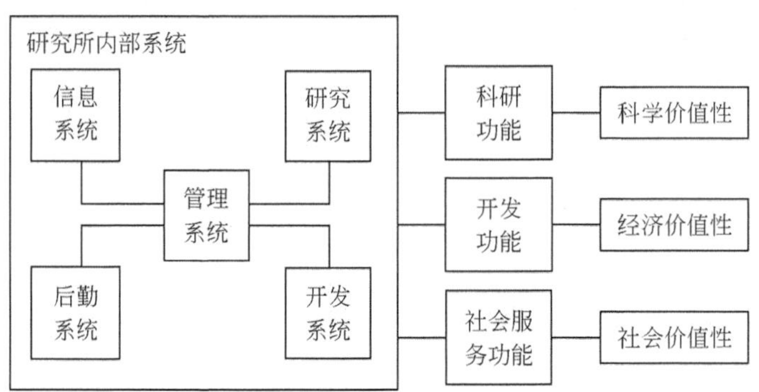

图5-1　研究所结构-功能-价值性关系

研究所作为独立的社会实体，有其自身的存在联合会和发展目的。研究所的目的性是通过其结构性实现的。而结构性决定其功能。并由价值性来体现。从某种意义上讲，研究所评价既包括对其价值性的衡量，也包括对研究所内部结构及运行过程的分析，用以反映其功能性的效果和实现的程度。

中国科学院的目标是成为国家自然科学基础研究、高层次科技人才培养和高技术产业开发的重要基础。为此，对我院研究所的评价，也应集中在这三个主要功能上。

---

① 1994年中国科学院正式启动研究所评价，同年成立院研究所评价课题组，由王玉民、朱斌任组长。该文由朱斌、赵世荣（课题组主要成员）执笔，为“我院研究所评价体系、结果和若干问题的报告”的第一部分，报告报送1994年院领导务虚会。报告主要内容在《科学对社会的影响》1995年第1期发表。

2. 研究所评价的原则

(1) 评价的目的性原则

评价作为一种管理手段，应有明确的目的性。研究所是遵循特殊规律、负有特殊使命而又具有独立法人资格的科技活动团体，作为一个社会系统有其自身存在的社会价值和发展目的。评价目的必须符合研究所发展目的，二者的一致性是研究所评价的出发点。促进研究所整体优化，为社会发展做出更大贡献，既是研究所发展的目的，也是评价的根本目的。评价是为目的服务的，研究所类型不同，其目的性的表现形式也有所不同，研究所评价的目的性是判定评价工作好坏的标准，是确定评价内容、方法及指标的依据。

(2) 评价的多重性原则

研究所是一个复杂的系统，具有多种结构和功能，要想对其进行全面评价，必须采用多种评价机制来完成。从理论上看，描述一个研究所系统的参量有五类。分别如下。

结构性参量：研究所的人力、物力、组织等要素及其相互关系，总称为研究所的结构；表示各要素及关系的量统称为结构性参量。

功能性参量：由研究所结构所决定的研究所能力，称为研究所的功能表征各功能的量，称为功能性参量。

效能性参量：研究所动态过程中的速度、效率、效益等统称为研究所的效能；有关效能的表征量称为研究所效能性参量。

功量性参量：如同工厂生产量一样，研究所的工作结果，称为研究所的功量；有关功量内容的各参数称为功量性参量。

功效性参量：研究所功量在与社会相互作用中对社会发展的作用称为研究所的功效，如成果获奖、论文被发表引用等；有关研究所的功效表征量称为功效性参量。

其相互作用如下（图 5-2）。

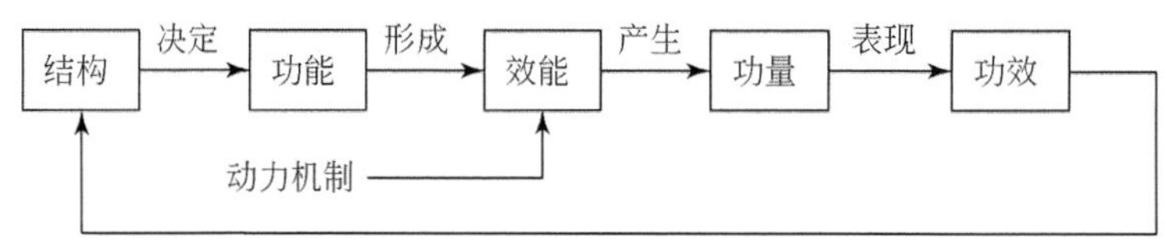

图 5-2　五类参量的相互作用

很显然，功效性参量就是研究所的绩效参量，是绩效评价的内容。而结构参量、功能参量、效能参量、功量参量不属于研究所绩效评价内容，它们是为研究所实现绩效服务的。这些参量包括常见的人才结构、承担和完成课题情况、固定资产、仪器设备水平等，应以实力评价和综合评价方法予以解决。

(3) 评价参量的可测度性原则

用于评价的参量应具有量的内涵，即参量要有明确的物理含义，有客观的测量标准和人为因素尽量小的测量方法（系统误差小）。评价参量的大小与评价其优劣的属性具有较强的相关性。

仔细分析目前社会上常用的评价办法，大都是将反映研究所的各类参量运用所谓的权重因子的办法叠加成一个抽象的评价量。

这种评价方法有违可测度性原则。一是用一种评价方法，去评价多种功能，把人、财、物、成果、机构、机制等各类不同性质的量，强行用权重方法统一计算，其评价量 A 是无确定意义的量。二是权重因子及当量的取值有过多的人为因素，影响评价的客观性。

有鉴于此，在绩效评价中我们采取了选择具有一定客观标准（如人均论文数、专利数、当年人均收支余额争取经费比例）和社会公认的评价指标（如成果获自然科学奖、科技进步奖、发明奖等）等参量进行评价排序，各参量之间不采用权重方式归类。等于是用多把尺子去测量一个研究所。

(4) 评价方法的可操作性原则

研究所评价要在科学、合理、公正、准确的前提下，力求方法的简便易行，以适应管理工作的实际要求。

3. 研究所评价指标体系的建立

目前对科研机构评价指标的选定及有关体系的建立，大多借助于系统理论。通常，先将评价对象分解成几个相关的方面，并列出各方面若干项代表类别，然后在各代表类别中筛选出若干指标加以组合建立指标体系。这些指标一般由统计数据所支持，由于指标的选定及组合方法的不同，最后构建的指标体系也不尽相同，以至得出的结论也相去甚远。

因此，评价指标的选定是研究所评价中具有至关重要意义和值得研究的事情。指标选得太多，往往会把指标对评价对象模拟信息的误差放大，且不易操作；同样，指标选得太少，则会把反映对象的重要信息丢失，导致评价结果的误差。美国的研究人员认为，当进行 20 ~ 30 个指标的评价时，全部或大部分信息将得不到反馈，因为被评价者只会集中于 2 ~ 3 个指标，所以一般评价以 6 ~ 8 个指标为宜。而日本的研究者认为评价指标以 4 ~ 6 个为好。总之，选定的评价指标一般以少而精为原则。

研究所作为一个社会系统，它不但有其内部结构和功能，而且有投入、产出。因此，可以用若干参量来描述一个研究所，也给予我们从中进行筛选。

图 5-3 是研究所的一种投入–产出结构图。

借助于系统分析方法和其他数字处理方法，我们有可能对研究对象给出评价结果。

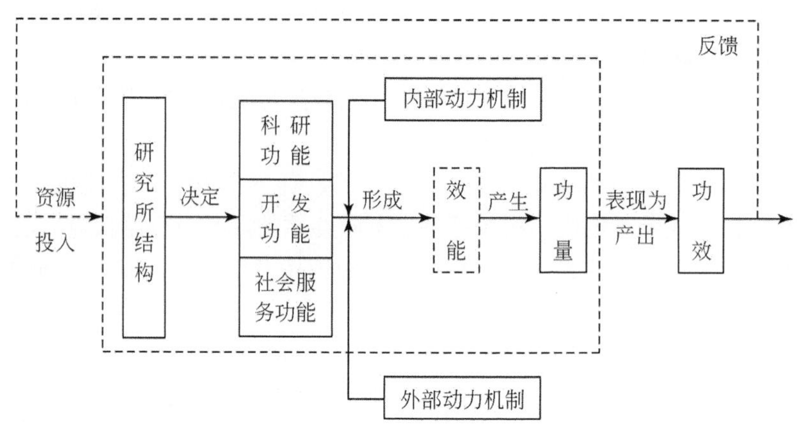

图 5-3　研究所系统：投入–产出结构

二、研究所评价的总体框架

1. 评价体系的总体结构

以基础研究、人才培养和应用开发与产业化构建评价体系总体框架的设计见图 5-4，详细结构见图 5-5 ~ 图 5-7。

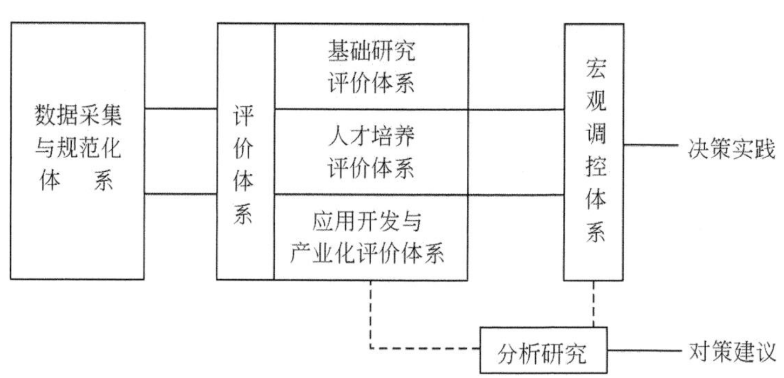

图 5-4　评价体系的总体结构

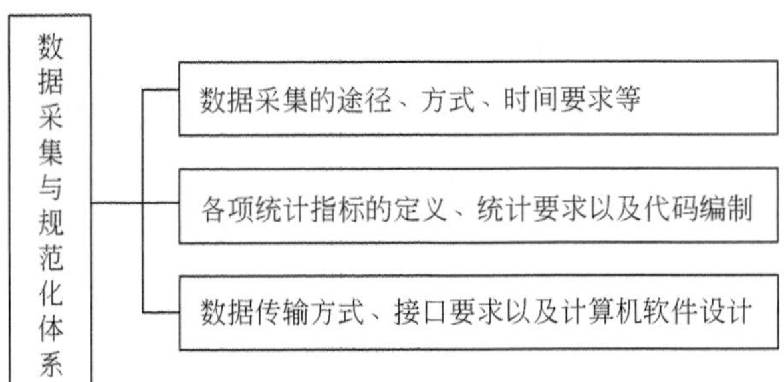

图 5-5　数据采集与规范化体系

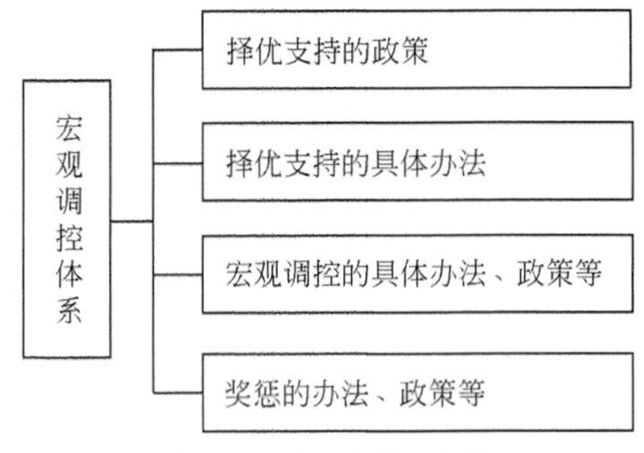

图 5-6　宏观调控体系

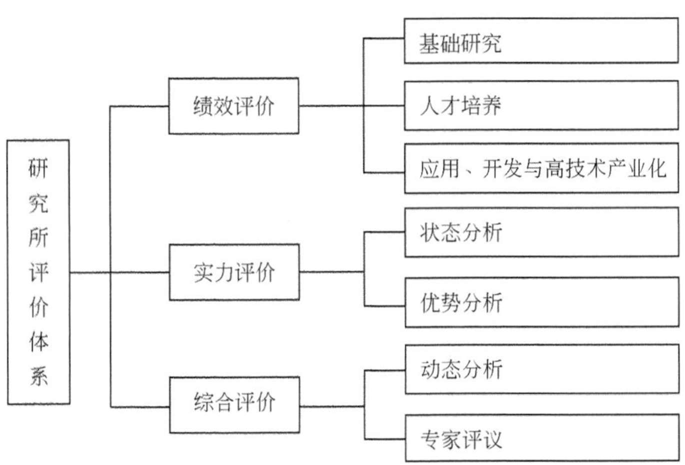

图 5-7　评价体系结构

2. 绩效评价、实力评价和综合评价设计

研究所绩效评价、实力评价和综合评价内容见图5-8～图5-10。

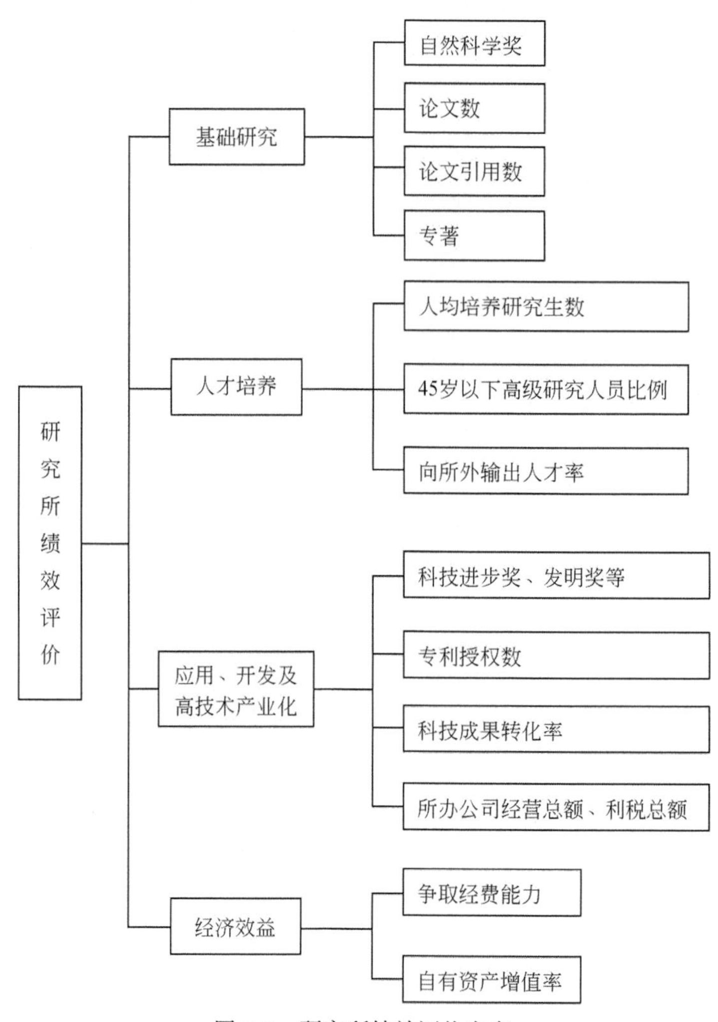

图5-8 研究所绩效评价内容

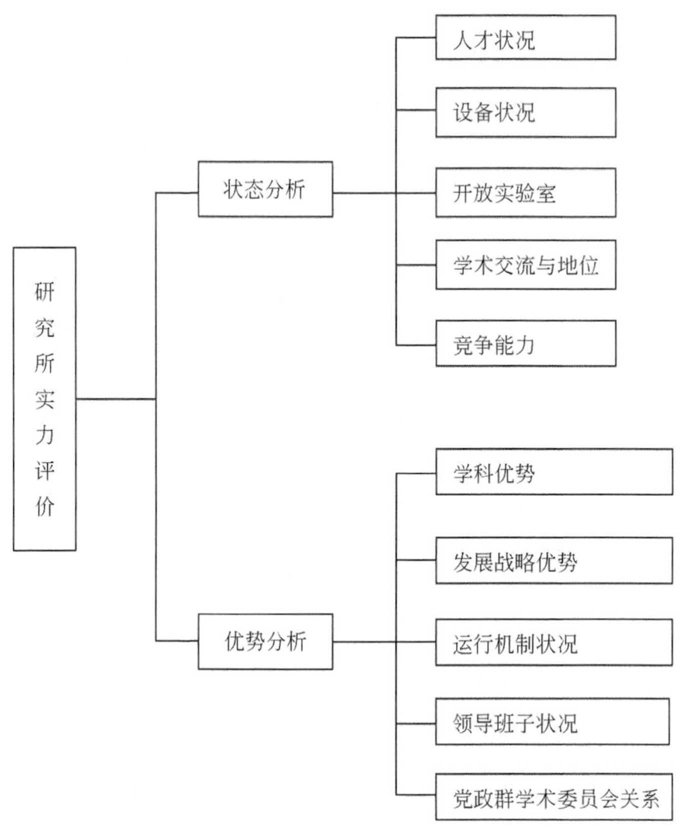

图 5-9　研究所实力评价内容

3. 评价方法的设计

研究所评价分成绩效评价、实力评价和综合评价三个步骤进行。

绩效评价采用定量方法，得出各指标参量的评价值，并可通过正态分析处理，将评价值转化为“标准量”，对标准量进行处理，得到各项指标参量的排序、分类。不同属性的指标之间一般不宜采用权重方法归并，等于是用多把尺子去测量一个研究所。这样可以比较确切地看出每个研究所不同方面在科学院的位置，使研究所比较清晰地看到自己的优势和不足，有利于促进研究所的发展。从管理上看，也有利于根据不同的管理要求和一个时期的政策要求，对研究所进行宏观调控和择优支持，实用性较强。此外，也可以采用其他数学方法，得到研究所绩效评价的排序分类。

实力评价采用定量与定性相结合的方法进行分析、综合，可以用数理统计方法以及直观判断法得出各项指标的评价（定性分类）。

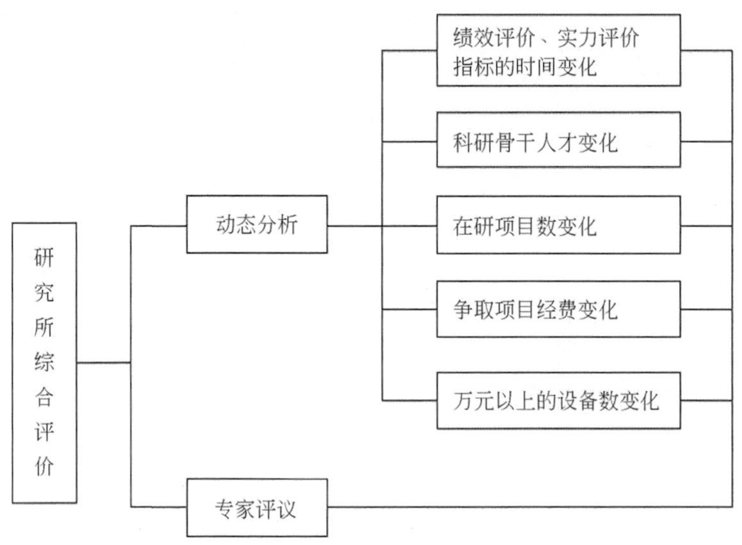

图 5-10 研究所综合评价内容

动态分析采用回归分析方法，判断各指标参量的变化趋势。

综合评价采用专家评议法（德尔斐法）或适当的数学方法得到综合评价结果，包括定性评价和定性分类。也可由绩效评价和实力评价或动态分析结果分别作出研究所综合评价的二维分布。

三、研究所评价的具体方法

1. 绩效评价指标与方法（略）

2. 实力评估指标与方法（略）

3. 综合评价方法

综合评价包括动态分析和专家评议，或采取简单易行的二维综合。

（1）动态分析指标与方法

按指标值的五年变化，分析其变化趋势（升、降、平、曲），必要时亦可用趋势外推法，对今后一两年的发展作预测性判断。

（2）专家评议过程

参加评价的成员由 20 人左右组成，包括一名主管院领导、数名院职能局、处负责人和 10 名左右有代表性的研究所所长、专家等。评议表有多种设计。

可以对专家评议结果进行处理，得到综合评价分类、排序。亦可在绩效评价和实力评价结果基础上结合专家评议得出综合评价结果（图 5-11）。

（3）二维综合

如暂不考虑对我院研究所进行专家评议。该评议费时费钱。单纯从研究所的定量评价出发，采取简单易行的二维综合方法，即由绩效评价和实力评价结果（或动态分析结果）作出研究所综合评价的二维分布。中国科学院 100 多个研究所所处的位置就可以呈现在图 5-11 上。

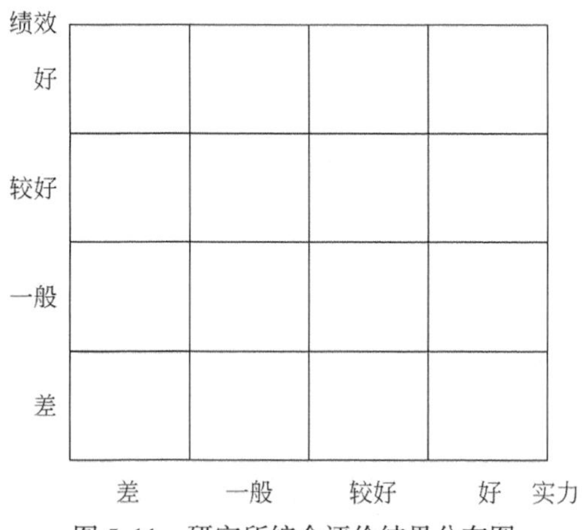

图 5-11　研究所综合评价结果分布图

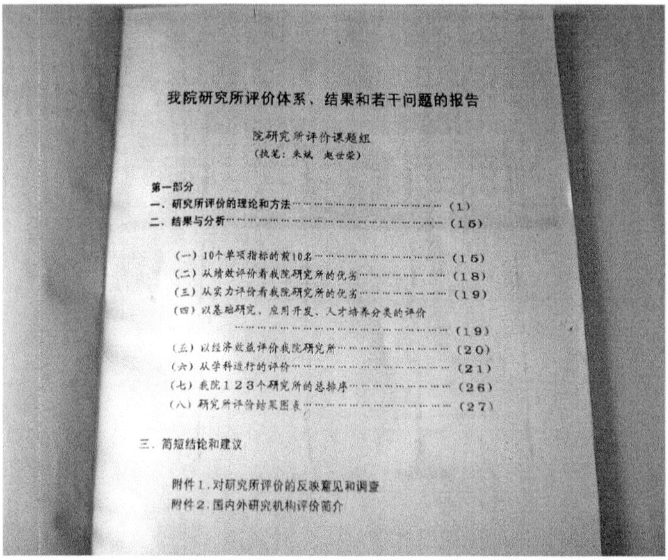

我院研究所评价体系、结果和若干问题的报告

院研究所评价课题组

（执笔：朱斌　赵世荣）

第一部分

三．简短结论和建议

附件 1．对研究所评价的反映意见和调查

附件 2．国内外研究机构评价简介

图 5-12　由朱斌和赵世荣执笔完成的中国科学院研究所评价报告，于 1994 年年初上报中国科学院领导，上图为报告的目录页

周光召先生与研究所评价[①]

20 世纪 80 年代初，我在美国马里兰大学物理科学与技术研究所进修时，就从美国物理学家那里得知周光召先生在世界物理学界的崇高声望。80 年代后期，周光召先生执掌中国科学院，推进了一系列改革开放新政策。实施研究所评价是其中一项。1993 年中国科学院工作会议上，周光召院长在工作报告中正式宣布：在中科院全院范围推进研究所评价。1993 年夏天，我结束美国卡内基・梅隆大学为期一年的进修，回到北京，被邀请参加研究所评估工作。

研究所评价在当时是一件新的开创性工作。成败如何直接关系到中国科学院及其下属研究所的改革事业。周光召先生指出："要强化择优支持，加强对研究所评价指标体系的研究。要求对每个单位进行评价和择优，这是一个必然趋势，是市场经济中竞争机制的客观要求，我们是无法回避，也拒绝不了的。" 为此，"逐步总结出一套科学而又可行的评价指标体系来对我院各所进行评价。" 正是根据周光召院长的意见，研究所评价工作从研究入手，在将近一年的时间内，我和我的同事拿出了中国科学院研究所评价体系的基本框架。在评价理论与方法的探索中，时任中国科学院科技政策局领导的王玉民、曹效业先生以及马维野、赵作权先生等都作出了重要贡献。

周光召院长还明确指示，研究所评价要作为今后院机关的主要任务之一。"制定法规制度，并根据工作性质的不同，建立对院属各单位相应的评价体系和评价标准，并根据这些评价体系和标准，对各单位的工作进行评价、检查和监督。" 根据周光召的这一讲话，在 1993 年第 4 季度，由中国科学院政策局和政策所共同组建了中国科学院院情研究室，具体承担研究所评价工作。事实上，研究所评价也是中国科学院院情研究室的唯一任务。从 1994 年发布第一本《中国科学院研究所评价结果》报告起，每年一本，直到 2002 年，共 9 本。因为报告封面是蓝色，被中国科学院同仁称为 "蓝皮书"，是当时中国科学院工作会议上最受关注的文件之一。时隔数年，作为 "蓝皮书" 主要的执笔人的作者，有两点需要加注：一是 "蓝皮书" 的指导思想，包括后来的分类评估原则，都是周光

① 为祝贺周光召院长（中国科学院第四任院长）80 寿辰，朱斌写下此文，先刊登于《科学对社会的影响》2010 年第 4 期，后被收录于徐冠华先生主编的书《我们认识的光召同志》。

召先生提出的。二是“蓝皮书”是集体的产物，是中国科学院院情研究室的共同成果。中国科学院院情研究室的成员在那个时期相对稳定，他们是朱斌、赵世荣、张利华、肖利、曹艾莉。

研究所实行分类评价原则，是周光召先生关于研究所管理的理念之一。在中国科学院1993年度工作会议的总结报告中，周光召说：“我们赞成加强分类管理……在分类管理中，有一个很重要的门类，就是资源环境和生态这个口，包括生物口里的宏观的部分。”周光召先生还指出，资环口评价的特殊性是在它的社会效益方面。这就是为什么之后的一两年，中国科学院情研究室重点调研了资源环境类研究所的社会效益，并适时地推出了中国科学院研究所分类评价指标。将中国科学院所属100多个研究所分成三类进行评价：基础研究类研究所、高技术研究与发展类研究所、资源环境类研究所。

研究所评价，对于周光召先生的一生事业来讲，仅仅是个芝麻。但芝麻能开门，它开启了研究所现代管理的一扇新门。

中国科学院研究所评价历程[①]

中国科学院十分重视应用评估手段促进研究所的改革与发展。通过实施研究所评估，有效地引导研究所明确未来的目标定位、发展方向、发展重点，促进研究所的人才培养、队伍建设，以及尽快建立现代科研院所制度（图5-13、图5-14）。从1993年中国科学院开始对所属研究进行评估以来，到2003年已历时10年，其评价工作大致可分为研究所综合评价（1993—1999年）、基地型研究所分类评价（1998～2001年）、知识创新工程试点单位评价（2000—2002年）三个不同的发展阶段。

图5-13　2000年10月，中国科学院基础局在兰州召开管理与创新工作研讨会，作者应邀到会，并作“研究所评价体系”报告。合影图中前排左8为时任中国科学院副院长白春礼（2011年任中国科学院院长）

① 本篇文章取自《中外国家科技计划评价对比研究》课题报告，由朱斌、杨多贵、肖利副研究员根据课题研究撰写。肖利作了重要贡献。

图 5-14　中国科学院研究所评价结果：第一本蓝皮书（1994 年）

一、基地型研究所的分类评价

1997 年中国科学院在全院范围内开展以研究所“分类、定位”为核心的结构调整、资源整合工作，拟从 123 个研究所中遴选出 80 个研究所作为研究基地，予以重点支持。为了有效推进这项改革工作，1998 年中国科学院在研究所综合评价工作的基础上，启动了中国科学院基地型研究所的分类评价工作，并将列入基地型的研究所分为基础研究基地型、高技术研究与发展基地型和资源环境基地型三种类型，建立了三种不种的评价体系，分别对三类基地型研究所进行评价。

基地型研究所的分类评价主要采用综合评价方法中的加权法。单项指标和综合指标的结果，采用以分值排列的形式予以表达。通过对各单项指标得分值加权计算后，得出综合指标总分值，使被评价的研究所清晰地看到自己在同类研究所中所处的位置，并可根据具体的评价指标，找出存在差距的因素。

1）基础研究基地型研究所的评价：该类研究基地的评价注重两个方面：一是研究绩效的创新；二是以国际一流水平为标准。论文和专著在评价指标体系中所占的权重较大，论文水平要求高，尤其注重国际同行的引用率。例如，对 SCI 论文的评价中，加入了论文质量因子；对于科研成果的评价，不仅注重其获得国家三大奖，更加注重其获得国际大奖；对科研人才的评价，按照科研人员在国际性的学术组织、国际著名期刊编辑委员会，以及重要的国际学术会议中的任职情况进行评价。

2）高技术研究与发展基地型研究所的评价：对该类研究所评估时，一方面兼顾发表论文、论著等科学成果，另一方面更加注重获取专利的数量和质量，以及研究所创造的经济效益情况。获取专利数量与质量是衡量该类研究基地知识创新水平高低的一项重要标志，而且在对专利的评价中，还对专利实施情况进行评估，其目的是鼓励研究所为国家重大建设项目做出巨大贡献，同时又可取得巨大的经济效益。另外，对于高水平人才培养的评估，也是评估中的一项重要工作。

3）资源环境基地型研究所的评价：该类研究所的评价除了考虑研究所的科研水平、人才培养水平、经济效益以外，更加注重对研究成果的社会效益进行评估。社会效益是评估这类研究所的重要指标，社会效益指标在整个评价指标体系中居于显著地位，它所占的权重相当大。

二、知识创新工程试点研究所评价

产生背景：1999 年中国科学院作为“国家知识创新工程”的先行试点单位，在全院启动了“知识创新工程”行动计划，部分研究所率先进入到中国科学院“知识创新工程”序列，因此，迫切需要以更高、更严的标准，对这些先期进入“知识创新工程”的研究所进行评价，以确保研究所“知识创新工程”任务完成的水平和质量。例如，研究所的科技创新能力，人才培养、结构调整、队伍建设、机制转换、管理水平等任务的完成情况。通过对“知识创新工程”试点研究所的评价，找出它们与国际一流科研院所存在的差距，明确下一步努力的方向和工作的重点。

评价内容：“知识创新工程”试点研究所的评价（简称创新评价）有别于基地型研究所的分类定位评价。研究所的“知识创新”是由国家拨款实施的重大工程，因此，其评估是对国家重大工程完成情况的评价。其次，它有固定的导向目标，即“知识创新工程”试点工作任务书。评估工作主要依据中国科学院有关“知识创新”试点单位的队伍建设、制度建设、创新文化建设、领域前沿部署等方面的规定；各试点单位与中国科学院签署的“知识创新工程”试点任务书中规定的有关科技创新目标、制度建设、队伍发展目标和经费争取目标，以及符合中国科学院发展目标和政策导向设定的符合“三性”（基础性、战略性、前瞻性）标准的指标。

评价方法：评价采用定性与定量相结合的方法，以绩效评价为核心，以量化评价为基础。科技目标的评价采用同行评议法。同行评议专家组成员由国内知名科学家组成。评议专家针对任务书中的每项科技目标分别进行评估，得出定性的书面评价结果。“三性”贡献的评价采用定量方法。其评价标准为，评价客体的科学研究要有原始性创新和高水平；战略性科技创新要为经济、社会发展做出贡献，在我国高技术产业发展的过程中发挥作用；为国家的宏观决策提供重要咨询报告，为社会的长远发展、全面进步创造重大的社会效益。

对科技计划评价的认知[①]

一、科技计划评价的重要性

计划评价是科技评价最重要的组成部分，它直接关系到国家科技计划的进展和成败。它也直接影响科技团体和个人的科技事业。为此，科技计划（项目）评价常常是广大科技工作者关注的焦点。

美国对国家科技计划的评价已有六七十年的历史。第二次世界大战前夕，对曼哈顿原子弹项目是否上马，政府组织了次数众多的评估，直至爱因斯坦上书罗斯福总统，才最终拉开了这一伟大的科技计划（工程）的序幕。但是，对于这一工程的后评估，即它对人类社会的作用，却延续至今，两种意见针锋相对。这从科学的一个侧面，反映了科技计划评估的重要性和难度。1990 年以后，在美国对核聚变计划（国家点火装置项目）的评估，评估会上的反对意见震动朝野，政府从 1996 年开始大幅度削减该项目的投资，从而直接影响到美国核聚变的未来发展。

发达国家如美、英、法、日本等，目前形成的对于科技计划（项目）的评估体系，包括在法案上的规定，由于科技活动的复杂性及科技事业的日新月异，评价体系和评价活动，始终处于变化和发展中。科技评价中最经常使用的一种评估方法——同行评议，虽然已有 60 年的历史，在肯定的同时也一直受到科技界的责难和批评。

改革开放后，我国在科技评价方面取得了重要进展和成绩。但由于两方面的原因致使计划评价工作还存在问题。一是我国经济由计划体制向市场体制的转制尚未完成，90 年代以来的 10 多年来，科技评估也受此影响，基本还是一种受计划经济观念控制的评价体制，评价活动中起实质作用的还是各级行政领导。二是在我国的评价过程中，人情作用常常产生一定的影响，使得诸如同行评议这种重

---

① 2001 年科技部以国家科技攻关项目：《国家科技计划（项目）评价体系研究》咨询项目，委托中国科学院学部咨询评议工作委员会进行研究。学部组建咨询项目总体组，组长为赵忠贤院士。总体组下设 5 个分课题组，委托朱斌负责《科技计划评价国际比较研究》分课题，2002 年 2 月立题，同年 12 月完成《中外国家科技计划评价对比研究》课题报告。分课题总结报告，由朱斌、杨多贵、肖利撰写。这里发表的是总结报告的一部分，包括下文“发达国家科技计划（项目）评估”。

要的评估方法在我国不能发挥正常作用。

进入 WTO 之后，我国科技计划（项目）的评价也应和世界接轨。一方面，研究与开发，包括高新技术产业化的评价标准要和国际相衔接；另一方面，我国重大的科技项目评估有时要接受国外专家的参与。随着中国进入 WTO，科技评估的重要性和难度都在增加。

二、分类评价特点

根据国家科技计划（项目）的内容和特点，从科技评价角度的可以将它们划分为三大类：基础研究；高技术与应用研究；高新技术产业化。现行的国家科技计划，如863、973、国家攻关、星火、攀登、高新技术产业环境建设等都可以纳入这三类进行评估。从国家科技计划的价值导向分类，也可以把国家科技计划分成三类：一是原始创新，二是市场导向，三是国家需求。这两种分类并不矛盾，它们将有助于计划（项目）评价指标的构建。

根据初步探讨，我国国家科技计划（项目）的评价体系，具有如下主要特点。

1）鲜明的国家战略需求。我们要在未来四五十年内，实现中国步入中等发达国家的目标，科学技术与教育要走在前面。明确的国家战略需求，将是国家各类科技计划的主要特征。这就要求，国家应有一个高瞻远瞩的国家中长期科技发展规划。这一规划指导各类国家科技计划，同时也是国家科技计划（项目）评价的依据。

2）科技计划评价工作应有正确的定位。计划评价是整个科技管理工作的一个组成部分，虽然它的重要性在攀升，但它不能替代诸如国家中长期科技规划、国家科技奖励政策等。计划评价的定位是科技管理工作和评价工作的首要问题。

3）对国家科技计划实施分类评价的原则。国家科技计划种类繁多，其价值导向也有区别；对不同类型计划实施不同方式的评估，即分类评价，这是评价工作的一项基本原则。但同时也必须注意不同科技计划之间的交叉，在评价时应予以考虑。

4）针对不同评价对象采用不同的评估方法。归纳国外发达国家用于科技评价的方法，主要包括三种：定量评估；定性评估（用得最多的是同行评议）；定性与定量相结合的办法。目前，国际评估界常采用第三种评估方法，但在具体运用中定性和定量侧重程度不同。

5）计划评估体系要符合国情。中国国情是研究问题的出发点，脱离国情或照搬西方国家的办法，对于像我们这样一个大国是行不通的。与评价有关的国情基本上有三点：一是国家科技水平，包括研究水平、技术水平和装备水平。二是科技人才。三是科技环境，包括经济环境、社会环境以及国家需求和现有规章制度。在构建我国科技计划评估体系时，既要重视国际通用的准则和指标，也必须结合国情，才能构建科学的国家科技计划评价体系。

发达国家科技计划(项目)评估

一、美国重大应用研究计划——美国“先进技术”计划和“关键技术”计划的评估

1. 美国“先进技术”计划（ATP）的评估

ATP计划是美国政府为适应不断变化的全球政治、经济和科技形势所制订的一项民用科技计划，旨在增强美国企业负担高风险研究的能力，加快技术商业化进程。出于自身管理的需要和美国《政府绩效和结果法案》对政府支持的计划评估的需要，ATP计划从一开始执行就进行了评估。ATP计划的评估由经济评估办公室（EAO）执行，采用了第三方调查和电子化的商务报告系统对ATP计划资助的项目进行跟踪评价，并结合了同行评议、案例分析、统计分析、各种模型等方法，对R&D的溢出路径、研究合作、融资问题、项目和计划影响等领域进行了分析评估。

（1）ATP计划项目遴选标准

在1997年以前，ATP计划的遴选标准分为5个方面，包括：①科技价值（30%）——科学研究的潜力是否能对国家的科技知识系统起到重要作用；②科技效益（20%）——技术开发的潜力是否能获得广泛的收益；③实现商品化的可能性（20%）——市场化和技术扩散的路径；④企业的承诺程度（20%）——在申请者成功完成技术研究项目后对未来开发产品和工艺的承担责任的能力；⑤申请单位的经验和素质（10%）——项目的组织结构、管理计划和申请者的经历、资格和资源。1997年以后，ATP计划办公室对ATP项目的遴选标准分为两个方面：一是科技优势（50%），申请项目的技术必须有创新性，研究必须要有一定的难度和技术风险，要能解决目前产业界的某些重点问题。在技术计划中，要清楚地说明技术的创新、技术障碍、解决途径以及可能的风险因素；技术计划中还应该有详细的执行说明，包括研究的人员、地点、时间等；最后，申请者还需要展示起研究能力和获取帮助的手段。二是广泛的国家经济效益潜力（50%）：申请者必须详细说明需要ATP计划资助的理由，其所申请的技术对国家经济产生的效益，在商业计划中要包括获得效益的途径，如技术商业化计划和技术扩散

计划。

（2） ATP 计划评估内容

ATP 计划评估分为 5 个方面：①ATP 计划本身的内容；②建立健全的档案（收集整理有关项目申请人、项目承担单位、技术和项目的档案等材料；③评价 ATP 计划是否达到了促进技术创新和私营企业从事研究开发工作的目的；④产业界的实施情况（跟踪受资助单位实施项目建议中的商业化目标，鼓励重新评估 ATP 项目的商业计划）；⑤跟踪项目的近期及中期成果，评估项目对经济的长期影响。

（3） ATP 计划评估方法

ATP 计划特别强调全面仔细的评估工作。当 ATP 计划办公室接到企业的项目申请后，经济评估办公室（EAO）就先采用同行评议（peer review）的方法，针对项目的科技价值和商业经济优势进行评估来确定资助项目。从申请项目被批准获得赞助开始，经济评估办公室就通过对项目的实时评价，来监控参与者的研究计划和商业化计划。其主要工具是项目管理小组和商务报告系统。项目管理小组由官员、技术专家和商业专家组成，进行实地调查和年度评审。商务报告系统是 ATP 计划设计的一套对 ATP 计划项目进行管理、跟踪和评估的信息系统。该系统通过电子化表格收集信息，通过统计分析，使评估者能对 ATP 项目进行实证分析。为了评价参与机构是否能胜任，ATP 的评价还采用了对参与机构的第三方调查（third-party surveys），以便了解哪些项目运行顺利，哪些项目值得关注。为了深入了解 ATP 计划对企业的影响，还运用了项目案例分析法。在项目早期阶段的案例分析中，主要集中于因参加 ATP 计划而导致的企业变化，如通过企业联合的研发效率改变、缩短研发周期、新的商机出现和企业的成长。其他的案例分析还对技术的使用率进行了探索，以便测出技术溢出的收益和成本。对技术溢出机制的深入研究，不仅对 ATP 计划的评估很重要，而且也陆续开展起来。对公司层面的项目微观分析和对国家经济的宏观模型的结合，也运用到对 ATP 计划的评估中来。

2. 美国“关键技术”计划的评估

20 世纪 90 年代后期美国政府十分重视对国家关键技术的评估工作。白宫总统科技政策办公室委托美国兰德公司科技政策研究所，每两年一次，对美国国家关键技术的现状进行调研，撰写分析评估报告，并以《美国国家关键技术报告》的形式向美国国会报告。该评估报告就国家选择关键技术的标准、关键技术的评估过程、关键技术与国家经济发展之间的关系，以及未来对美国国家安全和经济繁荣至关重要的关键技术预见等方面进行论述。

（1）关键技术的遴选标准

1997 年之前，参与国家关键技术评估的人员多数是政府官员、大学教授和研究人员，几乎没有来自产业界的人士，因此，评估的结果往往只反映了政府和学术界的观点，而没有充分反映产业界的意见。1997 年之后，在对关键技术的评估工作中突出了产业界的参与作用，主要围绕以下 3 个问题进行：一是，什么因素使某些技术成为关键技术；这些技术对谁而言是关键技术；为了什么目的使这些技术被视为关键技术。二是，对产业界而言，哪些技术最接近关键技术的标准。三是，为了给这些技术的开发与应用营造和保持一个良好的环境，政府应起什么作用。美国关键技术评估结果明确显示：产业界对关键技术的选择目的性明确。他们往往把“能否给我们带来竞争优势”作为“关键”的内涵。“国家关键技术委员会”在选择国家关键技术时特别侧重创新产品及其生产工艺。他们认为尽管技术本身并不能保证经济繁荣和国家安全，但能保持美国强大的科学基础。产业界对关键技术的认识有三层含义：基础技术，这是使一家公司能在产业界立足的技术秘密（know-how）；先进技术，使公司能在竞争中领先的重要技术；全新技术，使公司在产业界与众不同的领先技术。另外，关键技术还体现在其“稀有性”，即如果同行中只有一两家公司能掌握某项技术，则这项技术就被认为是关键技术。关键技术的遴选必须结合技术应用推广的实际环境和它的经济效益来评价“关键技术”。同时，他们认为要使《美国国家关键技术报告》发挥作用，政府必须与产业界充分对话，并对产业界的反馈作出反应，因为企业才是技术开发和应用的主体。

（2）关键技术的类型划分

美国政府和产业界认为关键技术大致可分为两大类，一是服务于国家利益的关键技术；二是服务于企业利益的关键技术。服务于国家利益的关键技术又可细分为：①与国防有关的技术；②与关键资源有关的技术；③与医疗健康有关的技术；④与环境保护有关的技术；⑤促进经济增长的技术。《美国国家关键技术报告》（1997）强调服务于国家利益的关键技术，包括先进制造技术和提高产业劳动生产率的技术，如机器人、计算机、传感器等；能加速技术商品化的技术，如计算机辅助生产技术、流通技术等；信息技术和软件技术；新材料加工；高速集成电路；光纤入户；自然语言语音处理；能降低医学诊断和治疗成本的技术；能促进能源独立的技术（如使美国不受燃料价格波动影响的技术）。服务于企业利益的关键技术可由以下三类技术构成：一是各产业部门均普遍关心、兴趣最大的那些技术；二是由于现有技术的高度综合和交叉，可能形成一个独立的技术领域；三是有未来发展前景的技术。具体来说，属于第一类技术的有软件、微电子和电信技术，先进制造和新材料技术，传感器和图像处理技术；属于第二类技术的有分离技术（separation technologies）、检测维修技术（overhaul and repair technologies）、复杂产品系统协调（complex product system coordination）技术；属于第三类技术的有生物技术。

二、欧盟跨国重大应用研究计划——欧洲“尤里卡”计划评估

尤里卡计划开始于1985年，由法国提倡，得到了欧洲各国的响应，现已有32个欧洲国家参与。尤里卡计划的目标就是通过促进欧洲工业界之间的联合以及它们与市场、高技术和风险资金的结合来提高欧洲工业的生产率和竞争能力。

该计划设置了精干、高效的管理机构，尤里卡计划设有一个秘书处（位于布鲁塞尔），直接与各成员国尤里卡计划协调办公室和尤里卡计划部长主席团（主席由各国轮流担任）密切合作，统一管理尤里卡计划的项目审批、立项、资助、评估、信息传播及组织一年一度的部长会议；有时根据需要设立短期的专家组。

1. 尤里卡计划项目的遴选标准

尤里卡计划规定了自己的严格标准：一是每个项目必须至少有两个尤里卡计划成员国的两个独立的合作伙伴共同申请；二是申请的项目必须具有明显的技术创新和商业化性质；三是项目的最终目标必须是获得一个新产品、一种新工艺或一种商业化的新服务；四是申请的项目必须具有民用性质。

2. 尤里卡计划评估的方法

第一次评估在1989年，由当时的尤里卡计划主席国——荷兰负责组织，主要针对计划和计划运行情况进行，以各国国内评估为基础，然后由尤里卡计划国际秘书处进行汇总分析。评估主要是通过调查表和面访的形式对有关的政府官员、参与计划的企业项目负责人、管理专家的意见进行汇总，然后用国别比较和历史比较分析方法进行利弊分析。第二次评估于1992年7月~1993年4月开展。对尤里卡计划的成效评估，当时的尤里卡计划主席国——法国组织了由14个国家的专家参加的“国际专家评估组”，评估的主题是“尤里卡计划的工业与经济效果”，涉及计划目标实现的程度、计划项目已开展的活动及其成效和困难、执行中的经验教训以及如何改进。在当时全部尤里卡计划的623个项目中选取了417个标准项目作为评价对象，采用定性和定量相结合的评估。对生产性参与者和非生产性参与者分别设计了调查问卷，评估指标以客观指标为主，包括各个参与者合作经历（国际合作和欧盟内合作）、合作伙伴数、接受政府资金比例、参与尤里卡计划的预期收益、参与尤里卡计划的动机、尤里卡计划重要影响途径、尤里卡计划对项目的影响状况、主要存在的问题、政府帮助的有效途径等进行了

分析。1995 年开始形成“系统连续评价”法（CSE），采用调查问卷的方法产生了项目的总结报告（final report）、市场效果报告（market impact report），并结合半结构化采访（semi-structured interviews），收集不包括在年度报告和市场效果报告内的更为详细、定性的资料，以总结性产出报告的形式给出并提供给本国尤里卡计划协调机构），对项目和项目执行者特征资料调查、执行数据调查和典型案例调查，得出“尤里卡”计划年度评估报告，指出了该计划的社会经济与工业经济效果。

三、日本重大应用研究计划——“尖端技术探索研究”计划评估

尖端技术探索研究计划（ERATO）是日本研究发展组织（JRDC）制订的，JRDC 直属日本科技厅。该计划始于 1981 年，计划的经费由政府拨款。ERATO 的计划项目分为生命科学和物理科学两个范畴。1995 年日本技术评估中心（JTEC）派人进行了评估。

1. 计划评估人员的构成

评估小组由高级专家和一些科学家、工程师和政策制定者组成，小组组长是物理学家和国际研究评估专家，小组成员包括总工程师、大学校长、国家科学基金计划的高级顾问、政策研究专家、技术计划组织贸易部负责人、ERATO 计划的海外代表。

2. 计划评估的内容类别

该评估不仅是评估技术的结果，而且还涉及以下内容：①该计划涉及的科学领域是否鼓励高风险、前沿技术的项目研究；②计划研究在国际上的地位；③在同等的环境下，该计划中研究项目的重要性；④该项计划研究刺激产生的新的研究方法；⑤项目研究小组中的科学界知名人士和年轻的研究人员参与情况；⑥项目研究中公司和大学各占有什么样的地位；⑦计划的成绩和不足；⑧计划对日本科学技术国际化和文化观点的正面和负面影响；⑨计划对参与者的影响，是否需要扩大基金和研究领域范畴。

3. 计划评估实施的过程

ERATO 的计划项目分为生命科学和物理科学两个范畴。评估小组将项目按进度分成三类：①早已完成的；②刚完成的；③正在进行的。按地区分成三类：①首都东京；②日本其他地区；③海外地区。评估小组分两组进行分工协作评估，一部分评估生物技术的项目，另一部分评估物理科学项目。对正在进行的项

目，参观其实验室；对早已完成的项目，会见曾参加项目的负责人、研究者及其代表；对刚完成的项目，参加项目鉴定会，一般这部分工作集中在 10 天内完成。最后评估小组撰写评估报告并提出建议。

四、英国基础研究计划评估——英国大学基础研究评估和国家基础研究项目申请评估

1. 英国大学的基础研究评估

英国的基础研究主要在大学和政府部门支持的研究所里进行，研究经费主要来自高等教育基金委员会（HEFCE）和研究理事会。HEFCE 主要负责对研究群体（指对大学里的系、研究小组和研究中心等）评估，而研究理事会则主要发展对研究计划与项目进行评估的基础研究评估体系。

（1）评估的频次与方法

在 HEFCE 办公室中，由英国研究评价实施委员会（RAE）对所有英国大学的研究质量进行等级排名，一般每 4 ~5 年进行一次。高等教育基金会根据各专业等级排名给予不同数量的研究经费拨款。评价由各专业评价小组采用同行评议的方式进行。

（2）提交的评估材料

提交的评估材料包括：①人员情况表，包括直接参加研究的人员、辅助人员和管理人员；②直接研究人员的详细情况；③研究产出；④每个研究人员可提供 4 项能反映其研究水平的研究成果；⑤研究生数目与授予学位情况；⑥研究生获奖学金情况；⑦外部研究经费；⑧文字描述，包括研究环境、结构、政策和发展战略；⑨研究的总体情况；⑩其他材料。

（3）评估结果的分级

RAE 各专业的评价结果采用统一的评价等级，依所提交的研究水平是否达到国际优秀水平和达到国内优秀水平作为标准，共划分为七个等级。一级：研究的质量有一半以上达到国际优秀水平，其余全部达到国内优秀。二级：研究的质量有近一半达到国际优秀水平，其余至少 90% 以上达到国内优秀。三级：研究的质量至少 90% 以上达到国内优秀，并有 10% 达到国际优秀。四级：研究的质量有 2/3 以上达到国内优秀，并有达到国际领先的可能。五级：研究的质量有一半以上达到国内优秀。六级：研究的质量有一半达到国内优秀。七级：研究的质量没有或几乎没有（少于 10%）达到国内优秀。

2. 基础研究项目申请的评价

除了 HEFCE 外，英国基础研究经费另一个重要渠道是政府科技办公室

(OST)。该办公室负责把研究经费下拨到其下属的 7 个专业研究理事会中，再由这些理事会去支持各自所属的研究机构和大学研究小组或相关领域的研究团体与个人。

(1) 评估人员构成

研究评价小组由研究机构、政府和工业部门等不同的机构中挑选出来的专家组成，分为核心成员和协作评审成员。核心成员任期 3 年，要参加每一次评议会；临时聘请的协作评审成员，一般只参加一次评审。

(2) 评估操作过程

对每一份研究项目申请，首先需要经过至少 4 名独立同行评审人的书面评议，其中 1 名可以由申请者提名；然后，研究评价小组参考独立评审人的意见给每一份申请一个评价等级，淘汰不值得进一步考虑的申请，对需要进一步评审的申请，选择 1 名主审者；最后，在小组评价会议中对所有的评价等级进行一次复议，尽量规范、统一全部申请的等级。

(3) 评估指标要素

评估指标要素包括科学水平、战略相关性、创新性、及时性与前景、管理、计划性、经费有效性、可行性、工业相关性。

(4) 评估等级分类

评估等级分为三档五级。α 档：申请的研究工作科学价值高，具有创新性或及时性，并具有好的前景，很可能在该领域做出重大贡献。α 档又可细分为 α+ 级、α 级、α-级。β 档：工作有一定意义，将对目前研究的多一些了解，但对该领域的研究可能不会产生大的影响。γ 档：申请的研究工作在科学或技术方法上有问题，或是重复其他人的工作。只有获得 α 档的申请才可能获得资助。

五、美国基础研究计划评估——美国惯性约束核聚变计划的评估

美国惯性约束核聚变（inertial confinement fusion，ICF）计划是美国能源部于 1963 年正式启动，到 1991 年资助的金额达 25.2 亿美元。能源部 ICF 计划旨在实验室产生小规模热核爆炸，其潜在的军事用途在于模拟核武器效果，探索基础物理原理和流体动力学现象，构建新设备和技术以研究大规模的核聚变测试；其潜在的民用方案是能源应用。

20 世纪 80 年代对 ICF 计划的评估：美国 ICF 国家研究理事会于 1985 年和 1989 年任命了一个评估委员会（其成员来自大学、重点实验室和企业界）对 ICF 计划进行了回顾性的评估。该评估委员会的主要任务是：第一，判断以往的提议是否推动了技术发展；第二，评估影响计划继续执行的关键技术；第三，评价计划的潜在贡献；第四，评价 ICF 计划的能源应用前景；第五，评价 ICF 的目标绩

效支持计划战略和决策里程碑的充分性；第六，判别计划面临的关键技术和程序化因素；第七，判别惯性聚变启动器的替代启动器的运行现状，并细化其关键因素；第八，建议计划的优先性；第九，检测 ICF 计划的战略和规划，评价其合理性、连续性和程序有效性。经过 27 年的发展（1963 ~ 1990 年）和 25 亿美元的支持，评估委员会认为，实验室的点火装置可能成为下一阶段 ICF 计划的主要设备，成为 ICF 计划的里程碑，为下一阶段核聚变在国防和能源中的运用打下基础。评估委员会的建议，对点火装置的支持应为 ICF 计划优先考虑的方面。

20 世纪 90 年代对 ICF 计划点火装置的技术评估：在 1999 年年初，应实验室要求，成立了一个“国家点火装置”委员会技术组，对其激光系统设计基础的技术发展情况进行了技术评估，得出的结论是，虽然此计划较原计划有所推迟，且耗资较多，但是“国家点火装置”可以达到原来的性能。评审委员会通过对该项目的试验装置、科学技术范围、配置和技术发展战略、预算与组织等几个一般领域的分析，针对其中的 4 个具体领域——激光玻璃、大型激光放大器、束线结构、光学损伤问题，给出了评审报告，指出诸如“国家点火装置”之类的高技术项目的预算编制和管理策略应有重大改进，可将现有的技术和承担技术发展任务的人员加以调整。美国能源部部长顾问委员会对“国家点火装置”进行评审，提出了评估报告：第一，在管理上一个也不及格，劳伦斯·里弗莫尔国家实验室不行，加州大学也不行。第二，预算必须增加。原预算的意外超支额仅为 15%。对“国家点火装置”这类技术性强的项目则不妥当，建议意外费用增加到30% ~35%的水平。第三，改变技术路线。报告最后说，“国家点火装置”要取得计划中的性能水平，要彻底改变管理，新的装配和安装方式预计将大幅度增加项目的总经费和推迟项目的完成期限。华盛顿的官员认为，走到这一步，“国家点火装置”将遇到一些重大困难，使原定 2003 年完成的日期推后好几年。在即将发布的政府 2001 年的预算方案中，该项目的预算拨款会急剧下降。

评估程序与评估组织体系[①]

一、美国科技评估程序与评估组织体系

美国是开展科技评估活动历史最悠久的国家，早在20世纪10年代，美国就成立了国会服务部（CRS），直接针对国会各委员会及议员们提出的各类问题进行研究、分析和评估。经过多年的发展和演变，科技评估在美国已经成为一项法治化、制度化、经常性的工作，并且以立法（《政府绩效与成果法》）的形式确立下来。

1. 科技评估机构概况

美国科技评估机构大致分为三个层次：第一层次是国会政府科技评估机构；第二层次是州政府科技评估机构；第三层次是大的院校和研究所的科技评估机构。具有代表性的科技评估机构有：①美国国会技术评价办公室（OTA），其主要任务是为美国国会提供深层次的、技术含量较高的科技评估报告；②美国管理科学开发咨询公司（MSD），其主要业务是为政府机构、各类商业组织、科研机构提供信息咨询、技术评价、人力资源开发与项目指导等；③世界技术评估中心（WTEC），它主要为美国政府的政策制定人员、科技管理人员以及各类科技项目开发人员提供有关的国外技术项目状况分析，也进行国内外科技项目的立项、比较与评价服务；④国会预算局（CBO），它建立于1974年，是美国国会决策支持机构之一，是向国会提供有关预算信息和对潜在备选方案进行经济影响分析。因此，它能够向国会提供预期政策方案、已有的政策和项目的评价；⑤国会研究服务部（CRS），是美国国会决策机构之一，设在国会图书馆内。其职能是为国会议员解答大量广泛的问题，并采用各种不同的方式，如报告、分析综述、背景资料以及准备讲话材料等；⑥美国审计总署（GAO），主要承担对政府机构、政府组织、政府计划的审计和评估任务，它进行的审计和评估工作大部分是应国会各委员会的专门要求而做的；⑦兰德公司（LAND），是美国著名的民间咨询机构，

---

① 本节内容选自2002年12月《中外国家科技计划评估对比研究》课题报告，杨多贵研究员作了重要贡献。该课题为国家攻关项目——《国家科技计划（项目）评价体系研究》咨询项目的分课题。

曾从事有关科技方面的重大评估业务。

2. 科技评估的内容、程序、范围（以美国国会技术评价办公室为例）

评估的内容有：①对技术或科技计划当前和未来影响进行评估；②分析各类影响的因果关系；③对于正在实施的科技计划，考察是否有更好的替代方案，预测及比较不同方案的影响；④提醒国会应注意那些新出现的问题，并收集相应的数据。

评估的程序为：①由技术专家和相关的风险分析专家组成一个综合的评估小组；②每一个重要的评估项目都要指定一个经验丰富的专人负责；③认真分析要评估的内容，明确可行性，选择主要的评估方法；④评估小组做出工作计划和调研提纲；⑤与外部技术专家和风险分析家广泛接触，尽可能多地获得当前的信息；⑥起草评估报告，修改评估报告。提交国会，举行听证会，通过发布。

评估的范围：美国科技评估范围很广泛，主要包括科技计划、科技项目、科技政策、研究机构、科技人员。在美国的科技评估工作中，事前评估、事中评估、事后评估都很受重视，但不同评估机构的职能不同，评估的对象不同，侧重点也不同。例如，美国审计总署注重项目、政策的事中和事后评估；国会技术评价办公室则注重项目、技术的事前、事中评估；国会研究服务部侧重政策的事前、事中和事后评估；国会预算局侧重计划、政策的全过程评估。

3. 美国学术界对科研项目及成果评估所持的共同观点

归纳起来，目前美国学术界对科技计划评估的主流看法主要可体现在以下六个方面：第一，由联邦政府支持的应用研究和基础研究都应进行定期的评估。第二，有关机构在对其研究项目进行评估的时候，必须使用与研究特点相符合的评估方法。针对不同的研究项目特点，评估的时间范围、评估的对象及重点以及评估程序和评估专家的选择，也都要有所不同。第三，对联邦政府投资的研究项目，最有效的评估手段是专家评估。专家评估，包括质量评估、相关性评估以及水平标定，对基础研究和应用研究的评估都是适用的。第四，加强人力资源建设是核心问题。没有良好的人力资源储备，整个国家就无法有效地推动科技进步；没有人力资源的有效配置，制订任务的联邦机构实现其任务的能力将被大大降低。联邦机构必须更加重视年轻的科学家和工程师的培养，不断向学术界、企业界以及联邦实验室输送。第五，要建立协调的机制，以协调多个部门间的研究项目，并避免研究课题出现重复。第六，对评估方法的改进与提高，需要科技界和工程界的共同参与，有必要让科技界、工程界的专家更多地参与专家评审。

二、法国科技评估程序和组织体系

法国科技评估工作已有悠久的历史，已成为法国科技管理职能中的重要组成部分。法国政府在1985年做出规定，在没有评估体系做保障之前，任何国家级的科技计划、项目都不能启动。随着评估体系的建立和完善，法国科技评估制度已成为法国政府科技决策、管理的有效科学保障。法国科技评估的范围很宽，涉及机构、人员、项目、计划、政策等领域。依据评估对象不同，分为前期的、阶段性的和后期的评估。

1. 科技评估机构概况

目前法国已经形成了较为完善的科技评估体系，即国会评估体系、政府评估体系和科研机构内部的评估体系三个层次。第一层次：法国的最高评价机构——国会科技选择评价局。国会评估组织由两院中部分议员组成的专门委员会及其附属秘书处和办事机构构成，其成员大都在科技方面具有丰富的阅历，其中许多人还长期担任过政府部长等。其主要功能是评价、审查国家总的科技发展方向和为政府正确选择技术发展方向提供论证。评价范围是：①两院议长的有关国家科技发展方向的意见；②议员和议会组织提出的重大科技发展；③政府拟采取或已采取的重大科技政策措施；④涉及国家长远发展的科技问题。运作经费全部由政府拨款，除人员工资外，还提供500万法郎的评估经费，以确保整个评估工作的独立运行。第二层次：国家研究评价委员会。该机构是直接对总统负责、经费独立的自治机构。三分之二的评估项目是自己选择的。委员会由10名委员组成，1名是总统指定的国家顾问，1名是国家审计署的代表，其余8名由部长会议任命，其中4名来自科学界，4名是经济、社会、文化、科技方面的专家。在委员会周围还有一个评估专家网（包括国外专家）配合委员会工作。委员会的每个委员都负责评估项目，围绕评估项目建立评估小组，每个小组都吸收外部3～4名相关的专家参加，分管不同领域的评估工作，各小组独立开展活动。第三层次：科研机构内部的评价系统。以科研机构内部的科学委员会为主，成员的2/3从研究人员中选举产生，另外1/3由科研机构负责人任命或聘请外国专家、单位专家构成。其主要功能是：①评价自己的发展方向；②评价机构的内部设置是否合理；③科研课题是否适当，国家科研投入是否合理；④评价研究人员是否称职。法国以上三个层次的评估体系形成了从宏观到微观对国家科技发展目标、科技政策和国家财政系统投入的客观监督系统。从而增加了政府的科学化、民主化管理，对于有效地利用国家科技投入，避免因官僚主义带来的低效率和浪费起到了一定的作用。

2. 科技评估的管理体系（以法国国家研究评估委员会为例）

法国国家研究评估委员会于 1989 年 5 月成立，主要承担对政府确定的国家研究与技术发展政策的实施和成果的评估。其管理体系为：①国家研究评估委员会由 10 名成员组成：4 名科学界代表，4 名经济、社会、文化、科技领域的资深人士，1 名行政法院在职或名誉成员代表，1 名审计法院在职或名誉成员代表。②主席从委员会成员中产生，任期与其作为委员会成员的期限相同。委员会成员任期 6 年，不得连任。委员会每隔 3 年要更换一半成员，在举行第一次会议时，除主席外，全部成员通过抽签确定 3 年或 6 年任期。③由主席发起或应 2/3 以上成员要求，召开委员会全体会议。2/3 成员出席即达法定人数，有关决定方有效。④委员会及其秘书处所需运行经费列入研究部预算，每年 68. 7 万欧元（最高时为近 80 万欧元）。委员会成员和专家在执行任务期间领取津贴。每个成员和专家每年领取酬金的数目和每次酬金的限额均由财政部和研究部商定。主席根据评估工作程度和总数确定每个成员和专家领取的酬金的数额（通常每人每年 4 千 ~6 千欧元）。委员会成员像政府公职人员一样可报销差旅费；受聘专家可享受同样待遇。⑤委员会秘书处现有 6 名常设人员（最多时为 10 余人），协助专项评估组工作，保障委员会的日常运作和材料设备。

3. 科技评估程序（以法国国家研究评估委员会为例）

1）设立专项评估工作组，负责与委员会聘任的专家一起开展评估活动。该工作组由一名以上委员会成员和秘书处一名项目官员组成，并由委员会一名成员负责工作组的日常工作。有关评估选择和行动的所有重大决策均由委员会全体会议确定。

2）按照一般的规则，委员会遵循下列 6 个不同评估阶段：①可行性研究。可行性研究允许委员会确定从事评估的领域、有用信息的收集方式及其可使用性、并制订实施与受评对象代表合作的条款。②特性描述。每个专项评估工作组通过实地调查、走访或发放问卷，收集有关受评对象的定性和定量信息。③专家论证。委员会聘任法国或外国专家（聘期一般为半年），按委员会全体会议决定的日程和计划完成分析工作，根据分析提出论证报告。工作组汇总专家的意见后提交一份综合评估报告。④听证与答辩。委员会全体会议听取受评审部门负责人及其职工代表对事先提供给他们的预审评估材料的反馈意见。⑤委员会最终意见与建议报告。委员会根据已掌握的各种材料提出评估意见和建议，并将评估报告送交负责研究的部长、受评审机构的管辖部部长及该机构的代表。⑥最终反馈意见。当委员会收到受评审机构代表的反馈意见时，不管彼此是否仍存在分歧，都将在每份最终评估报告之后同时公布受评审对象的最终反馈意见。

三、德国科技评估程序和组织体系

20 世纪 50 年代德国政府成立了科技评估的执行机构——科学委员会，标志着政府性质的科技评估活动正式开始。德国政府一直把科技评估作为德国科学、教育和研究事业的重要管理手段。科技评估对德国科研和教育事业发挥了重要的作用，成为建立科学机构、教育机构、制订科研计划和项目的决策基础；成为保障科研和教育质量，提高效率的重要措施；成为检查国家公共基金使用效益必不可少的方法和程序。

1. 科技评估机构概况

德国目前已经建立了比较完整的科技评估组织体系，大致可以分为三个层次。第一层次是联邦和州两级政府的主要评估机构——科学委员会。其成立于 1957 年，是由联邦和州两级政府共同支持和承担费用的咨询机构，实际是政府组织开展调查研究和科技评估的执行机构。该机构由高层次的科技界和政府界人士组成，联邦政府任命派遣制。委员会成员任期三年，最多可任职两届。科学委员会设有办事机关，其每年行政费用为 800 万马克，有 60 名工作人员。下设行政管理、科学研究、大学教育、医学专业、公关资料、数据统计 6 个处。其主要任务是组织工作，根据课题聘请专家组成工作小组或评估委员会，开展调查研究和评估活动。第二层次是科研教育资助组织。例如，德意志研究联合会、马普学会、弗朗霍夫学会、洪堡基金会和大学交流基金会等，它们分别对本组织资助的项目以及本系统的研究单位进行评估。第三层次是大学和研究院所。各大学和研究中心对各自的研究所和课题组进行评估。

2. 科技评估程序

科技评估程序为：①由经济界和科学界专家组成一个综合评估小组；②认真分析要评估的内容，明确可行，选择主要的评估方法；③评估组做出工作计划和调研提纲；④被评估对象事先做好准备并提交工作报告，评委进行实地考察和谈话；⑤评委们采用闭卷答题，然后采用集体讨论的方式得出评估结论，并公开发表和公布。

3. 科技项目评估

对于重点科技项目，平均每 4 ~ 5 年举行一次，项目评估委员会一般有委员 10 ~ 20 人，1/3 来自经济界，1/3 来自科技界，1/3 来自政府部门。评估的主要依据来自项目过去 5 年的成果报告、项目主管和领导的汇报分析、参观实验设备、与项目工作人员的谈话。对重点项目评估的主要标准包括专业水平和科学价值、国民经济和政治意义两部分。其中的专业水平和科学价值包括：①前几年取得的主要成果；②通过在专业期刊发表文献、获奖、晋升教授和博士学位，在外界（尤其在国际上）所获得的知名度；③国内国际领先水平和在国际组织中的作用，④在项目关键问题中所发挥的作用和所占分量；⑤大科学项目的重要性（多学科交叉性、高投入性、期限长、风险大）；⑥与院内外伙伴的合作情况；⑦项目计划发展的科学态势。而对项目的国民经济和政治意义的衡量上，采用了以下指标：①经济界和政治界对项目基本成就的评估；②经济界合作伙伴的兴趣和作用（财政支持、独创性、积极性）；③对合作伙伴产品改进产品和效率的提高所发挥的作用及可靠性的再现性；④该项目通过协议或合同与国内、国际交往的深度。

四、日本科技评估组织体系

20 世纪 50 年代日本经济开始“起飞”之时，政府和企业就把技术评估作为管理和推进研究开发活动的手段，各种技术评估工作是根据产业发展和技术引进而开展的，并建立了技术评价体系及其支持系统。进入 80 年代，决定在日本科技政策的最高决策机构——科学技术会议政策委员会下设立技术评价分委员会。到 90 年代，根据国际形势的变化，相继颁布了一系列与科技评估有关的法律法规。1995 年，日本政府颁布了《科学技术基本法》，明确了科技评估的地位。1997 年 8 月，日本科学技术会议审议通过了《国家研究开发评价实施办法大纲指针》，极大地推进了日本研究评价体制的建设。日本的技术评价和研究评价都可理解为科技评估。

1. 科技评估机构概况

日本的科技评估机构较多，较重要的就有近 20 个。大致分为以下三个层次。第一层次是综合性科技评估机构和由国家直接管理开发的事业评估机构——附属总理府，如科学技术会议政策委员会。第二层次是专业性评估机构——附属各产业部门，如通产省的产业构造审议会。第三层次是企业性评估机构，如富士通。

2. 评估人员构成

1）单方结构，由学术界知名人士或有关专家组成。
2）双方结构，由行政领导或行政人员与学术界知名人士组成。
3）三方结构，由利害关系的双方与公益代表共同组成。

3. 评估机构负责人的产生办法

1）涉及各部门并需行政协调的综合评估机构，由内阁总理大臣亲自负责。

2）各专门领域的评估机构，指定由相应的行政主管省厅大臣或长官担任。

3）一般的评估机构由学术界知名人士任负责人。一般只规定负责人、机构的人数及成员的身份结构，具体人员则由有关行政首脑指定。

4. 科技评估的方法（以技术评价体系为例）

1）评价目的：根据研究开发对象的特点确定技术评价的目的。

2）评价对象：项目评价时，评价对象主要是目标达成度；计划评价时，评价对象要包括研究开发的需求、研究开发的计划、目标实现的可能性、研究开发资源的分配、研究开发进展情况、研究目标达成度、研究成果及扩散效果等。

3）评价阶段：可分为事前评价（研究课题探索阶段和研究计划决策阶段）、中间评价（课题实施阶段）及事后评价（结题阶段和追踪阶段）。通常可根据研究开发的特点选定合适的评价时期，并非所有课题都要进行全程评价。

4）评价者：是技术评价的实施主体，可以是个人或组织。根据与评价对象的关系，又可分为内部评价者和外部评价者（包括专家和非专家）。在进行技术评价时，可综合各类评价者进行评价。

5）评价方法：有总体评价法、经济评价法、运筹评价法和综合使用这些方法的复合评价法。

6）技术评价支持系统：主要有评价者选择系统、评价预算系统、评价信息系统和改善评价系统本身的评价自控系统。

5. 科技评估的范围

1）对研究开发课题的评估（包括科技政策、科技计划、科技项目）：根据研究开发的目的、性质、方式、规模、时间等因素，在立项时、项目实施和项目完成后，评估课题的意义、目的、目标、方法和资源（人才和资金等）分配是否合理妥当。评估实施主体根据开发的目的、性质、规模等因素，确定评估时期、评估者、评估项目、评估标准等具体评价实施方法。对于重大项目的评估还要听取外部专家的意见。

2）对研究开发机构的评估：各主管部门要定期听取外部专家的意见，对国立研究开发机构进行评估，以改善研究开发机构的运营和研究条件，最大限度地发挥其研究开发能力。评估内容包括组织与人事管理、研究开发领域与课题的选择、研究开发实施与信息基础、研究支持体制与外部的合作研究及交流。

3）对研究人员的评估：研究开发机构和主管部门对作为国家公务员的研究人员进行业绩评估，评估时要根据研究开发机构的目的和类型采用不同的评价指标。一般用论文数、专利件数等指标进行评估。

6. 评估的改革动态

推动创造性的研究开发活动，扩大竞争性的资金规模，创造竞争性的研究开发环境，并且有效配置资源。日本政府对科技评估进行两方面的改革：其一，提高评估的公正性和透明度，并将评估结果反映到资源配置上；其二，确保评估的必要资源，建立评估体系。目前，日本科技评估的基本特点体现在以下三个方面：①实施外部评估，确保评估的中立性。日本十分重视聘用国外专家参与对科技项目和成果进行评估；②完善评估流程，增加评估的透明度；③推动技术评估体系的同时，注重基础研究成果评估。

图 5-15　为庆祝中国科学院科技政策与管理科学研究所建所 15 周年，全国人民代表大会常务委员会副委员长蒋正华（右 1）2000 年 6 月 6 日访问该所，听取了研究所评价等工作汇报，图上居中者为该所所长徐伟宣，左为作者

科技评估方法的评论①

一、定性评估、定量评估和综合评价

目前世界上主要发达国家科技评估采用的方法可以概括为三种：定性评估、定量评估和综合评估。

1. 定性评估方法

同行评议是定性评估中采用最多的、也是最重要的一种方法。同行评议是指由该领域的科学家或邻近领域的科学家以咨询方式，评价领域研究工作科学价值的代名词。开展同行评议应该具备的前提条件有两个：一是在科学工作的某一方面，专家具有决策能力；二是参与决策的专家必须对该领域的发展状况、研究活动程序及研究人员有足够了解。

同行评议是目前世界上主要发达国家，特别是美国和欧盟各国在科技评估中使用的最广泛的方法，对科学事务具有重要的调控功能。同行评议主要用于以下5个方面：①评审科研项目的申请；②评审科学出版物；③评定科研成果；④评定学位与职称；⑤评议研究机构的运作。

任何一种评估体系和方法都不可能没有缺陷，同行评议也同样存在一些问题。主要表现为：①易受个人喜好影响，人情可能大于研究项目本身的科学价值。不可避免，同行评议的实际操作中，同行专家与申请者可能是老同学或其他关系，评审者往往受感情或利益的驱使。即使是持反对意见，语言的表达上也相当暧昧，易使评审结果出现偏差。②难以克服随机性和主观片面性。同行专家由于其所具有的知识背景、研究方向与兴趣、专家对项目申请书全部内容的了解程度等存在差异，必然导致不同的同行专家对同一个项目的意义、学术价值、研究方案、技术路线等所作的价值判断有很大差异，有时甚至完全相反。另外，参与同一项目评审专家的人数非常有限，一般小型项目3～5人，大一些的项目就是10多人，同行专家认知的准确性、独立性和敏捷性，以及表达力、信息处理能力均对评审工作发生影响，这些造成了评议结果的随机性和片面性。③易受“名

① 本文选自《中外国家科技计划评价对比研究》课题报告。

人效应”的驱动。同行评议的评审结果往往对“名人”更有利。在同行评议中，多数同行专家都注重申请者已有的研究成就，使其占有较大的权重；而一味强调过去的业绩，就必然忽视或弱化创新性的工作。

同行评价在科技计划评估中具有重要的使用价值，在单独使用时，要力求克服这种方法的弱点，特别是在同行专家的选择上，一要注意有足够备选的专家，二要建立评估专家库，美国在遴选同行评议专家时，特别强调两点：权威性和中立性。

2. 定量评估方法

科研量化评价研究和应用在世界上已有半个世纪的历史，目前已被普遍采用。其方法有很多种，主要有文献计量法、多指标综合评价法、层次分析法、主成分分析法、综合评分法、视图法、费用效益分析法、投入产出分析法、模糊评估法等。定量评估方法的主要优点在于简单易行，可以避免定性评估中出现的主观性和片面性。

近年，我国有些单位推出了一些定量评价系统和量化公式。由于评估对象往往具有多维结构，是一个多元系统，无法找到理想的、非常合理的量化手段，因此，单纯的量化方法也必然存在许多不足之处。例如，SCI、ISTP、ISR、EI 等大型检索工具提供的文献计量学指标，其中 SCI 被广泛采用，并且当作评价论文、科研机构和国家科研水平的标准之一。但是文献计量在国外主要用于国家和机构的整体研究能力评估及相关学科的发展趋势预测，很少具体涉及项目和个人层面。英国即使在评价科研机构时也不采用 SCI，而使用自己选定的核心刊物。此外，文献计量法对不同学科的适用性并不完全一样，SCI 所代表的是一种以文献离散率作为基础的检索方式，它对于某些文献半衰期较长的学科并非特别适用，如数学文献。定量评估在日本、韩国，以及我国香港、台湾地区的科技评估中常常见到，在我国目前也被广泛应用。

3. 综合评价方法

所谓综合评价方法，就是将定性评估和定量评估这两种方法结合起来，目前在美国、英国的科技计划和其他类型的评估中，被列为评估方法的首选。

定量评价一般不易受评价者主观意志左右，目前在我国被普遍采用。定性评价不受统计数据的限制，综合更多的因素，全面考虑问题，避免或减少了由于统计数据产生的片面性和局限性。但是定性评估易受周围环境因素的影响而产生主观臆断，从而造成评估结果的波动性较大。因此，应将定量评估与定性评估有机地结合起来。根据我国国情，应尽量减少人为因素的影响，需要提倡和实施综合

图 5-16　2004 年 10 月作者（中）和同事周东军（左）、肖利（右）参加苏州工业园区知识产权评议会，评议会广泛使用了科技评估中的综合评价方法

评价方法（图 5-16）。

对国家重大计划项目进行评估，应采用综合评估法，并根据计划项目的不同阶段（立项、中期、成果及跟踪）采用不同的评价方法。

（1）立项评估

立项要与国家发展战略相结合，符合国家科技计划的战略目标、市场需求导向。同时制订立项的原则，着重考察立项的必要性、项目目标的合理性、研究内容的创新性等。立项评估应积极、广泛地听取科技专家的建议和意见，组织本领域的专家认真、反复审查项目的可行性及创新性。因此，立项评估应实施同行评议为主的综合评价法。

（2）中期评估

专家在项目的执行过程中对项目进行评估是十分必要的。其主要目的在于对项目的进展情况、技术路线可行性的确认或改进方案进行评估，根据研究工作中出现的问题提出建议及改进措施。该评估方法和立项相似，但规模可小点，可采用小同行评议。

（3）成果评估

成果评估是一种绩效评估。应注意区别对待基础研究和应用研究的评估。可采用定性和定量相结合的综合评估方法。对于基础研究的论文和专著，可采用文献计量的方法。对应用研究成果的评估，应着重考虑几个方面的问题：知识产权问题、专利问题及技术应用问题，特别是成果的应用目标。

美国的评估专家们认为：同行评议在联邦机构广泛的研究领域中并不是同等适用的。对于基础研究或一些长期性的研究项目，其最终研究成果是不可预测的，而一些应用和发展类的研究项目则比较容易在一定的时间范围内进行预测。对于后一种项目来说，其结果可以通过严格的、恰当的定量方法来进行评估；而对于前一种研究项目来说，其结果很难量化，特别是在研究工作进行期间，一般应对研究工作的质量和领先性进行定性评估。因此，评估机构有责任设计适合每一个被评估项目的评估方法。

（4）跟踪评估

跟踪评估的含义有两种，一种是在项目实施过程中进行评估，又称中期评估。主要是针对项目的完成情况、取得的阶段成果及社会影响进行评估，并对后续工作提出建议。同时对项目的管理工作加以总结，及时吸取经验教训。另一种是回溯性评估，即在项目完成的5～15年之后进行评估，该种方法在发达国家较为盛行，特别是日本，十分注重对项目的跟踪评估，其重要意义在于跟踪项目成果的实际应用情况和产生的社会影响。

二、推进我国科技计划评估的建议

我国科技计划评估起步较晚，与西方发达国家相比存在相当大的差距，在许多方面需要进一步改进和完善。

1. 明确评估的目的

计划评估的目的应该是客观、公正地反映实际情况，实施、推进或总结科技计划。计划前评估，即立项评估，是为了择优录取；事中和事后的评估，是为了找出计划实施过程中存在的问题、与原定目标的偏差，并且提出进一步改进的意见。美国国会对委托的国家实验室和重大项目的评估，其主要目的在于发现问题，找出解决办法，如美国能源部国家重点实验室的评估。而目前，我国的科技计划评估却并非如此，评估目的不明确，往往是根据领导的指示进行评估，以领导的意见为意见，使客观的计划评估变成对计划执行的赞扬，导致计划评估流于形式。同时，评估工作缺乏有效性、权威性，一哄而上，重复评估、无效评估随处可见，费时又费力。评估者和被评估者每年都要花许多精力。目前，评估活动越来越多，规模越来越大，经费开支也越来越高。

2. 确保评估组织的中立

科技计划（或项目）由谁来进行评估是评估工作的关键。保证评估组织者和评估者的中立性，是我国评估工作中最难做到的事情。国外的计划评估，通常是由独立的综合性评估机构或专业评估机构来完成。而我国的计划评估，是由该计划的主管部门组织评估。管理部门直接参与评估，既当运动员又当裁判员。在评估工作条例中，也没有明确的回避制度和做法。目前，我国的科技评估中，计划评估、机构评估、人才评估等，多是自我评估，即自己对自己的评估。而在选择评估组成员时，也多是观点相同的人。评估的中立性和公正性没有得到有效保证。

3. 恰当使用评估方法

美、英等国家在科技评估中广泛使用同行评议。但是使用这种方法至少有两个先决条件：①较充裕的资源，即有足够大的科技投入；②较宽的同行选择面，即有足够多专家。由于这两个先决条件在目前我国比较欠缺，致使我国科技评估在使用同行评议方法时必然存在误差。例如，立项评议由于项目多、投资少，留给同行专家的抉择风险过大。在成果评议中，经常是在鉴定几天前给专家送材料，使专家没有足够时间审查材料。评估会时间也不可能长，在短时间内难以就一些问题深入研讨，结论的准确性自然就难以保证。

在评议专家的选择上有一定偏差。目前，我国同行评议专家的选取，一是选择面狭窄，往往一名专家一年要担任几十项的评估；二是没有实行当事人回避制度，对亲属、朋友、同学以及有利益关系的人，不讲原则，大开绿灯。相同观点人多邀请，不同观点的人不邀请或少邀请。这正是我国同行评议中存在的问题。而且量化指标被过分夸大，如 SCI、ISTP、EI 等大型检索工具提供的文献计量学指标在评价中被广泛利用。其中，SCI 应用最为醒目，并被当作评价个人论文、科研机构和国家科研水平高低的重要标准。实际上，SCI 原来只是一种科技论文检索工具，并且在论文统计中也存在误差，被用来作为衡量论文水平高低的唯一标准或作为衡量科研机构绩效的主要依据，都是片面的。

由于我国量化指标的作用被夸大。不仅用作评价科技成果，而且与科研人员的职称晋升、提高待遇挂钩。在这种导向下，研究机构急于求成，制订了一系列的行政措施和条例，以促进研究所在短期内多出成果、快出成果，导致了科研人员追求论文的数量不重视质量的后果。

4. 规范评估程序

美国的科技评估专家库里有 25 万人，对每一个专家的评审活动都有完整的记录。而我国没有建立此类专家库，有些专家一年要参加 80 多项评审活动，一次评审只需要 5 分钟，评审质量得不到保证。

我国目前的科技评估缺少评估程序的规定。例如，国家计划与科技优先领域的评估，在西方发达国家，一般是在专家讨论后由领导层决定，而我国却无明文规定。致使科技优先领域有增无减，在国家自然科学基金范围内多达 50 多个。

5. 正确对待评估结果

当前，我国科技计划（项目）评估结果有被滥用的趋势。评估结果与被评者的利益直接挂钩，与名次、奖品、资金分配直接联系在一起。根据不完全统计，被挂钩的地方，如职称晋升、晋级、住房分配等有 30 余项。被评者为了某些利益而虚报数据，评估结果很难保证公正客观。

图 5-17 1997 年 4 月 18 日，研究所诸多同仁同游北京司马台长城，朱斌摄。刊于本书，以纪念中国科学院科技政策与管理科学研究所成立 30 周年（1985 年 6 月 25 日～2015 年 6 月 25 日）